Leila Diniz
por
Joaquim Ferreira dos Santos

2ª reimpressão

coordenação
Elio Gaspari e Lilia M. Schwarcz

Companhia Das Letras

copyright © 2008 by Joaquim Ferreira dos Santos

capa e projeto gráfico
warrakloureiro

imagem da capa
Carlos Leonam

pesquisa iconográfica
Vladimir Sacchetta (coordenação)
Maria José A. de Azevedo Macedo (pesquisa)

cronologia e checagem de nomes próprios
Luis Felipe Kojima Hirano

reproduções fotográficas
Jaime Acioli

preparação
Márcia Copola

índice onomástico
Luciano Marchiori

revisão
Marise S. Leal
Ana Maria Barbosa

Dados Internacionais de Catalogação na Publicação (CIP)
(Câmara Brasileira do Livro, SP, Brasil)

Santos, Joaquim Ferreira dos
Leila Diniz / por Joaquim Ferreira dos Santos ;
coordenação Elio Gaspari e Lilia M. Schwarcz. —
São Paulo: Companhia das Letras, 2008.

Bibliografia.
ISBN 978-85-359-1335-4
1. Atrizes — Brasil — Biografia 2. Diniz, Leila, 1945-1972 I.
Gaspari, Elio. II. Schwarcz, Lilia M.. III. Título.

08-09632   CDD 792.028092

Índice para catálogo sistemático:
1. Atrizes brasileiras : Biografia 792.028092

[2008]
todos os direitos desta edição reservados à
EDITORA SCHWARCZ LTDA.
rua Bandeira Paulista, 702, cj. 32
04532-002 – São Paulo – SP
tel. (11) 3707-3500
fax: (11) 3707-3501
www.companhiadasletras.com.br

Leila Diniz

Uma revolução na praia

Para Irene, Helena — e todas as mulheres do mundo

Sumário

Leila Diniz — Uma revolução na praia

Cronologia 267
Indicações bibliográficas 275
Índice onomástico 279

1.

Nasce uma estrela carioca e ela está em sua primeira exibição pública, aos três anos de idade — na santa inocência de quem desconhece que a cena décadas mais tarde abriria sua biografia —, sapateando em cima do banco do bonde no trajeto entre Copacabana e o Tabuleiro da Baiana. Era o Carnaval de 1948, e a família Roque Diniz estava toda a caráter, fantasiada com os disparates apropriados ao momo da cidade. O pai, Newton Diniz, militante comunista que acabara de sair da prisão do general-presidente Eurico Gaspar Dutra, empunhava um pandeiro. Ao mesmo tempo que saudava a liberdade, ele dava o ritmo para que a filha caçula, Leila Roque Diniz, evoluísse com graça no primeiro show público de que a família tem lembrança no currículo da futura atriz.

O bonde 13 tinha saído do bar Vinte, em Ipanema, atravessado toda a Visconde de Pirajá e apanhado no ponto da Francisco Sá o bloco dos Roque Diniz, moradores na Bulhões de Carvalho. O bonde era um baile de Carnaval sobre rodas. Na traseira, onde não havia bancos, vinham os batuqueiros, quase todos negões parrudos fantasiados de mulher ou de bebê chorão. Eli Roque Diniz, a irmã mais velha, adorava o trajeto longo do bonde. Ele em seguida passaria pela Nossa Senhora de Copacabana, entraria no túnel do Leme, pegaria a Marquês de Abrantes, cruzaria o Catete e chegaria ao Tabuleiro da Baiana, no largo da Carioca, tudo isso sob a maior batucada. Levava-se cerca de meia hora, tempo suficiente para ver pela janela, sentir nos ouvidos e perceber pelos arrepios na pele que estavam todos no paraíso da graça carioca. O Rio da Zona Sul, vestido de capital federal, sem explosão imobiliária, é charme puro na ante-sala dos anos dourados. A população carioca aproximava-se de, incríveis!, 2 milhões de pessoas.

O país vive seu pós-guerra com o estilo chocho de Dutra. Ele fechara os cassinos havia dois anos, mas pôs no ar uma Constituição nova. Não chegava a ser uma democracia, mas não era a ditadura de Vargas sob o Estado Novo.

Depois de dois anos em atividade, o Partido Comunista voltara a ser clandestino em 1947.

Dercy Gonçalves mata de rir nas revistas da praça Tiradentes com *Tem gato na tuba*.

Nas chanchadas da Atlântida, Oscarito é rei com *E o mundo se diverte*.

Respirava-se melhor.

Na Zona Sul, a classe média ainda não disputava espaço com vizinhos favelados e flanava sem tensões pelas ruas. O Rio deixava de lado seu desenho imperial, fechado em torno do Centro, e começava a descobrir sua vocação praieira.

No Carnaval que no momento se está pulando, borrifando-se lança-perfume para todo lado, os maiores sucessos são "É com esse que eu vou", de Pedro Caetano, "Falta um zero no meu ordenado", de Ary Barroso e Benedito Lacerda, "A mulata é a tal", de João de Barro e Antonio Almeida — mais a marchinha que a pequena heroína canta em cima do banco do bonde, segundo a delicada memória de sua irmã mais velha.

A socióloga Eli, conhecida como Baby, também sambista em cima do banco, cantarolando o samba gravado por Aracy de Almeida, conta:

> Eu me lembro que a Leila estava muito feliz com aquela bagunça, linda, cantando o "Não me diga adeus". Ela era bem pequena e nesse Carnaval estava fantasiada de baiana. Eu me lembro dela com um jeito assim de Carmen Miranda. Não que ela estivesse imitando. Era aquela coisa com as mãos, assim, dançando. Sei que juntou gente em volta e tudo se passou como se fosse um espetáculo, papai com o pandeiro, a gente cantando e a Leila dançando. Foi uma cena marcante, a primeira que eu me lembro da Leila numa encenação artística.

Nasce uma estrela que vinte anos depois voltaria a se vestir como a mesma Carmen Miranda, brincaria de revirar as mãos e adotaria o teatro rebolado como uma das facetas mais típicas de sua revolucionária exposição pública de alegria. Fazia muito barulho no bonde. Caso contrário daria para ouvir um bando de anjos que levantam as asas na grande escadaria da vida e, reproduzindo a cena clássica das revistas musicais, todos juntos gritam o "oba" de praxe.

Respeitável público, o espetáculo começava.

Leila Roque Diniz nasceu no dia 25 de março de 1945 em Icaraí, Niterói. O pai, bancário, era filho de um maranhense pobre, que chegou a oficial de Marinha no Rio, com Carlota, filha de um dono de quitanda no largo do Machado. A mãe de Leila, Ernestina, nascida no Espírito Santo, tinha uma origem social um pouco melhor. Filha do meio entre sete irmãos, trabalhava como professora de educação física. Newton conheceu Ernestina ao ser transferido para uma agência do Banco do Brasil em Vitória. Precipitaram-se nas preliminares da exaltação romântica. Em poucos meses de namoro, em 1938, para escândalo da sociedade capixaba, ela já punha barriga do primeiro filho, Elio. Para fugir das pressões morais, mudaram de cenário. Em 1939, transferido para uma agência do Rio e morando de favor na casa dos pais, no subúrbio de Cavalcanti, Newton vê nascer o segundo filho, a menina Eli.

Leila seria a terceira. Nasceu num lar já praticamente desfeito pelo desgaste da vida conjugal, pelo fato de Ernestina não trabalhar mais como professora e também não se conformar com os serviços de dona-de-casa. Newton, por sua vez, entrara naquela fase de não ter hora para chegar. Fim de caso clássico. Foi uma gravidez marcada por esses sentimentos contraditórios. De um lado, Ernestina carregava a esperança de uma nova vida que nascia; de outro, vivia a constatação, quase certeza, de que logo seria abandonada pelo marido. Não deu outra. Após o nascimento de Leila, a mãe entrou em depressão. Passou a se alimentar mal, dormir pouco, misturar a inevitável mamadeira de estresse e ansiedade. Acabou contraindo uma grave doença para a época, estigmatizada pela sociedade que não sabia direito como enfrentá-la. Ficou tuberculosa. Desgraça pouca é bobagem, e ela veio toda de uma vez. Ao mesmo tempo que Newton confirmava a separação, Ernestina seguia para um sanatório em Correias para cuidar da doença.

A família deu um tempo.

Leila estava com sete meses, e o patriarca Diniz mandou-a para a casa dos avós no subúrbio de Cavalcanti. A menina ganhava, com poucos meses de vida, sua segunda mãe. Haveria outras. Muitas. Elio, com seis anos, e Eli, com cinco, foram internados no colégio Batista, na Tijuca, onde permaneceram durante seis meses sem receber a visita de ninguém. Newton Diniz, por sua vez, concedeu-se o asilo numa pensão do Catete. Ficou cada um para o seu lado, como se a reavaliar conscientemente a relação familiar, mas era só precariedade mesmo. Grana curta. Os filhos mais velhos, trancados no internato, não tinham noção do que acontecera para, de repente, estarem separados de pai e mãe.

"Não se dava muita explicação às crianças. Meu pai, sendo do Partido Comunista, tinha aquela formação ainda muito dura", diz Eli. "Não tinha apego às coisas materiais e isso se projetava no plano pessoal num certo ascetismo que sufocava os sentimentos. A emoção não tinha razão de ser na visão dele. O que contava eram as idéias. Era muito racionalista."

Seu Diniz chegou a ser um líder bancário importante no Banco do Brasil, capaz de discursos empolgantes, e foi por causa de um desses que ganhou o interesse de Ernestina. Estava no Partido Comunista desde o início da década de 40. Em 1945, quando Leila nasceu e o mundo era ventilado pelos ares democráticos soprados com o fim da guerra, o PC havia sido liberado para concorrer às eleições. Em 1947, voltou-se atrás. Diniz foi preso por dois meses — pego dentro de um ônibus, debaixo de muita pancada —, bem como centenas de outros comunistas.

Suas crenças ideológicas ajudaram a balançar o berço da criação dos filhos. Eli lembra de ter ido a uma festa em Campo Grande, no estado do Rio, para homenagear o grande líder Luís Carlos Prestes, num dos momentos iniciais do governo Dutra, em que o partido estava na legalidade. "O Prestes pra mim era um mito, meu pai falava muito dele em casa e quando ele entrou na festa foi um delírio, com todas aquelas bandeiras acenando com o símbolo da Rússia, a foice e o martelo, e a multidão gritando 'Prestes, Prestes'", diz.

Leila, apenas uma criança de colo, foi junto. Já era chamada na intimidade, graças ao apelo comunista na família, de Leiluska. Lembraria mais tarde de ter dormido sob a mesa de reuniões de bancários.

Na estante do quarto dos filhos, seu Diniz colocou de presente uma coleção do *Romance do povo*, editada pelo partido.

Dos pais clássicos, os filhos lembram para sempre de expressões como: "Tanta criança lá fora passando fome" (para criticar quando alguém deixa comida no prato) ou: "Alguém aqui é sócio da Light" (para reclamar que a luz de algum cômodo vazio está acesa). Os filhos do comunista Diniz lembrariam para sempre de frases-discursos do pai:

- Tira-se do homem a liberdade, tira-se dele a vida.
- Dizem que violentas são as águas dos rios; mais violentas são as margens.
- A sociedade burguesa não está com nada.

Na escola, eles tinham autorização para sair da sala quando a matéria era religião. Se perguntados sobre que credo professavam, respondiam: "Israelitas" ou "Protestantes", ou, quando mais seguros, "Nada". Na casa dos Diniz, nunca se disse que Deus criou qualquer coisa. Leila chegou a contar que se sentia "diferente" por não participar dos mesmos rituais dos amiguinhos. Religião ali era o velho e clássico "ópio do povo" dos manuais marxistas. De jeito nenhum se vivia numa típica família classe-média de Copacabana.

Eli relata:

Papai mostrava muito orgulho em se dizer materialista. O que contava eram as idéias. Totalmente racionalista. Na nossa casa, passava-se o Natal como um dia qualquer. Tudo era irrelevante para ele. O importante era a liberdade do povo, a luta contra a exploração, essas coisas. Os valores invertiam-se. Falar de Deus era pecado, mas de sexo não. Eu sentia que algumas mães não gostavam muito que a gente freqüentasse a casa delas.

O capítulo seguinte da saga da família Diniz ocorreria quando Leila estava se aproximando dos dois anos. Newton passa a morar com a professora Isaura da Costa Neves em Copacabana, na rua Bulhões de Carvalho, e convoca para o mesmo quarto-e-sala todos os filhos, que nesse momento já estavam reunidos na casa dos avós maternos em Cavalcanti. Não perca a contagem. Era a terceira mãe de Leila. Quase uma a cada ano de vida.

Isaura apaixonara-se por Diniz ao vê-lo discursando numa manifestação do Partido Comunista. Cinco anos mais velha, sabendo-o com três filhos e ainda não desquitado da mulher — mesmo informada de todo esse típico perfil do "homem-roubada", Isaura topou resolver o problema. Era mais um quesito no sentimento de se achar "diferente" que atingia as crianças não católicas e não apegadas aos brinquedos. Viveriam num lar em que o homem e a mulher não eram casados oficialmente. Isso em 1948 era estigma violento.

Imediatamente surgiram os primeiros frutos da aposta: em 1949 nascia Regina, e em 52, Lígia. Agora eram cinco crianças, e o casal mudou para um apartamento um pouco maior, meia dúzia de quarteirões adiante, na rua Anita Garibaldi, 80, no aconchegante Bairro Peixoto, um quase-subúrbio dentro da confusão que já começava a se instaurar em Copacabana.

As crianças desciam a rua em grupo e, adultas, ainda carregariam lembranças das casas bonitas com jardins da Figueiredo Magalhães, alguns com tartarugas expostas. Paravam horas para olhar os formigueiros na esquina com a Nossa

Senhora de Copacabana. Quando chegavam na areia, já estavam com a manhã ganha. Leila aprendeu a nadar muito cedo, na praia, e a vida inteira faria daquele hábito uma das suas cenas mais familiares e identificadoras. Em *Todas as mulheres do mundo*, seu filme mais importante, entra em cena no meio das ondas. Em *Madona de cedro* está nadando em alto-mar. Nada também em *Fome de amor*.

Na praia da infância, os irmãos Diniz gostavam de ficar boiando em cima daquelas câmaras-de-ar de pneus.

Diante da televisão, Leila viajava vendo o *Teatrinho Trol*, sucesso da TV Tupi. Diniz escalava degraus na hierarquia funcional do banco e, sem exageros, oferecia mais confortos à família. As crianças tinham bicicleta. Ele, um carro.

Foi pelos dez anos que Leila começou a escrever um diário, hábito que jamais largaria e que não tinha nenhum outro exemplo próximo na família. Parecia ser uma maneira particular de se entender. Ela dizia ver na silhueta do morro atrás de casa a figura de um urso sentado, que passou a chamar de Cherri. No diário, Leila usava Cherri como um interlocutor com quem desabafava seus sentimentos e a quem relatava as histórias cotidianas.

A imaginação começava a voar. Lígia, a caçula, lembra de morrer de rir ao ser ninada, e logo dormir feliz, por uma canção que Leila inventava e dizia mais ou menos assim:

Estava na janela
Fazendo pipi na panela
Quando chegou Clarabela
E eu disse assim pra ela
Clarabela, Clarabela
Tome esse caldinho
Tome, está quentinho
A tola tomou como uma rola

Num gole só
Nem esperou dizer três
Chorei de tanto rir
Ri de tanto chorar
Pois Clarabela tomou
Todo o xixi que eu fiz.

Ao fundo, no entanto, as relações familiares revelavam-se escandalosamente complicadas.

A professora Isaura, de gênio autoritário, explosiva, sempre aos gritos, distinguia as crianças com doações diferentes de carinho. Lígia e Regina, filhas dela, recebiam um tratamento especial. Aos outros, era dado menos. Elio, quando tinha catorze anos, comeu uma banana da cota de Regina. Depois de ser admoestado por Isaura, com direito a violência física e a um duelo de vassouras na cozinha, saiu de casa. Na mesma época, Eli, atormentada por vários problemas com Isaura, queixas de rejeição, também cai fora e segue o irmão. Vão morar com a mãe verdadeira, Ernestina, que, vista nas primeiras cenas entrando desenganada no sanatório para curar a tuberculose, agora reaparece na história, num apartamento em Santa Teresa. Ernestina ficou três anos esquecida pela família no sanatório de Correias. Cura-se da tuberculose, mas mostra-se bastante abalada emocionalmente. Ao contrário do ex-marido, comunista, vê Jesus em todos os cantos. Reza o dia inteiro, acende velas, usa véus e torna-se uma beata convicta, profundamente agradecida a Deus pelo milagre da cura.

Leila não podia reclamar das atenções da madrasta — mas havia um agravante que nem Nelson Rodrigues seria capaz de imaginar. Ela foi criada como se de fato fosse filha de Isaura, já que era um bebê de sete meses quando Ernestina se internou. Tinha direito à sua cota de banana e a todos os carinhos. Foi dito a Leila que a mãe dela era Isaura. Os irmãos mais velhos receberam a recomendação de calar, e assim se fez. Leila viveu a ignorância da real maternidade até os dez anos, quando soube da verdade, contada por uma tia.

Pior.

Num determinado momento, Ernestina, que tinha se declarado incapaz por ser doente e assim abrira mão da guarda dos filhos, pediu permissão judicial para vê-los uma vez por mês. De fato, ficara com a saúde prejudicada e instável emocionalmente. Era Jesus de um lado e uma folclórica hipocondria do outro. Fervia as maçãs que comia. Água, só depois de filtrada por três filtros. Nada disso a impediu, no entanto, de ser aprovada num concurso para funcionária do Ministério da Fazenda. Conseguida a autorização para ver os filhos, lá ia seu Diniz com Leila, Elio e Eli reencontrar Ernestina, depois de anos sem se verem. Os encontros eram num banco do Passeio Público, no Centro do Rio. Com um detalhe. Elio e Eli sabiam que estavam falando com a mãe. Leila, uns nove anos, julgava-se apenas uma observadora da história alheia.

Eli conta:

Havia uma interdição para que a gente não revelasse nada a ela. Não se pronunciava o nome da nossa mãe. Não havia retrato dela em casa. Sabíamos que isso causava a cara feia da Isaura e que meu pai acatava as caras feias. A Leila foi criada nessa ilusão de ser filha dela, um teatro do qual nós participamos com medo de perder nosso pai e todo o amparo que aquela estrutura familiar nos dava.

Os encontros no banco do Passeio não passaram de meia dúzia. A própria Ernestina, talvez pelo artificialismo da coisa, desistiu deles.

Aos dez anos, a descoberta de mais uma mãe, agora a verdadeira, deixava Leila com a impressionante marca de quatro mães. A notícia, no início da adolescência, a deixou desorientada. Quer dizer que aquela mulher com quem se encontrara tempos antes no Passeio, e que agora novamente sumira, era a sua verdadeira mãe? Quer dizer que, mesmo trabalhando num Ministério, ela se declarava sem condições de saúde para ficar com os filhos? Quer dizer que Isaura mentira aquele tempo todo? Leila já andava com a pulga atrás da orelha. O clima da casa da Anita Garibaldi era de algum segredo reprimido. Um apê inteiro de não-ditos. Uma tensão infernal. No meio de brigas noturnas com a irascível Isaura, seu Diniz quebrava pratos na parede.

Décadas mais tarde, Elio faria uma ligação da trajetória artística de Leila, uma mulher libertária, com a infância sob o jugo de Isaura:

"O clima que ela instaurava era de muita opressão, e isso talvez tenha provocado na Leila uma necessidade de ser muito livre e nunca mais se deixar aprisionar por quem quer que fosse."

Os dois irmãos, Elio e Eli, que largaram o barco, encontravam o pai no trabalho ou em restaurantes, mas foram proibidos de voltar em casa — e deixaram as irmãs que lá ficaram sem nenhuma notícia do que tinha acontecido com eles.

Por um lado, havia todos esses destroços.

Uma madrasta destrambelhada.

Um pai ligeiramente omisso.

Mentiras.

Uma bomba pronta para explodir o tempo todo no fundo do corredor.

Um dia Isaura reclamava com Regina que ela precisava estudar, numa balbúrdia histérica que se agravou quando Diniz, enlouquecido pela confusão, começou a bater a cabeça na parede. Isaura foi fazê-lo parar com a cena, colocou a própria cabeça na frente e levou uma cabeçada que lhe quebrou o nariz.

Por outro, nas horas boas, contabilizava-se um rescaldo razoável.

Seu Diniz era um homem informado, que lia e fazia pequenas pregações, com base nos acontecimentos do dia, sobre a necessidade de enfrentar as tais injustiças sociais e lutar pela liberdade.

Isaura manifestava uma sexualidade extraordinariamente bem resolvida. Não falava de sexo com as crianças, mas tocava no corpo do marido com naturalidade na presença delas, e os dois se apalpavam e beijavam com uma sinceridade pré-pedagógica.

Lígia, que quarenta anos depois trabalharia com terapias artísticas e corporais, diz:

> A minha mãe passava para a gente que ela tinha uma boa vida sexual, era bem comida. Nunca disse: "Sexo é bom", mas a cara era de uma mulher satisfeita. Pegava de brincadeira no peru do meu pai, fazia cosquinhas na barriga dele. O corpo dançava, não era uma mulher reprimida como a gente conhecia, aquele tipo que casa, tem os filhos e depois libera o marido para arrumar uma amante. Era uma família visceral e isso fez bem ao futuro de todas nós.

Leila, que anos mais tarde levaria ao país inteiro a sabedoria de usar o corpo como fonte de prazer e como manifesto de libertação feminina, pode ter sido grata à sinalização de Isaura. De resto, saiu mesmo foi ao pai. Newton Diniz era o gente boa, agradável, sociável, sempre alegre e de bem com todo mundo. Muitas vezes de uma tolerância excessiva, o que o fazia engolir sapos demasiados, reprimir as emoções — e ir armazenando uma carga de frustração que, um dia, era inevitável, explodiria. Leila aprendeu com ele a arte da convivência e a contemporizar. Diante das confusões sobre suas mães, ficou arrasada com a mentira e em alguns momentos, para provocar, chamou a mãe adotiva apenas de Isaura. Nunca se soube direito como a ambigüidade em que foi jogada conduziu seu futuro. Percebeu, porém, que, ao contrário dos irmãos, abandonados pela própria mãe e depois pela mãe adotiva, ela teve um acúmulo de mães. Nunca foi a mais protegida e cercada de favores. Mas fez as contas — e absolveu Isaura.

"Mãe é quem cria, limpa o cocô", disse mais tarde.

Aos quinze anos, com o tumulto daqueles fatos radicalizado pelos hormônios da adolescência, Leila foi morar com Ernestina, em Santa Teresa, onde Eli e Elio estavam. A busca da mãe primeira não deu certo. "Ela é muito chata, reza o dia inteiro", concluiu — e voltou para Copacabana. Ficaria mais um pouco e tentaria outra vez a sorte com Ernestina, com o mesmo insucesso. Houve uma temporada na casa da tia Lucy, em Vila Isabel, e de Sonia, em Niterói. Marina, mãe de uma amiga, também lhe deu abrigo, num apartamento perto da Miguel Lemos, e era chamada de mãe Marina por Leila — que, graças a sua simpatia e alegria, morou ou passou noites seguidas na casa de muitas outras amigas do bairro. Não pararia mais a procura de um porto seguro. Foram muitas mães, não rejeitou nenhuma. Pelo contrário, passava a impressão de que quanto mais mães melhor.

Nas vésperas de um Dia das Mães, no final da década de 50, ela fez as contas:

"Caramba, vou ter que dar uns dez presentes!"

2.

O bar Jangadeiro, na praça General Osório, em Ipanema, era freqüentado por Vinicius de Moraes, Tom Jobim e um coelho que ninguém sabia dizer se de verdade ou fruto do *delirium tremens* dos seus bebuns. Loucura, loucura — e os anos 60 ainda estavam para começar. Em 1959, o Jangadeiro reunia em suas cadeiras de palha a central boêmia excêntrica do Rio de Janeiro quando uma noite a menina de maria-chiquinha se levantou numa das mesas. Segurava um copo de chope numa das mãos e um livro de poesia na outra. Em meio à balbúrdia geral e com as ênfases inflamadas que certamente já tinha visto o pai usar em reuniões do Partido Comunista, ela se pôs a recitar:

> *Pode uma rosa verde continuar intacta*
> *Mesmo que mil sargaços de outros mares lhe batam.*
> *Pode esmeralda e a prata aplacar tanta sede*
> *Mesmo que mil bagaços ruminemos sem data.*
> *Cuba, libertadora rosa do Caribe,*

Ilha de ar e ventania,
Brilhante farol, maresia,
Espalha teu sal nas praias do mundo.

Leila Diniz tinha completado catorze anos, e ainda não tinha resolvido o choque de saber que a mãe que diziam ser a sua mãe não o era de fato. Quando começou em desespero adolescente uma incrível maratona de casa em casa, qualquer casa que fosse para fugir da sua, incluiu no meio do caminho os bares de Ipanema e de Copacabana que pudessem lhe dar abrigo. A tal noite de fevereiro de 1959 em que declamou o poema de Luiz Carlos Lacerda em saudação à revolução de Fidel Castro, no Jangadeiro, teve início na galeria Vila Rica, um desses endereços desaparecidos de Copacabana. Era na verdade um antiquário de propriedade de Ruth Laus, irmã do crítico de arte Harry Laus, na Barata Ribeiro, ao lado da galeria Menescal. Leila foi parar ali levada por um namorado, Luiz Eduardo Prado, também partícipe da mesma antologia de novos poetas em que estava Lacerda e o poema de viva a Cuba. A esticada no Jangadeiro era o programa mais natural do fim de noite do Rio.

"O Eduardo ficava numa vertente assim mais sartriana, existencialista, e deu uma bronca na Leila, enciumado, por ela ter lido um poema político", relembra Lacerda, que viu Leila pela primeira vez naquela noite e dela se tornaria o grande amigo homem, o que por mais tempo acompanhou sua trajetória de adolescente perdida nos bares da Zona Sul até a carreira de atriz. "Ela era da minha idade e eu fiquei muito espantado, maravilhado, com aquela menina que falava palavrão sem qualquer agressividade, numa época em que aquilo saía apenas da boca das putas."

Na sua vida real, Lacerda passava por um momento de transição. Começava uma relação amorosa com o poeta Lúcio Cardoso, trinta anos mais velho, autor do recém-lançado *Crô-*

nica da casa assassinada. Também andava cheio de problemas em casa com a não-aceitação pela família de sua opção sexual. Identificou-se logo com a menina de maria-chiquinha. Na verdade, além das putas, já tinha visto mulheres de classe social mais elevada falando palavrão nas vezes em que foi com Lúcio às tertúlias intelectuais de Aníbal Machado em Ipanema, mas eram artistas mais velhas, observadoras dos descaminhos da Lapa de outrora, como Eneida e Aracy de Almeida.

"Aquela garota falava como os meninos, um tal de 'aí, caralho', 'mas que porra', mas sem ser uma coisa exibicionista e muito menos vulgar. Ficamos amigos na hora", diz Luiz Carlos — e para comemorar, no fim da jornada de bares, seguiu com Leila e Eduardo até a praia. Já está amanhecendo e Leila mergulha de roupa, provocando Lacerda e Eduardo a que façam o mesmo. Eles, com as calças arregaçadas na beira da praia, apenas assistem ao espetáculo de Leila, sem coragem de participar da cena, que já é observada pelos primeiros espectadores da manhã.

Viva o sol
O sol da nossa terra
Vem surgindo atrás daquela serra.

Leila disparava a música, lembrando a menina que de fato ainda era e saudando mais uma flamejante aparição do sol no verão carioca.

"Vocês não vão mergulhar?", ela convocava.

Era muita informação para dois rapazes que estavam sendo apresentados em primeira mão à nova mulher que daria o tom da espécie na década seguinte. Luiz Carlos e Eduardo não se mexeram. Ninguém a acompanhou no mergulho que anunciava os anos 60.

Lacerda, que mais tarde deixaria crescer uma penugem escura acima dos lábios, eternizando-se com o apelido de Bigode, e Leila cruzariam o Rio em busca de alguma salvação para suas adolescências aflitas.

Durante o dia, uma das diversões da dupla, integrada além de tudo no fascínio pelas novidades da esquerda, era pegar um trem e dar uma olhada na cara do povo que, acreditavam sinceramente, iria fazer aqui a mesma revolução que Fidel Castro perpetrara em Cuba. Viajavam até Deodoro, fim da linha, e voltavam, certos de que um dia nesse retorno estariam num trem com todos aqueles operários e domésticas armados para tomar o Ministério do Exército, logo ao lado da estação D. Pedro II, no Centro. Segundo Bigode, Leila conseguia sempre ver um lado bonito nas coisas, o amor, a alegria. Pinçava da confusão o estado poético e lapidava a pedra bruta ali mesmo, dizendo, por exemplo, em voz alta, no meio do vagão, um poema de Solano Trindade aprendido com o pai Diniz:

Tem gente com fome
Tem gente com fome
Tem gente com fome.
E o apito, autoritário,
Manda o trem parar: Chiiii!

À noite, Bigode e Leila encontravam-se em alguns endereços manjados do circuito de Copacabana, o cenário mais fulgurante dos anos dourados do Rio capital federal.

Um desses *points* eram os bares da galeria Dezon, que também não existe mais e ficava perto do hotel Miramar. Ali reinava Valmir Ayala, crítico de artes plásticas do *Jornal do Brasil*, mais Lúcio Cardoso, Clarice Lispector, além de jovens artistas plásticos como Roberto Moriconi, Roberto Magalhães, Antonio Dias.

Era uma boemia de gente muito fina, que saía à noite pelo prazer da farra e a possibilidade de trocar idéias. Havia pouco, na década passada, seus melhores representantes estavam na Lapa, em torno dos cabarés. Fugiram assustados quando a polícia do Estado Novo, com o coronel Etchegoyen, apertou malandros e prostitutas, perseguiu cafetinas e artistas, esvaziou os *dancings* e espanou os poetas de cafés, misturando todos no mesmo balaio de gatos indesejados. A boemia carioca correu para Copacabana. Boa parte dessa turma agora, final dos anos 50, freqüentava a galeria de arte de Alberto Dezon, um núcleo de vanguarda cercado de bares por todos os lados.

"A gente se vestia de preto, para imitar o pessoal da *nouvelle vague*", diz a atriz Maria Gladys, que conheceu Leila naquele bar sem nome e que reunia os rebeldes da ocasião em Copacabana. Numa esquina adiante Roberto Carlos estava estreando com os Snakes, seu grupo com Erasmo Carlos e Tim Maia. "Queríamos ser como os beatniks, viver em liberdade. As pessoas todas faziam gênero, de loucos, de sartrianos. E a Leila, muito garota, de maria-chiquinha, tinha uma originalidade muito grande nisso. Ficamos amigas logo. Afinal, não era a toda hora que se encontrava uma garota que dizia: 'Quero ser como a Cleópatra. Transo com os homens, depois pego uma faca e, pá, mato todos pelas costas'."

O artista plástico Ferdy Carneiro viu Leila pela primeira vez no fim dos anos 50 num bar cujo nome contava já a metade da história, o Faroeste, do Posto 6. Jurava que ela cantava uma canção japonesa (!), mas não se deve exigir muita exatidão aos freqüentadores de fim de noite do Faroeste.

Numa quadra logo ao lado, na galeria Alaska, Leila e sua turma comiam no baratíssimo chinês Chim-Chim, o primeiro empreendimento comercial da dupla Max Haus e Moysés Ajhaenblat, que mais tarde fariam o teatro Casa Grande.

Paravam na porta do restaurante Rond Point, na esquina de Fernando Mendes com Nossa Senhora de Copacabana, para ver Antônio Maria e Sérgio Porto, que freqüentavam aquela cozinha espanhola famosa por sua sopa de cebola. Estavam sempre na Fiorentina, no Leme, ou no Gôndola, em Copacabana, dois pontos tradicionais de gente do teatro, filando coisas nas mesas dos amigos mais ricos enquanto observavam na mesa ao lado o já temido crítico de teatro Paulo Francis.

Numa dessas noites na Fiorentina, Leila sentou-se à mesa onde estavam os cineastas Luís Fernando Goulart e Glauber Rocha. Em cinco minutos de conversa, ela espalhou na mesa bolinhas de Pervitin, uma anfetamina usada pelos jovens para proporcionar uma virada nos estudos em véspera de prova. Glauber, jovem diretor baiano que estava no Rio montando *Barravento*, levou um susto:

"Tira isso daqui, menina, que vai dar polícia e nós vamos ser presos!"

Uma das mais curiosas aproximações culturais de Leila foi com o poeta Manuel Bandeira. Ela adorava os poemas de sonoridade infantil da obra do bardo pernambucano, e pelo menos uma de suas amigas a ouviria anos mais tarde a recitar o famoso

Belo belo minha bela
Tenho tudo que não quero
Não tenho nada que quero.

Graças a um de seus primeiros namorados, Murilo Alencar, também saudado nas areias de Copacabana como Bill, Leila conheceu Bandeira. O poeta, já aos 73 anos, mantinha uma longa relação com a tia de Bill, dona Lurdes, 66 anos, e nos fins de semana ia até o apartamento dela, na rua Miguel Lemos. Uma noite, depois de o poeta ter sido posto para dormir por Lurdes, Bigode e Leila o viram ser pego numa traquinagem. Ele deveria estar na cama, quando Lurdes ouviu um barulho de faca caindo na cozinha. A namorada foi com as visitas ver o que estava acontecendo, e lá estava Manuel, criador de "Irene preta, Irene boa, Irene sempre de bom humor", roubando um pedaço extra de goiabada cascão na geladeira.

Bigode emocionou-se ao lhe entregar um exemplar da antologia dos novos poetas e ouvir elogios amáveis aos seus versos panfletários. Mas Bandeira foi mais amável ainda com Leila Diniz.

Uma noite no início dos anos 60, quando ainda não havia acontecido o alargamento das pistas da avenida Atlântica e o mar batia bem mais próximo da calçada, ela e Bill estavam romanticamente atracados, ela já sem o sutiã, ele já com as calças na altura dos joelhos, num trecho da areia do Posto 3. Quem passasse na rua veria tudo, mas os amantes adolescentes não estavam nem aí, num daqueles pegas entusiasmados de hormônios tresloucados — e quem conta o resto da história é Bill.

"Eu só me lembro de olhar pra cima e ver a perna e logo em seguida a cara de um policial dizendo 'Vamos acabar com essa pouca-vergonha aí'. Nós estávamos fazendo de quase tudo na areia e nem vimos quando eles chegaram."

Bill era da mesma idade de Leila, quinze anos, e costumava misturar álcool com anfetamina, o que acabaria lhe rendendo pelos anos seguintes muitas internações no Pinel de Botafogo e um combate constante contra o alcoolismo. Naquela noite de 1960 os dois já tinham com certeza bebido algumas quando resolveram dar curso ao namoro e ir para a areia. Foram jogados dentro do camburão pelos policiais e conduzidos à delegacia mais próxima.

"Muito bonito", ironizou o delegado quando o casalzinho

chegou no posto da Hilário de Gouveia. "Uma moça de família fazendo dessas coisas na praia, onde está seu pai, sua mãe?"

No camburão, Bill conversara com Leila na meia dúzia de palavras do inglês que sabiam.

— Call Basileu — o rapaz disse, entre os dentes, para logo ouvir uma advertência do policial.

— Se continuarem falando francês, aí vai ser pior.

Leila, ao ter a permissão na delegacia para telefonar para alguém, não só chamou Basileu, juiz amigo de Bill, como provocou um alarme tal na família que a prisão do casal chegou aos ouvidos de Manuel Bandeira. Ele imediatamente telefonou para a delegacia, responsabilizando-se por Leila e conseguindo sua liberação. A carteirada de Basileu veio apenas no dia seguinte e salvou Bill de problemas maiores. Ele passou a noite com oito indivíduos, a imensa maioria achando que era "um otário" por ter sido preso transando com uma menina na praia.

"Assustado, quase caí na fossa que servia de WC para a cela", lembra Bill. "Fui salvo de encrenca porque o maior de todos os negões disse pra ninguém se meter. E ficamos jogando damas no tabuleiro."

As aventuras adolescentes de Leila Diniz podiam ter acabado em tragédia — mas quase sempre viravam *happy end*, comédia ligeira na constante confusão de inferno e paraíso da vida carioca. Luiz Eduardo Prado, que deixaria o país no auge da repressão política e se tornaria psicanalista com consultório em Paris, lembra que a conheceu graças a um inesperado Cupido infiltrado na vadiagem de Copacabana. Ele morava no edifício Camões, talvez o de pior freqüência, fazendo esquina com Figueiredo Magalhães, na orla da avenida Atlântica. Viviam todos ali sob o terror de um trio de jovens mais velhos, Camilo, Pelé e Reginaldo, autênticos representantes locais da trinca Ronaldo Castro, Cássio Murilo e o porteiro Antonio João que, em 1958, alguns quarteirões acima em direção ao Posto 6, jogou do alto do edifício Rio Nobre a estudante Aída Curi em meio a uma curra. As palavras que assustavam as famílias, propagandeadas pelas matérias sensacionalistas de David Nasser n'*O Cruzeiro*, eram "juventude transviada". Fechem seus portões, gritavam os jornais. Comparados com os violentos de hoje, eram apenas filhinhos de papai malvados. Explodiam balão de criança com cigarro, mas já anunciavam a violência futura da cidade.

Um dia, Camilo, Pelé e Reginaldo, da faixa mais pobre da "juventude transviada", não foram com a cara de Eduardo e o escalaram para uma surra.

> Eles estavam emaconhados e eu, que sempre andava com um livro do Vinicius embaixo do braço, fui enrolando, pedi um tempo para ler alguma coisa pra eles. E a surra ficou pra depois. Nunca me bateram. De vez em quando me davam uns sustos, colocavam dentro de um barquinho de pescador e íamos para o mar. Me obrigavam a ler poesia para eles enquanto fumavam maconha.

Uma vez, Pelé veio com a história de que seu grupo tinha dado um bote numa garota do Bairro Peixoto.

"Encontrei a mulher da tua vida", anunciou a Eduardo.

Numa época em que as portarias não eram gradeadas, Pelé e sua gangue apanharam a garota na saída do elevador do edifício em que ela morava e começaram os procedimentos típicos de ameaça que poderiam terminar numa curra mais séria. A garota também tinha um livro embaixo do braço e para o resto dos tempos ficaria assustada com a cena. Segundo Pelé, ela também pediu para ler um poema aos três. Claro, era Leila Diniz — e dias mais tarde, apresentados na praia, ela e Eduardo deram início ao namoro inevitável anunciado pelo famigerado, subitamente Cupido, Pelé.

"A poesia, sem dúvida, salvou nossas vidas", diz o psicanalista Eduardo diretamente do seu consultório parisiense onde agora não lê mais vidas alheias em voz alta. Ouve.

O único compromisso fixo de Leila no período, na virada da década de 50 para a de 60, era com as aulas do Colégio Municipal Souza Aguiar, na rua dos Inválidos, perto do morro de Santa Teresa, onde Ernestina morava. Fazia o clássico.

"Ela era inteligente, mas faltava muito 'às aulas", diz Lídice Meireles Picolin, sua colega de turma em muitos daqueles anos. Em maio de 1960, Leila perdeu 23 aulas de diversas cadeiras. Seu conceito foi nas nuvens quando trouxe a uma festinha escolar ninguém menos que o sempre solícito poeta Manuel Bandeira, ao vivo, e conseguiu que ele recitasse na presença de todos as quadrinhas de

> *Vi uma estrela tão alta*
> *Vi uma estrela tão fria*
> *Vi uma estrela luzindo*
> *Na minha vida vazia.*

O problema de Leila na escola já era o comportamento. E a marcar seus passos — impondo o código de comprimento da saia abaixo do joelho, uniforme de ginástica, cabelo cortado ou bem preso, ausência de pintura — havia a severíssima coordenadora Daphne. Seu grito de recriminação diante da, digamos, dinâmica Leila era uma referência ao novo foguete espacial dos russos:

"Menina, você parece um sputnik!"

Ou:

"Você está sempre onde não deve!"

Daphne era fogo na roupa. Na entrada, na porta da escola, todas as turmas formadas e prontas para cantar o Hino nacional, ela enfiava o dedo entre os botões da blusa das estudantes para se certificar de que elas estavam com combinação, uma espécie de segunda pele de proteção das moças. As que estivessem sem, voltavam para casa com a observação na caderneta.

Os arquivos do Souza Aguiar registram Leila como uma aluna mediana. Não participava dos eventos religiosos, pois seus pais, ao fazerem a matrícula, desde a primeira em 1957 até a última em 63, sempre respondiam: "Nenhuma" ou "Não tem" no item "Confissão religiosa". Também não se enquadrava na avaliação que os professores faziam de cada matéria. Foi aprovada com média 5,97 em 1960 e no ano seguinte conseguiu abaixar um pouco mais, e chegou aos 5,6. Leila é do tempo em que se estudava latim. Chegou a tirar 10 na prova final de 1960. Com a exceção de história geral e português, onde nunca ficava abaixo de 7, era de sofrível para baixo. Ficou em segunda época de matemática, em 1960. Em 1961, teve dois zeros na matéria.

Definitivamente era uma aluna mais ou menos. E um dia, naqueles rasgos de sinceridade que para sempre lhe seriam comuns, escreveu na caderneta cheia de notas vermelhas:

"Esta caderneta eu guardo para nunca poder mentir e dizer aos meus filhos que fui boa aluna, estudiosa, disciplinada e todas essas coisas que os pais sempre dizem."

Leila participou de alguns eventos do grupo teatral Os Pirilampos e chegou a fazer uma montagem discreta de *Memórias de um sargento de milícias*. Seus colegas não lembram dela dizendo um único palavrão, por sinal uma raridade na boca das meninas que freqüentavam os bancos escolares entre 1957 e 1963.

"Até hoje eu me lembro do choque de um dia, no intervalo de uma aula, a Lídice ter se virado para trás e por algum motivo ter dito um 'que merda!' para um colega nosso", conta Odair Quintela, colega de ginásio das meninas. "Acho que foi o único palavrão feminino que ouvi na escola."

Certa vez o responsável por Leila foi chamado à escola e quem se apresentou como tal para ouvir as queixas de Daphne foi a irmã Eli.

> A Leila não conseguia se adaptar àqueles padrões rígidos. Ela não gostava de ficar parada na escola escutando aquilo tudo, achava monótono e isso contrariava os professores. Eu notei por parte da Daphne que, apesar de tudo, ela gostava da Leila. Não havia animosidade. Ela era querida, inteligente. Mas os padrões de comportamento da escola não suportavam a liberdade de que a minha irmã necessitava.

O aluno que cometia alguma falha, como conversar durante as aulas, não fazer os deveres de casa, era colocado em pé no pátio, rosto contra a parede, para que todo o colégio o visse na situação humilhante, na hora da saída. Daphne não perdoava. Leila foi posta pelo menos uma vez nessa situação.

Lídice lembra que apenas no clássico, o segundo grau da época com ênfase em letras e filosofia, as turmas ficaram mistas, e que Leila, embora muito magrinha e dentuça, talvez pelo temperamento sempre alegre, já carregava o que Zé Trindade nas chanchadas dizia ser um dos grandes trunfos femininos. Tinha borogodó. A garota mais evidentemente bonita da escola era Vera Vanique, igualzinha na época à sua filha, Glória Vanique, que mais tarde seria repórter de vídeo da Rede Globo em São Paulo. A própria Lídice carregava uma beleza exótica, fruto do casamento de uma índia com o indigenista Francisco Meireles. Leila não cabia exatamente na categoria das bonitas, mas tinha *it* e os garotos, mais que o lugar certo onde colocar a crase, percebiam. Um broto. Seu companheiro mais constante ficou sendo um certo Marcílio, que o jargão da época identificava jocosamente como "efeminado".

"Eu me lembro de um passeio que fizemos de ônibus a Teresópolis e a Leila ficou agarradinha com o Marcílio o tempo todo", diz Odair Quintela, que estava na turma. "Todo mundo querendo arrumar uma namorada e o Marcílio, que não parecia ser ligado, ali se dando bem com a Leila."

Mas tudo discreto. Nenhuma menina queria correr o risco de ser classificada como "atirada", "galinha" ou qualquer outro preconceito dos tempos. Daphne também procurava corrigir esses "desvios morais" com sermões pontuados pela expressão: "Onde já se viu, uma moça direita não faz isso".

Leila não chegou a completar o clássico. Em 1963, terceira e última série, tentou empurrar com a barriga e pegar o diploma. Não conseguiu. Das 421 aulas dadas, faltou a 281. Fez as provas até maio, depois sua ficha arquivada na escola vai relacionando um zero atrás do outro, todos motivados por faltas, até que alguém escreveu em maiúsculas: "ABANDONOU".

É uma coleção curiosa de fichas, não só pelos retratinhos de Leila, suas notas, faltas e penteados, mas pela maneira como seus pais se classificavam no item "Condição social". Em janeiro de 1959, eles a classificavam de "Média". Depois o bicho pegou. Em 1962 e 1963, diante da mesma questão, eles não tiveram dúvida:

"Condição social: Remediada."

De qualquer modo, Leila guardava boas lembranças da escola, e chegou a dizer numa entrevista que "gostaria de ter estudado mais". O Souza Aguiar, localizado num antigo pátio das charretes imperiais, era da tradição dos bons colégios públicos da rede estadual, e tinha como diretora a crítica Bella Jozef, que mais tarde se tornaria uma referência no estudo de Jorge Luis Borges.

Lídice conta:

> Tenho certeza que, apesar de todos os problemas, a Leila gostou do colégio. De vez em quando ela chorava por causa dos problemas na família. Mas foi divertido em geral. Eu e Leila éramos meninas normais, talvez um pouquinho avançadas, mas estamos falando de uma época em que chamávamos a atenção porque, no fim de semana, íamos à praia com a nossa versão de biquíni, feita a partir de um maiô cortado. A gente deitava numa bóia de pneu e ficava pegando sol em Copacabana. Ali por 1959 isso era meio um escândalo.

Na virada para os anos 60, fazer sexo com a namorada era algo definitivamente escandaloso e improvável, ainda mais se ela estivesse na faixa dos quinze anos. Vivia-se o tempo do hímen complacente, do sangue esparramado no lençol branco. Do medo, do preconceito. A virgindade era um troféu que a moça entregava ao marido no leito conjugal.

Os dois namorados mais constantes de Leila naquele período foram Luiz Eduardo Prado e Murilo Alencar, e eles garantem que esse tabu, embora estivesse cercado por uma sociedade bastante zelosa da necessidade de mantê-lo, não existia integralmente com Leila. Os dois fizeram aquecidas preliminares com ela. Mas garantem que não foram os primeiros a praticar uma partida inteira.

"Este aqui foi o meu primeiro namorado", diria Leila em 1970 aos estudantes que a receberam numa faculdade em Santos, cidade onde estava para participar de um festival de cinema com o filme *Azyllo muito louco*, dirigido por Nelson

Pereira dos Santos. O rapaz que se apresentava ao lado dela, encontrado por acaso na cidade, pois estava na mesma mostra com um filme, *Juliana do amor perdido*, era o compositor Sérgio Ricardo. Dono de bons momentos na bossa nova, na canção de protesto e nas trilhas sonoras para o cinema, Sérgio também dirigia filmes, mas ficou famoso mesmo foi por uma ocorrência no Festival da Record de 1967. Diante das vaias à sua música, "Beto bom de bola", Sérgio quebrou o violão e, aos gritos de "Vocês venceram", o jogou sobre a platéia. No dia seguinte, um jornal popular estampou a manchete que virou um clássico da imprensa brasileira: "Violada no auditório".

A primeira relação sexual de Leila Diniz — ele diz que sim — foi com Sérgio Ricardo, o autor de "Beto bom de bola". Ela mesma confirmou a informação naquela tarde de 1970 aos estudantes que a receberam em Santos. Usou sua linguagem graciosamente eloqüente para dizer que Sérgio não fora exatamente o primeiro namorado dela, mas o protagonista de sua primeira noite de amor completa.

Leila se queixava a Bigode de que no namoro com Luiz Eduardo as coisas, por mais que ela insistisse, não chegavam aos finalmentes. "Não perdi a virgindade antes porque meu namorado na época ficou com medo", diria mais tarde numa entrevista. Eduardo a "respeitava demais". Não avançava o sinal, com o discurso de que esse tipo de coisa não se fazia com a namorada.

Eduardo se defende:

> Era um namoro em 1960, mas era um namoro no edifício Camões de Copacabana. Havia o mito da virgindade, sim, mas ficávamos sozinhos no apartamento e acontecia muita coisa, sempre com os cuidados necessários pois não havia contraceptivos. Anos mais tarde, a gente fazia piada sobre isso e ela dizia que eu tinha sido o primeiro amor da vida dela. Eu

dizia que não, que tinha sido o pai dela. Ela respondia que pai e mãe são tão complicados que nem é bom falar nisso. Certamente fomos um dos maiores "agarras" da história da humanidade. Acho que passamos uns quatro ou cinco meses sem nos "desagarrar", colados na praia, de dia, ou na Lapa, onde íamos dançar.

Era um namoro típico dos últimos momentos da repressão sexual. Fazia-se de tudo, como diz Eduardo, mas fazia-se principalmente sentir muito medo de mergulhar num mundo cheio de tabus. Os dois ficaram juntos de 1960 a 1962.

Eduardo confessa:

Tempos depois me perguntei por que não transamos uma completa nesta época. Mas é que não podia. Era como perguntar por que o Peter Pan e a Wendy não transam. O resto era a maldade do mundo, os capitães Gancho. No meu namoro com a Leila, havia muito esta noção de que nós dois éramos os puros, os anjos, os extraterrestres e que o resto do mundo era ruim, enganado, sujo. Vivemos um delírio adolescente a dois, andávamos nas nuvens.

Durante o namoro, houve pelo menos uma boa cena de ciúme.

Um dia, na casa de Lúcio Cardoso, namorado de Bigode, o escritor começou a vestir Leila de fases da Lua, culminando com uma coroa de penico a pretexto de uma lua minguante. Eduardo ficou irritado, achou que sua namoradinha estava sendo ridicularizada e empurrou Lúcio. A brincadeira acabou ali.

Outro namorado, Murilo Alencar, aquele da prisão na praia, diz que uma vez conseguiu a *garçonnière* de um amigo para passar uma tarde namorando Leila — seu erro foi, alcoólatra, ter tomado dois litros de cerveja a pretexto de se preparar para o embate.

"Eu não me perdôo até hoje", diz em 2008. "Fracassei. A Leila estava entusiasmada, era linda, uma garota adorável, mas não houve jeito. Quando eu estava conseguindo me recuperar, o dono do apartamento bateu na porta, gritando 'Murilo, vai demorar muito tempo?', e aí é que a coisa não funcionou mesmo."

Foi então que, perto do final de 1962, quando Leila estava com dezessete anos, entrou em campo o "Beto bom de bola".

Bigode e Leila estavam de madrugada gastando tempo pela praia do Leme em direção a Copacabana. Ele se fingia de Buda, plantado de cócoras na frente dela, que com um véu se fazia de dançarina oriental. Uns pândegos já calibrados. Atrás deles, por acaso, vinham, saídos do restaurante Fiorentina, pondo o papo em dia, os amigos Sérgio Ricardo e o produtor e diretor teatral Léo Jusi. Os quatro acabaram se alcançando e Leila, que já conhecia Sérgio de uma ligeira apresentação meses antes, mostrou-se imediatamente interessada em novos detalhes daquele homem quase vinte anos mais velho e com ar de *latin lover*. Continuaram a caminhar pela areia, sendo que agora Bigode e Jusi iam atrás, impressionados com a fogosidade amorosa que logo tomou conta do casal. Eram beijos, abraços, pegas quentíssimos. Discretos, antes que presenciassem o que não seria elegante, os dois rapazes deixaram-nos ao sabor da noite, que já estava virando manhã, de Copacabana. Foram para suas casas.

Sérgio morava com amigos num pequeno apartamento do Posto 2, e levou Leila para lá. Ela fez a confidência a poucas pessoas, Bigode entre elas. Sobre aquela primeira noite, anos depois declarou:

"Não foi amor, não teve romance, foi apenas uma questão técnica e nada mais."

Ninguém telefonou para ninguém no dia seguinte. Sérgio casou-se logo em seguida, e com o golpe de 1964 partiu para o exílio. O "Beto bom de bola" só voltaria a ver Leila nove anos mais tarde, naquele festival de Santos. Sem *revival*. Depois das gargalhadas em frente aos estudantes, voltaram sozinhos para seus quartos e novos destinos.

3.

O menino da escola maternal, não mais que cinco anos de idade, virou-se para a professora e, com ênfase adulta, a entonação exata, disse retumbante que estava muito zangado com ela:

"Sua bunda!"

A professora era Leila Diniz.

O primeiro trabalho de Leila foi de auxiliar de professora da escola maternal Ciro Meirelles, uma espécie de jardim-de-infância, ainda longe do tempo das creches, na rua Aníbal de Mendonça, esquina com Barão da Torre, em Ipanema. Corria o ano de 1960. Ainda não havia animadores de auditório que diziam "pentelho" nas tardes de domingo na TV. Nossa gente mostrava-se ainda verbalmente contida. A professora não saberia contar mais tarde por que o menino estava irritado, mas lembra que a classe imediatamente ficou em silêncio com aquele "bunda!" ecoando pelas paredes. As outras crianças, ávidas por lições de vida, esperavam para ver a reação de Leila.

"Eu fiquei com vontade de rir, e ri", contava ela. "E imediatamente eu disse: 'Bunda é você, seu cocô!'. E foi aquela zona."

A Xuxa da época era a vedete Virgínia Lane, que se vestia de coelhinho na TV Tupi e entretinha a garotada com brincadeiras que, com o rock-and-roll já em cartaz, começavam a ficar antigas. La Virgínia apresentava-se com as coxas grossas do teatro de revista, namorava homens casados e exibia dentes da frente parecidos com os da dentucinha Leila. De resto, as duas coelhas ministravam pedagogias bem diferentes.

Vivo já fosse, Roger Rabbit deixaria a Jessica de lado. Reconheceria em Leila a coelhinha do futuro.

Ela mostrava ao que vinha, e diante do aluno zangado adaptou seus palavrões para a semântica do jardim-de-infância. Pedagogia bruta. Durante uma semana foi um tal de "seu xixi" pra lá, "seu cocô" pra cá e muito "sua bunda" em todas as direções. Cantava em sala de aula a música inventada por ela, pautada também pela escatologia infantil, com que costumava embalar sua irmã mais nova, Lígia — aquela da Clarabela que tomava o caldinho de xixi quentinho feito pela amiga.

De vez em quando a diretora entrava na sala e ficava um pouco chocada, mas — os germes doidinhos da década de 60 já soltos — não interferia no uso livre que a turma fazia das escatologias. Logo depois, mostrando o acerto da didática de Leila, as palavras deixavam de ser exóticas, e a vida seguiu seu dicionário regular.

"Lá em casa não se diz nem cocô; a gente fala fezes", diria Leila mais tarde para exemplificar que só acreditava em educação que desse liberdade às crianças. Escancarar a língua era um de seus métodos intuitivos.

A dona da escola era Iracema Meirelles, mãe de Heloisa Meirelles, colega de Eli Diniz, a mais velha das irmãs de Leila, no Instituto de Educação, na Tijuca. As famílias uniam-se também pelo credo comunista, pois o chefe do clã Diniz era parceiro do chefe do clã dos Meirelles, Ciro, no Partidão. Este tomou parte da Intentona Comunista de 35 e passou dez anos na cadeia junto com Prestes.

Iracema queria fazer a revolução com a arma de que dispunha, a pedagogia. Abriu uma escola, que funcionava no térreo da casa de três andares onde a família morava, em Ipanema, e inventou um método de alfabetização. Era uma obsessão da esquerda no período. Em 1959, o educador Paulo Freire desenvolvera um método, de educação popular, cujo slogan mais forte pedia "alfabetização pela conscientização". Chegou a ser implantado em algumas escolas durante o governo Jango Goulart, a partir de 1961, mas, como todo o resto daquela esquerda tropical, não foi adiante. O método desenvolvido por Iracema, e praticado na sala de aula pelos professores, chamava-se A Casinha Feliz. Era fonético. O método tradicional partia de determinadas palavras-chave, *uva*, por exemplo, e daí chegava à sílaba. Depois é que se isolava o fonema. Dona Iracema partia do fonema. Para ela no início não vinha o verbo. Vinha o som.

Leila não era exatamente responsável por uma turma. Contava histórias, e o seu carro-chefe era a da estrelinha que, debruçada na janela do céu, cochila e cai na Terra. Aqui ela é ajudada pelos animais da floresta, que fazem uma nuvem de insetos e a levam de volta à sua constelação. Em troca, as estrelas se cotizam, cortam um pedacinho de cada uma, e criam na Terra o vaga-lume.

Leila também encenava teatro, mexia com bonecos, mas tentava encaixar o método desenvolvido pela escola, e ainda hoje praticado no país, em meio aos lobos maus e chapeuzinhos de costume. Brincava nas salas com o abecedário cortado em madeira e ia ensinando a partir do P, a bilabial mais gostosa aos ouvidos de uma criança, o novo método de alfabetização criado em Ipanema. Fazia aqueles sons de pequenas explosões com os lábios. Depois juntava com uma vogal, o A, por exemplo, e ia em frente:

"Papapapapapapa", que daria em "papai" etc.

Alice Cardoso de Menezes, uma das professoras a quem Leila auxiliava, lembra-se de uma jovem "muito viva, animada" e que tinha "veia teatral e artística" na medida, e nada mais, para desenvolver nas crianças o método Casinha Feliz.

"Era uma escola de vanguarda, com arte e educação desenvolvidas conjuntamente", diz Alice. "Nas festas de fim de ano, as crianças dirigiam seus próprios espetáculos."

Leila adorava o trabalho e, quando mais tarde lhe perguntaram sobre esse período como "professorinha", ela usou de sua típica veemência para demonstrar orgulho:

"Professorinha uma porra! Eu fui professora!"

O trabalho na escolinha funcionava também como terapia de apoio, porto seguro extra, às sessões a que Leila se submetia, desde os catorze anos, num consultório clássico de psicanálise. Deu certo. Durante três anos e meio, entre 1960 e 1963, ela foi, de um jeito ou de outro, uma professora dedicada aos seus alunos. Nada de quadro-negro convencional. Como não cursara a Escola Normal, tinha feito apenas um curso de aperfeiçoamento no Ministério da Educação, limitava-se a exercer o ofício em colégios particulares. As mães elogiavam-na. Acima de tudo estava na classe uma adolescente que gostava de crianças e queria estar perto delas. No lugar do curso de pedagogia que lhe faltava, colocava a personalidade e a vontade de ensinar. Aboliu, por exemplo, a mesa da professora. Um método extremamente próprio de atuar diante de sua primeira platéia.

Foram apenas duas escolas. Ensinou o método da Casinha Feliz em Ipanema e depois, leitora fanática do educador escocês Alexander Sutherland Neill, atravessou a cidade para aplicar o seu método de educação libertária no jardim-de-infância Papai Noel, em Vila Isabel. Naquele período, ainda ao estilo nômade após a revelação de que sua-mãe-não-era-sua-mãe, morava com a tia Lucy, irmã de seu pai, algumas quadras adiante da escola. Se um dia fosse montado um Museu Leila Diniz, uma das peças mais curiosas, até hoje em poder de sua família, seria uma edição toda anotada por ela do livro *Liberdade sem medo*, a bíblia com as idéias do seu ídolo.

O mundo começava a viver a década de 60, que os meios de comunicação, no extremo da síntese, classificariam como "aquela que mudou tudo". Entravam em cena a revolução sexual trazida pela pílula anticoncepcional e o grito de revolução comportamental ungido pelo yeah-yeah-yeah dos Beatles. A. S. Neill levou para os estudantes de sua escola de Summerhill, na Inglaterra, o rock em forma de pedagogia. Valia tudo, desde que não se afrontasse a liberdade do estudante.

Neill achava que as escolas tradicionais reprimiam as crianças, origem da maioria de seus futuros problemas psicológicos. Sem liberdade não se criavam pessoas felizes. Uma educação que não levasse em consideração as emoções da vida não tinha valor, indicava apenas o caminho mais rápido para o divã dos analistas. A escola de Summerhill pôs em prática essas propostas pedagógicas de Neill, estimulando o aprendizado em ambiente de liberdade e responsabilidade.

As crianças deviam ser livres para escolher se queriam assistir às aulas. Assembléias de professores, funcionários e alunos tomariam as decisões sobre o destino de cada escola.

Leila tentou aplicar o deixa-fazer de Summerhill em Vila Isabel, um bairro que tinha tradição de liberdade nas coisas do aprendizado, berço de Noel Rosa, aquele que disse: "Samba não se aprende na escola". Noel, Leila e A. S. Neill apostavam na emoção como a forma mais feliz de conhecimento. Mas houve uma certa dificuldade de as mães da Vila entenderem essa parte do processo quando a nova professora chegou ao bairro para alfabetizar e ser recreadora de uma pequena turma.

"O ideal dela era uma escola sem regras, nada de impor disciplina às crianças", lembra Eli, que se formou no Instituto de Educação e seguiu uma carreira tradicional de professora. Segundo ela, Leila sonhava com uma escola preocupada em "dar amor para as crianças", e não paranóica com bobagens do tipo "a arrumação dos uniformes, a limpeza das salas, ensinar a contar três mais três, saber onde fica o rio Amazonas, quem é Brahms...".

Entre outras façanhas, Leila instituiu na sua turma a troca de merendas. Socializou os bens. Repartiu o capital comum do grupo. Ela percebeu que as crianças ficavam saturadas com a repetição do que traziam de casa para a hora do recreio, geralmente um sanduíche de ovo frito embrulhado em papel de pão, e estimulou — para o desespero das mães — a idéia de que era tudo de todo mundo, comessem o que mais lhes apetecesse. O comunismo avançava com Jango em Brasília. No recreio da Papai Noel em Vila Isabel ele já estava no poder.

"Era a maior zona", lembraria Leila.

Os meninos levavam lancheiras com leite e evidentemente detestavam, trocando, céleres, pela Coca-Cola que Leila lhes oferecia.

Tudo muito avançado, podia parecer de uma dinâmica

educacional à frente do seu tempo — menos na avaliação da direção da escola.

O problema definitivo aconteceu no início de 1963. Leila admitiu na sua turma de recreação uma menina com síndrome de Down. A diretora, alegando que estava sendo pressionada pelas mães das outras crianças, pediu que a menina fosse desligada do grupo. Não adiantou Leila insistir que os coleguinhas tinham aprovado, ou que havia condições pedagógicas de aproveitamento no método que usava. A menina saiu do colégio — e a professora resolveu ir junto, solidária. No dia da despedida, Leila passou numa loja popular, comprou brinquedinhos baratos, apitos e línguas-de-sogra para distribuir na farra final. Saiu de cena, segundo o testemunho do amigo Bigode, que a acompanhou nesse último capítulo da vida de uma professorinha, com discretas lágrimas nos olhos e cantando em uníssono com a turma a sua música-tema, o velho hino do "Viva o sol/ O sol da nossa terra".

A terceira experiência de Leila com educação de menores foi mais informal ainda. Ela passou alguns dias de 1963 trancada num apartamento da rua General Azevedo Pimentel, em Copacabana, trabalhando com um bando de meninos pobres para uma produção cinematográfica sueca. Ela fazia o que se chama hoje de *personal coach*. Por um lado, tinha a experiência profissional adquirida nas escolas; por outro, o roteiro dos bares resultara em novos amigos no meio cultural, que lhe ofereceram o trabalho. Continuaria sendo uma professora-recreadora, só que agora cuidava de atores pré-adolescentes.

Quem viu o filme, exibido finalmente em 1965 com o título *Fábula... Minha casa em Copacabana* ou *Mitt hem är Copacabana*, inclui a produção na estante do neo-realismo com um jeitão cinema novo brasileiro. Algum Rossellini de um lado, o grande influenciador da primeira fase do cinema novo, um tanto das personagens de *Assalto ao trem pagador*, de 1962, do outro. Com a duração de 88 minutos, filmado em 16 mm, é uma espécie de docudrama. A vida difícil de quatro crianças faveladas que circulam entre o morro e a praia, sobrevivendo de pequenos biscates. Quando a câmera chega mais perto, dá para ver. São os pais, miseráveis mas ainda pacificados, dos meninos que quarenta anos depois serviriam de mote para a revolta pela violência de *Cidade de Deus*.

A equipe de cineastas era liderada pelo diretor Arne Sucksdorff, uma superestrela dos documentários internacionais que ganhou todos os prêmios importantes da categoria, inclusive um Oscar, em 1949, com *No ritmo da cidade*. Na Suécia ele só perdia para Ingmar Bergman. Sua trupe estava no Brasil por uma iniciativa da Unesco e também do Itamaraty, que abrigara os cineastas e até cedera o auditório do palácio diplomático, no Centro do Rio, para que eles dessem um curso de cinema com Joaquim Pedro de Andrade, Vladimir Herzog, Luiz Carlos Saldanha, Arnaldo Jabor e Alberto Salvá na platéia. A presença de Arne ajudou a mudar o cinema brasileiro. Foi na mesa de montagem Steenbeck, trazida por ele para fazer o filme e ajudar nas aulas do curso, que Nelson Pereira dos Santos montou *Vidas secas*. Muitos técnicos foram formados nela. Arne também nunca mais seria o mesmo. Depois do Rio, apaixonou-se pelo Pantanal de Mato Grosso e viveu lá por trinta anos. Casou com uma brasileira, teve filhos e se tornou nos anos 80, sempre sem camisa, os pés no chão, um radical defensor do meio ambiente, algo que Leila, formiguinha da produção de 1963, ainda desconhecia mas certamente aprovaria com um "do cacete!".

Acostumada aos alunos das escolas particulares, ela enfrentaria uma turma da pesada no elenco. Entre os meninos havia um que estivera preso no Serviço de Assistência ao Menor, o pavoroso SAM, um órgão ligado à polícia que recolhia jovens criminosos e meses depois os deixava escapar, mais violentos do que nunca, loucos para se vingarem de uma temporada de maus-tratos e socialização com outros bandidos.

Mas a coelhinha tinha repertório para todas as platéias.

"Eu serei a governante de vocês, seus putinhos, cuidado comigo senão eu vou dar um monte de porrada", foi como ela se apresentou a um dos atores do filme, Cosme Santos, escolhido na rua em meio a traquinagens de pegar mangas, mamões e folhas de louro em mansões do Alto da Boa Vista para vender no Centro da cidade. O tipo físico, negro, magro, gingado, era o requisito principal. Flávio Migliaccio e o dramaturgo João Bethencourt, os principais roteiristas, ajudavam na caça às personagens pelas ruas. Depois trancavam todas, quase uma dezena de moleques, no tal apartamento de Copacabana com a *personal coach* Leila.

"A Leila era uma criança ainda, engraçada, e sentava no chão com a gente, inventando brincadeiras que nós, praticamente uns meninos de rua, desconhecíamos", lembra Cosme. "Foi um laboratório divertido."

A *personal* levava a turma aos banhos de mar, dois quarteirões abaixo, e aos muitos cinemas do bairro. Também organizava jogral com os meninos, contava histórias e tentava, gravador em punho, ou muitas vezes escondido, fazer com que eles narrassem suas vidas, suas aventuras pelos becos da cidade, fornecendo assim os elementos ao trabalho dos roteiristas.

O ovo da serpente da violência carioca estava sendo chocado, mas, dessa vez, com final feliz. Cosme, sete anos na época, seguiu na carreira de ator e celebrizou-se ao substituir Grande Otelo como garoto-propaganda da campanha, por muitos anos no ar, das Óticas do Povo. Outro menino do elenco foi adotado por um casal da produção e levado para a Suécia. Virou diretor de departamento de uma fábrica da Volvo.

4.

Numa das suas festas mais famosas, Domingos Oliveira encheu uma banheira de vodca e mandou que as pessoas se servissem diretamente com seus copos. Havia o requinte de que a vodca tinha sido feita por um amigo do anfitrião, um químico de renome, na base de álcool de cereais. Fervia-se tudo com água, madeira aromatizante e o que mais aparecesse na hora para incrementar a composição. Mas ninguém estava interessado nos detalhes da fórmula. O importante devia ser que o efeito do álcool de cereais levasse com eficiência, e rapidamente, todos os passageiros da festa à mesma estação do álcool comum. A loucura, a loucura e a loucura do início dos anos 60. O mundo estava em pânico, ameaçado pela Guerra Fria, com os mísseis russos instalados em Cuba, mas na banheira de Domingos ninguém esquentava.

Era a "swinging Rio", o encontro da turma avançadinha que tinha ido à tarde ao Arpoador com a turma mais doidinha que acabara de baixar a cortina dos teatros — todos numa cobertura do Bairro Peixoto dançando o twist, o ritmo do momento nos inferninhos de Copacabana, o bairro que, "princesinha do mar", inspiração de dezenas de canções, continuava uma espécie de capital não oficial da cidade.

O Rio havia deixado de ser a capital federal em 1960, mas ainda vivia a euforia de ter nas suas ruas os criadores da bossa nova, fenômeno mundial com o show do Carnegie Hall em 62; estavam na cidade a redação da revista O *Cruzeiro* e o auditório da rádio Nacional, as únicas centrais de informação que alcançavam todo o país; os principais filmes do cinema novo também eram rodados por gente da cidade em seus cenários; sem falar que os jogadores da seleção bicampeã de 62, no Chile, moravam em sua grande maioria no Rio, e, depois de ter o mundo aos pés, jogavam-se aos pés das vedetes da TV Rio e do teatro de revista da praça Tiradentes.

As mulheres tinham abandonado o vestido-saco que as escondia no final da década de 50. Apostavam, entre outras ousadias, na calça comprida com a cintura baixa que deixava o umbigo de fora — e a marchinha "Garota de saint-tropez", de Braguinha e J. Júnior, grande sucesso de Jorge Veiga no Carnaval de 1962, reportava-se a esse capítulo da espetacular liberação da espécie. Definitivamente, a cidade perdera o poder das decisões políticas, mas as novidades culturais e do comportamento saíam dali — e o apartamento de Domingos, em Copacabana, ficou conhecido como uma das células mais provocantes desse perfil.

Foi nele, considerado mais tarde pelo humorista Jaguar como uma espécie de laboratório de pesquisas sexuais dos anos 60, que a jovem Leila Roque Diniz, na flor dos seus dezessete anos, ainda de maria-chiquinha, ainda estudante do Souza Aguiar, ainda angustiada com a notícia de que sua mãe não o era de fato — foi ali que ela bateu por volta das oito horas da noite de 24 de dezembro de 1962. Lembre-se de que sua família, criada nos rigores do marxismo-leninismo, desprezava todo o calendário cristão. Domingos estava pendurando as últimas bolinhas na árvore de Natal. Como se fosse a aparição do Chapeuzinho Vermelho num conto de fadas urbano, Leila perguntou ao dono da cobertura:

"Uma amiga minha disse que aqui vai ter uma festa de Natal, é verdade?"

Se não fosse, Domingos trataria de inventar a festa máxima da cristandade, fretaria uma Kombi para levar os reis magos até a manjedoura, e quase começou a cantar "White Christmas" na afinação de Bing Crosby para confirmar. Tratava-se de uma moça muito bonitinha, avaliou o Lobo Mau do Bairro Peixoto. Quase toda noite, sob os pretextos mais diversos, Domingos dava uma festa. Naquela, já que a data obrigava, seria de Natal — mas com as atrações de sempre. Muita liberdade. Música alta. No elenco, moças e rapazes solteiros que procuravam um par e não se importavam de experimentá-lo ali mesmo, num dos quartos vagos, ou no fim de um lance de escada, ao lado da caixa-d'água da cobertura. Leila já tinha visto Domingos, seu vizinho de bairro, em ambientes de teatro que freqüentara com Luiz Eduardo Prado. Tinha boas recomendações. "É um cara bacana", anunciara Bigode. Luiz Eduardo, com quem ela ainda namorava, não a proibiu de ir. Sem programa, Leila foi ver o presente que Papai Noel lhe reservara.

"A festa só vai começar depois da meia-noite", disse Domingos, "depois que todos passarem pelas casas de suas famílias. Você pode ficar aqui recebendo o pessoal, enquanto eu vou cear com a minha mãe."

Quando Domingos voltou, a festa já estava animadíssima — o LP com "Multiplication", de Bobby Darin, o grande sucesso da temporada, quase rachado de tanto tocar — e ele só viu Leila de passagem, já enturmada. Dançou-se, além do twist, o chachachá e o incipiente rock nacional do "Broto legal", com Sérgio Murilo.

Por volta das cinco da manhã, Domingos foi levar em casa os convivas que moravam em Copacabana. Quando abriu a porta de volta, o apartamento destruído pela bagunça infernal, viu dormindo na poltrona a menina de maria-chiquinha.

"Eu disse alguma coisa como 'Ei, menina, quer que eu te leve em casa?'. E ela, 'Não, quero ficar aqui'", lembra Domingos — e foi assim, numa cena que no próximo capítulo dará em filme, que iniciaram um namoro brevíssimo, logo seguido da mudança de Leila para o apartamento. Foi aí que as notas no Souza Aguiar começaram a ficar vermelhas, as ausências, constantes, e alguém da direção escreveu o "ABANDONOU" na ficha. Leila, na verdade, abandonava a adolescência.

Domingos tinha acabado de largar a faculdade de engenharia, e trabalhava como assistente de direção em cinema e como jornalista do *Correio da Manhã*. Estava com 25 anos. Leila, professora do jardim-de-infância, embicava para os dezoito. Ficariam juntos por dois anos e meio. Dizer que foram intensos seria pouco.

Domingos conta:

No início dos anos 60 havia uma espécie de ácido lisérgico feito de pingo. Vinha num papel poroso, um pingo em cada quadrado. Diziam que era perigoso tomar ácido de pingo, porque a mão que deixasse cair o pingo podia tremer e pingar duas gotas. Pois eu acho que Deus jogou duas gotas de pingo na vida da Leila. A característica básica dela era a vitalidade. Uma resistência física brutal.

A melhor definição do casal Domingos e Leila talvez viesse na música de abertura do espetáculo que ele montou em janeiro de 1963:

Nós somos todos do jardim-de-infância
Crianças lindas da cabeça aos pés.
Nós somos ricos, somos elegantes
E o nosso bloco sai depois das dez.
Nosso estandarte é um buquê de flores
E o nosso lema é um ideal.
Quem sai na frente são os professores
Anunciando o nosso Carnaval.
Nós já sabemos fazer conta de somar
De dividir, de multiplicar.
Agora só falta aprender a conjugar o verbo amar.

Texto e direção traziam a assinatura de Domingos, em sua mais absoluta estréia teatral. O espetáculo realizava-se na varanda da sua cobertura, praticamente do outro lado da rua onde morava a família Roque Diniz. A peça chamava-se *Nós somos todos do jardim-de-infância*, retratava o cotidiano, as relações, os dramas de um grupo de jovens urbanos vivendo à beira-mar. Lá fora, a temperatura política estava crescendo. As Ligas Camponesas agitavam o Nordeste exigindo a reforma agrária, a renúncia de Jânio Quadros em 1961 deixara uma instabilidade política que resultaria no golpe dos militares em 64 — mas a peça de Domingos falava de um comportamento novo trazido pela cultura do rock e da televisão. Zero de engajamento, viva o comportamento! Eram mais existencialistas pop, "pequeno-burgueses alienados", como acusavam os inimigos politizados do Centro Popular de Cultura, da União Nacional dos Estudantes. No palco, quatro rapazes inseparáveis — atores que acabaram não seguindo carreira — contam suas aventuras no ano de vestibular, incluindo os primeiros amores e, o grande drama feminino na época, a perda da virgindade.

Leila fazia iluminação, contra-regra, assistência de direção, bilheteria, todas essas coisas que o incipiente amor pelo diretor permitem a uma mulher. Um dia uma atriz faltou e, pela primeira vez na vida, ela ficou embaixo das luzes. Fez a cena em que um *alter ego* de Domingos dá um fora na namoradinha feia, embora apaixonante, afirmando que não podia ficar com ela. Não a amava.

— E se eu não te amo, eu preciso encontrar alguém que eu ame — diz o tal rapaz.

— Por favor — diz a personagem de Leila, a namoradinha feia, choramingando —, fica comigo até esse dia.

A música de abertura (aquela do "nosso bloco sai depois das dez") havia sido ensinada a Domingos pelo cronista José Carlos Oliveira, um craque em registrar o novo estilo de vida daqueles jovens da Zona Sul. Jamais se soube a autoria. De resto, o autor da peça usava um expediente que repetiria em muitos shows pela vida afora. Punha de fundo uma trilha sonora que misturava clássicos da bossa nova com *standards* de Frank Sinatra, o roquinho "Biquíni de bolinha amarelinha", de Ronnie Cord, com "Hino ao amor", por Edith Piaf. Deu certo.

A peça foi um sucesso entre um grupo mais descolado da cidade. Apostava numa temática de cotidiano jovem que iria inspirar grupos como o Asdrúbal Trouxe o Trombone, todos cansados do populismo da esquerda em vigor. Só quem não gostou daquela festa teatral foi o síndico do prédio.

Seu Arnóbio tinha toda a razão em reclamar do auê no cocuruto do edifício.

Uma bateria acompanhava o texto.

As apresentações eram diárias.

O público tomava conta da escada e do elevador.

Numa primeira tentativa de diálogo, o condomínio chamou a polícia e foram todos parar na delegacia.

Numa segunda, seu Arnóbio passou a desligar a luz do

andar de Domingos sempre que o carrilhão da igreja batia as dez da noite. No primeiro blecaute, levou-se um susto. A partir da noite seguinte, os atores puxavam de velas e lampiões, incorporando a escuridão à dramaturgia da coisa.

Jardim-de-infância, sempre com Leila nos bastidores, acabou transbordando para um teatro meia dúzia de quadras adiante, na praça Cardeal Arcoverde, com direito a boas críticas nos jornais. Uma das adaptações de Domingos no texto foi fazer um prólogo contando as aventuras da peça e, claro, dedicando tudo ao síndico. Leila, achando que com a homenagem a barra estava limpa, foi até o apartamento do seu Arnóbio convidá-lo à estréia, longe de suas paredes. Levou junto um cálice de vinho do Porto, uma gracinha que ela, a contra-regra, em algumas noites servia como parte da ação à agitada platéia. Arnóbio bateu a porta na cara da vizinha.

"Não vou entrar, não vou entrar", gritava Leila, vestida de onça, na coxia do teatro do Rio, no Catete, no momento em que se aproximava a deixa para que ela irrompesse em cena.

"Não sei fazer, não quero", ela insistia, até que — marido serve para isso — Domingos Oliveira empurrou a estrela para o centro do palco.

Nascia uma estrela. Na marra.

A estréia oficial de Leila Diniz como atriz aconteceu assim, aos empurrões, em julho de 1964, no papel de onça boazinha da peça *Em busca do tesouro*, de Rubens Rocha Filho. O título original era *O tesouro do coronel*, mas os militares haviam acabado de dar o golpe de 31 de março e o produtor André Adler achou que podia dar bode. Deu tudo certo. Ionita Salles, uma das mais deslumbrantes garotas do elenco das areias de Ipanema e futura senhora Jorginho Guinle, representou Rosinha. O caçador, um tipo cômico, que se assinava

Roberto Rocco, virou Paulo Rocco, um dos maiores editores de livros do país. Por sugestão de Cláudio McDowell, o assistente de produção, Rocco, que era ligeiramente gago, acentuou a gagueira em cena. Hoje, do alto de milhões de livros vendidos, palestrando pelo mundo sobre seu sucesso editorial — e sem problemas de fala —, Paulo agradece a terapia.

A oncinha de Leila seria elogiada numa crítica do temido Yan Michalsky, no *Jornal do Brasil*, e fez com que ela fosse chamada para pequenas pontas dentro dos bichinhos que povoavam o *Teatrinho Trol* da Tupi, a grande atração para crianças na televisão do princípio dos anos 60. Não há o registro de seu nome em nenhuma ficha técnica da emissora. Fábio Sabag, o diretor, também esqueceu os papéis que deu à moça dentuça. Não importa. A oncinha do *Tesouro* e os bichinhos do *Trol* foram suficientes para que Leila mudasse o rumo da sua vida. Ali, no início de 1964, ela começou a desistir de ser professora, sua alardeada vocação. Estava confusa. Tinha certeza apenas da urgência de ganhar a vida longe da família.

Durante os ensaios da peça infantil, lembra-se Paulo Rocco, Leila, que em menos de uma década revolucionaria o comportamento nacional, fazia um exótico curso preparatório para ser postalista dos Correios e Telégrafos. Também estudou taquigrafia. Brasileiríssima, aquela que colocaria a aventura entre as possibilidades ao alcance de uma mulher, sonhava com a segurança do emprego público. A boa atuação como oncinha mudou o jogo.

O primeiro e mais surpreendente vôo de Leila longe do domínio intelectual do marido foi como vedete de Carlos Machado, no Fred's, no Leme. O nome do espetáculo era *It's holiday*. Machado estava na noite do Rio havia trinta anos e procurava dar a impressão, com suas mulheres deslumbrantes e seus esquetes de humor descompromissados, de que a vida era um eterno feriado. Norma Bengell começou a carreira assim. Betty Faria e Helena Ignez também. Leila, que deixara o corpo mirrado dentro do uniforme do Souza Aguiar e já estava um mulherão, faz em cena o comum às vedetes. Sorriso *full time*, uma perna ligeiramente na frente da outra, o espartilho desenhando a cintura, e no final do número os braços estendidos com delicadeza para o alto, dedos bem abertos, o semblante feliz no fabuloso grito de "oba". As apresentações foram apenas meia dúzia. Depois do show Leila era socorrida pela carona de Domingos ou do amigo Olivier Labrunie. Suas colegas passavam então a aumentar o cachê com serviços em que o freguês no final era quem deveria gritar "oba". João Goulart teve pelo menos quatro namoradas escolhidas do inigualável cardápio de Machado: Angelita Martinez, Carla Morel, Fernanda Soto Maior e Mara Rúbia.

Fechado o pano, sem que tivesse dito sequer uma palavra em cena, a vedete-que-já-tinha-sido-onça se apresenta com a cara e a coragem ao chamamento para testes do elenco d'*O preço de um homem*, do escritor francês Steve Passeur. Como estrela da companhia, ninguém menos que Cacilda Becker, a toda gloriosa dama do Teatro Brasileiro de Comédia. Foi um lance de sorte. A diva do TBC pôs um anúncio no jornal procurando uma jovem atriz para o elenco. Apareceu apenas Leila. Levou o emprego.

A peça estreou em 20 de outubro de 1964, com Leila no papel de Dorotéa Cadié, uma agregada da família na trama, que transcorria toda num único cenário, a sala da casa, presidida pela personagem de Adriano Reis. Uma pontinha de nada, com duas linhas de fala. Bancada pelo milionário carioca Nelson Seabra, *O preço de um homem* ficou três meses em cartaz no teatro Mesbla, na Cinelândia. Serviu para que Leila ganhasse uma grande amiga (ou, por ser bem mais velha, uma nova mãe). Ao morrer, em 1968, a atriz teve à beira de seu leito, em São Paulo, uma Leila chorosa e tão freqüente que chegou a namorar um dos filhos de Cacilda.

Aquela foi a única experiência de Leila em teatro convencional adulto.

Ela dizia:

> Fazer teatro é um saco. Mas não posso afirmar isso porque nunca participei de um troço porreta mesmo. Só fiz o papelzinho com a Cacilda. Entrei lá muito de alegre, chorava pra cacete em cada ensaio: "Eu não sei fazer, eu não sei fazer essa merda". Entrava em cena morrendo de pavor, mas não foi só por isso. Acho chato fazer toda noite a mesma coisa.

N'*O preço de um homem*, Leila foi dirigida pelo belga Maurice Vaneau, vinte anos mais velho que ela, o que evidentemente não foi problema para que tivessem duas noites de amor. Uma bobagem, se Domingos não ficasse sabendo. Na verdade, Leila contou. Mais adiante, ela contou também de outra noitada de sexo, com um amigo do casal. Maurice não era da turma, nunca mais se viram, e a coisa ficou por isso mesmo. O tal amigo, no entanto, foi até Domingos pedir desculpas. Disse que estava bêbado. É o marido traído quem relata:

"Eu disse 'Não aceito desculpas coisa nenhuma. Você vai apanhar'. E ele 'Bate, bate, eu mereço, você tem toda a razão'. Eu bati nele pra burro. Eu era sangue-quente."

O amigo da história é o cineasta Roberto Bakker, que dá sua versão. Passara a noite com Leila e foi entregá-la em casa às oito da manhã de um domingo. Encontrou Domingos na porta do apartamento com um detalhe absolutamente surreal, coisa de quem ia muito ao cinema ou via o grande sucesso da televisão na temporada, o *TV Rio Ring*. Domingos, magérrimo, estava com luvas de boxe. Pior. Tinha na mão outro par que jogou na direção de Bakker, com o desafio: "Vamos lutar, seu traidor". Em minutos os dois estavam na varanda da cobertura. Domingos aparentemente já havia ensaiado a cena — e logo atingiu o rival no nariz.

"Eu comecei a sangrar imediatamente", diz Bakker, "e caí na real, vi que aquilo era uma loucura. Eu, de luvas de boxe, lutando com o Domingos! Tirei as luvas e fui embora prum botequim próximo limpar o sangue do nariz. Logo em seguida a Leila apareceu, dizendo 'Seus babacas, fiquem praí que eu estou indo pra Curitiba'." Pegou o avião e foi visitar o irmão, Elio, que trabalhava no Banco do Brasil de Apucarana, no Paraná.

Era uma turma avançadíssima, a de Leila e Domingos, mas os anos 60 ainda estavam em seus meados. A pílula anticoncepcional não passava de uma notícia com ares de escalafobética num canto do jornal, prometida talvez para o mesmo ano em que o homem chegasse a Marte. Havia muita barreira, muito sutiã, muita virgindade, sentimento de posse e outros calhambeques para ultrapassar na pista rumo à felicidade.

Cláudio McDowell lembra que o primeiro selinho que recebeu de uma amiga foi dado na bilheteria do teatro da Maison de France, em 1963. Pela bilheteira. Domingos Oliveira apresentava uma de suas primeiras direções, *As provas de um amor*, de João Bethencourt, e a moça, que era amiga de Cláudio, estava lá quebrando um galho para o diretor-marido. Claro. A bilheteira do primeiro selinho era Leila Diniz — e a transformação nos costumes avançava algumas casas.

Nas festas na cobertura do casal, por exemplo, não podiam faltar dois eventos: o *strip poker* e o jogo da verdade. Rolavam-se os dados, e o perdedor, ou perdedora, tirava uma peça da roupa. Muitos pagaram peitinho, bumbum e algo mais na infelicidade de um *royal straight flush* na mão adversária. Era um jeito coreográfico de despir os tabus. O tal "laboratório comportamental" de que falava Jaguar. O desnudamento da alma acontecia no jogo da verdade. Por um lado as pessoas ainda acreditavam na sinceridade das outras; por outro, tentava-se um jeito maroto de dar um selinho nos costumes e ver até onde eles se abriam.

O filme preferido da turma era *La dolce vita*, de Federico Fellini, que oferecia na tela o mesmo cardápio de desnudamento, sexualidades dúbias, casais que sumiam para algum canto da casa, depressões e um jeito de fim de tempo, de momento de passagem para uma nova realidade. Tudo guiado pelo tom existencialista angustiado, ao estilo da personagem de Marcello Mastroianni no filme, um papel feito em Copacabana pelo dono da cobertura, o também jornalista Domingos. Ainda não valia tudo. Das drogas, apenas a anfetamina. Mas já valia muita coisa.

O clima é de decadência com elegância e uma certa compreensão de que aquelas festas são as últimas de uma quadra do tempo. Elas preparavam para festas melhores, e outro exercício desse laboratório era o "jogo da torre". Segundo André Adler, não havia outro adjetivo para a brincadeira: cruel. Brincava-se de "quem você jogaria da torre" para ver quem era mais amigo de quem ou quem estava a fim de quem, pois o foco estava sempre nas relações e nas dificuldades de aproximação. Adler garante que o clima era de *"frisson* sensual".

Uma noite, no meio de uma dessas festas na casa de Leila e Domingos, apareceram, sem que ninguém ficasse sabendo quem convidara, o ator Max von Sydow e o cinegrafista Sven Nykvist, figuras de proa da equipe do cineasta Ingmar Bergman. Leila adorava dançar o *letkiss* (um jogo da verdade coreografado que terminava com um beijo) e o bostelá (uma bagunça sem passos marcados mas que obrigava todos a se jogarem ao chão, o que já era uma quase-cama). Os suecos aprenderam imediatamente.

Nos andares de baixo, o síndico seu Arnóbio não entendia nada daquele *hit parade* para lá de eclético que rolava na vitrola de Domingos.

1. "Jambalaya", com Brenda Lee
2. "Patricia", da trilha sonora de *La dolce vita*, com Perez Prado
3. "Guantanamera", com Sandpipers
4. "Chachachá da secretária", Wilson Simonal
5. "A hard day's night", The Beatles
6. "Datemi un martello", Rita Pavone
7. "Love me do", The Beatles
8. "The twist", Chubby Checker
9. "Que c'est triste Venise", Charles Aznavour
10. "Hava Nagila", Idelsohn

"Foram dois anos e meio felizes", define Domingos. "Éramos muito jovens. Leila foi uma ótima mulher para mim. Eu é que em todo fim de semana pedia folga, queria galinhar."

Leila descobriu algumas dessas traições, a mais constante delas de Domingos com a atriz Maria Helena Dias. Em geral lamentava discreta, sem grandes cenas.

"Ela tirava de letra", garante a amiga Maria Gladys. "A Leila já estava na frente com esse negócio de ciúmes. Aprendi com ela. Também não se dava ao trabalho da mesquinharia do troco. Sabia que o marido transava com outras mulheres, mas segurava bem."

Segundo Domingos, o casal começou a se separar na sexta-feira 13 de agosto de 1965, em meio a uma das histórias mais trágicas da televisão brasileira. Ele dirigia, e Leila fazia a assistência de produção, do *Show da Noite*, um dos primeiros programas da grade da recém-estreada TV Globo. O apresentador era um dos maiores amigos dos dois, o ator, diretor e escritor Gláucio Gil.

Ele iniciou o programa daquela noite com bom humor:

"Meus amigos, hoje é sexta-feira 13 de agosto, dia aziago, mas até agora felizmente vai tudo caminhando bem."

Eram dez horas. A superstição ainda tinha tempo para se fazer valer.

Meia hora depois, Gláucio Gil começou a passar mal, em close, enquanto entrevistava os diretores da redação de uma revista carioca. O câmera desviou o foco para os entrevistados, e o programa foi retirado do ar. Um ataque cardíaco. Ao vivo. Leila e Domingos viram o amigo morrer ali no estúdio, ajudaram a carregar o corpo do apresentador, da cadeira em que estava em frente à câmera, até um sofá mais confortável no canto do estúdio. No meio da correria em busca de socorro, apesar da evidência desesperadora de que Gláucio Gil já estava morto, Domingos lembra-se de ter percebido o sumiço de Leila. Saiu gritando seu nome pelos corredores da Globo e a encontrou chorando num canto.

A morte do amigo potencializou o desgaste do casamento, que já vinha balançando por causa das traições de Domingos e sua alegada necessidade de mais liberdade.

Gláucio Gil era parceiro constante, junto com João Bethencourt, Vera Vianna, Joaquim Pedro de Andrade, Maria Gladys, Roberto Bakker, Stefan Wohl e outros, das noitadas nas boates de bossa nova do Beco das Garrafas, central do movimento, e da Mariuzinn, em Copacabana. Fazia parte da rotina noturna do casal sair para dançar, sempre estimulados por muito uísque, pois maconha ainda era coisa de gente do morro. Pela manhã, havia a praia sagrada de Leila, nem sempre acompanhada por Domingos. De tarde, produziam o programa, um *talk show* que teve relativo sucesso de audiência, com duas horas de apresentação.

Quinze dias depois da morte de Gláucio Gil, Leila e Domingos se separaram. Uma noite, os dois ficaram horas sentados no chão, chorando ao lado da porta do apartamento. Era o fim, não tinha mais jeito, e só tentavam saber como seria a despedida. De repente, Leila chamou para si o jogo. Botou a mão no trinco. Bateu a porta. Foi embora.

Domingos conta:

Eu não queria ser casado, ela também não. Impossível o casamento entre os jovens. O casamento é para os que passaram dos cinqüenta. Tem muita inquietação. Com a morte do Gláucio a depressão caiu lá em casa. O medo da morte é o inverso da juventude. Ela saiu e eu fiquei desesperado. Ainda esperei um pouco, mas fui atrás. Eu sabia que ela tinha ido pro Mariuzinn. Não tive coragem de entrar. Perguntei pro porteiro se ela estava e ele disse que não, que já tinha entrado e saído com um rapaz, um desconhecido. Foi a cena final da nossa história. Ela tinha ido à boate, pegou um rapaz bonito e saiu com ele para transar. A Leila era de reações violentas. Se era para acabar comigo, era para acabar logo. Na mesma noite.

5.

"O amor não dá pé, não dá pé", desabafa Flávio Migliaccio, no papel de Edu, na primeira fala de *Todas as mulheres do mundo*. Parecia o início de um elogio à descrença, ao niilismo sentimental, essas coisas que eram sucesso em 1966. Mas, como o filme tinha Leila Diniz como protagonista, logo se veria a verdade. Pista falsa. Provocação para segurar a platéia. O amor movia o mundo real da atriz e também era a grande personagem desse seu primeiro capítulo cinematográfico.

Dirigido por Domingos Oliveira, *Todas as mulheres* ganhou doze dos dezoito prêmios do Festival de Brasília de 1966. Quando estreou em março de 1967, no cinema Ópera, na praia de Botafogo, o crítico Maurício Gomes Leite, da revista *Manchete*, escreveu: "É um dos melhores filmes já feitos no Brasil, o mais carioca de todos os tempos". Em 2002, quase quarenta anos mais tarde, o crítico Ruy Castro não titubearia em colocá-lo entre as quatro melhores produções do país.

A onda era fazer produções engajadas — *Terra em transe,*

de Glauber Rocha, estrearia poucos meses depois —, aliciar as massas para derrubar a ditadura militar. *Todas as mulheres* vinha na contramão do discurso militante. Primeiro urgia revolucionar as relações entre homem e mulher. O "amor para sempre" estava deixando muito a desejar. No lugar do que seria compromisso para toda a vida e a rotina triste de perceber que o tesão muda, às vezes acaba, instaurava-se um novo conceito de busca da liberdade e do prazer.

Por que não tentarmos o casamento aberto?

Por que não acreditar que ele seja eterno enquanto a felicidade dure?

"A vida é o momento e esse momento deve ser a celebração do amor", diz uma personagem.

Terra em transe, visto hoje, é uma discurseira sem fim. Impenetrável. Datado. *Todas as mulheres* manteve glorioso o frescor estético de suas cenas e a discussão, na vida cotidiana das pessoas, de seus argumentos. Havia um novo amor, uma nova mulher, um novo modo de se relacionar sexualmente no planeta, e poucos documentos dessa transformação na década que deixou o mundo de cabeça para baixo são mais delicados, bem-humorados e verdadeiros do que o filme que está começando.

A cena ficou meio escurecida, feita com a típica câmera na mão do cinema novo de 1966, e mostra uma mulher de biquíni branco caminhando no mar, de costas para o espectador. O dia está nublado, e a água atinge a altura de suas coxas. Ela dá três passos, pequenos pulinhos, ultrapassando as marolas da beira da praia. Quando se aproxima uma onda maior, a mulher de corpo bem recortado vira-se para que a água lhe bata nas costas, ficando enfim de frente para a câmera. Só então revela o rosto. Nesse momento, a imagem congela, num dos mais felizes fotogramas do cinema brasileiro — e lá está ela.

É Leila Diniz sorrindo.

Trata-se de uma entrada em cena ao estilo clássico das grandes divas do cinema.

Audrey Hepburn também está de costas, chupando um sorvete de casquinha, enquanto a câmera vai aos poucos contornando seu corpo até mostrá-la, faceira, observando as jóias na vitrine da Tiffany's, no início de *Bonequinha de luxo*.

Elizabeth Taylor surge em *Cleópatra* de dentro de um tapete que vai sendo desenrolado.

Ursula Andress irrompe simplesmente de debaixo d'água, primeiro a cabeça, em seguida os olhos enormes, o arpão de caça submarina, e só depois o biquíni n'*O satânico dr. No*.

O sonho de qualquer diretor é que toda a platéia nesses momentos faça "oh!" e, fisgada, nas duas horas seguintes não desgrude mais daqueles rostos que são o ímã onde ele pregará suas idéias.

O rosto sorridente de Leila fica congelado por alguns segundos, numa expressão moleca de quem sente o prazer da onda batendo com força no bumbum. Serve de fundo para que se projete por cima o letreiro do filme que começa: "Domingos Oliveira apresenta *Todas as mulheres do mundo*".

Os amigos não gostavam do título. Parecia coisa daqueles filmetes de striptease estrangeiros que passavam no Cineac Trianon, no Centro do Rio, e ajudavam as platéias masculinas brasileiras a saciar o desejo do consumo de nu barato em celulóide, uma raridade na época. Em papel, mais que em edições importadas da *Playboy* americana, avaliava-se o nu feminino em revistas dinamarquesas de naturismo. Todas moças branquelas, pubicamente glabras, posando anódinas no meio de algum campo de trigo. No cinema ainda ecoava o escândalo de 1962, quando Norma Bengell tinha ficado sem roupa numa praia de Cabo Frio, n'*Os cafajestes*, de Ruy Guerra. Mas a dramaticidade de vanguarda da cena, com a pobre coitada jogada chorosa na areia, cercada de cafajestes num carro, permanecia num plano superior ao erotismo.

Domingos insistiu no título do falso estilo striptease, certo de que o conteúdo delicado de *Todas as mulheres do mundo* passaria a léguas de qualquer vulgaridade. Era um filme sobre o amor, a busca da felicidade. Constatava a dificuldade de ser fiel em 1966, mas respirava a esperança de que a missão fosse possível. O título dúbio parecia ótimo. Resumia com graça a história fundamental de Paulo (Paulo José), um jornalista da Zona Sul atormentado por um grande dilema. O que fazer — no momento em que as mulheres compreendiam o sexo sem necessidade de em seguida correr à compra de alianças — se você esbarrasse com o amor da sua vida?

Paulo havia encontrado a professorinha Maria Alice (Leila), tirou-a de um namorado, e estava apaixonado. O resto da equação — e as outras mulheres no mundo? — infelizmente ele não sabia resolver.

Eis o filme.

Como escolher entre tantas — tão desiguais em formatos e personalidades, algumas lindas, outras inteligentes, quase todas com um jeito particular de piscar charme nas retinas masculinas —, como escolher aquela única que vai ter a exclusividade de suas atenções?

"Pobre do homem posto a enfrentar o conflito de abandonar todas as mulheres do mundo por apenas uma", escreveu Domingos no folheto distribuído à imprensa.

Ele sabia do que estava falando. Aquele ser-ou-não-ser-macho, aquele dilema crucial entre permanecer fiel à mulher amada ou ciscar qualquer milho vagabundo no quintal alheio

— toda aquela aflição tinha passado por sua vida muitas vezes na primeira metade da década de 60. As respostas que deu na prática eram variáveis. Coerência zero. *Todas as mulheres do mundo* contava, com algumas liberdades cinematográficas, a história de Domingos com Leila. Tratava-se de um ajuste de contas carinhoso, em tom de comédia filosófica, sobre a relação de dois anos e meio que os dois mantiveram, entre 1963 e 1965, na cobertura do Bairro Peixoto. Ele foi fiel, ele traiu, ele aprontou. Era o diretor certo.

No primeiro semestre de 1966, quando o filme foi rodado, já não existia mais nada entre os dois.

Leila havia se mudado para a rua Prudente de Morais, em Ipanema, engrenara na carreira de atriz de telenovela. Estava em outra. Domingos sofria com a separação, mas continuava apóstolo da relação aberta. Amealhara várias namoradas na seqüência, entre elas Ana Maria Magalhães e Maria Helena Dias, mas sentia saudade. Partira para o filme como uma necessidade de exorcizar a perda. A expressão "dar bandeira" estava entrando para o uso comum da língua. O filme desfraldava a bandeira pública, em tela grande, de um jovem diretor de 29 anos em pleno mea-culpa existencial. Tinha sido fraco. Arrependera-se. Ele queria reescrever na frente de todo mundo as bobagens que julgava ter feito quando estivera casado na vida real com a atriz principal.

No rádio faziam sucesso os boleros de Anísio Silva dizendo basicamente: "Volta, meu amor". Domingos, como não sabia compor bolero, dirigiu o filme.

"Eu era um galinha", confessaria décadas mais tarde. "A Leila sofreu muito no nosso casamento por causa disso. Ela era fiel e cuidadosa. Eu não passava de um porra-louca assustado com a condição existencial. Ela fez o certo. Foi embora."

Domingos começara a carreira no cinema como assistente de direção de Joaquim Pedro de Andrade em dois curtas-metragens. Um, sobre o cotidiano do poeta Manuel Bandeira (*O Poeta do Castelo*); outro, sobre o cotidiano do morro da Mangueira às vésperas do Carnaval (*Couro de gato*). Vendeu um fusca, juntou a sua patota de festas e foi rodar *Todas as mulheres do mundo* com Leila. Afinal, era a história deles mesmos, reescrita com final feliz.

Quem sabe ela não voltasse?

Quem sabe ela não lesse o roteiro, visse o final com os protagonistas casados, dois filhos, e pensasse, feliz: "Esse galinha mudou. Dou uma nova chance?".

"A minha intenção era clara", diz Domingos, "queria reconquistá-la, casar de novo e tentar ser um homem melhor."

Se na primeira cena Leila aparece no mar, seu mais querido *habitat*, na segunda Domingos estiliza como ela surgiu em sua vida, em dezembro de 1962.

Um punhado de homens está numa festa de Natal brincando de jogar dardos nos glúteos e bochechas de fotos de *pin-ups* afixadas na porta do apartamento de Paulo/Paulo José, o *alter ego* de Domingos. É uma produção barata. Mais tarde Leila teria que mexer no bolso e participar do rachuncho para acabar o filme. O apartamento que serve à locação é o do próprio Domingos, no Bairro Peixoto, o mesmo em que ele morou com Leila. As paredes do filme, decoradas com fotos tiradas de jornais e revistas, são as da vida real do cafofo. Os coadjuvantes que jogam os dardos pertencem à turma. Cachê nenhum. Entre eles, sem destaque, anônimo, aparece um ator já visto na peça infantil *Em busca do tesouro*. Era Paulo Rocco de novo, dando uma canja antes de abrir seu próprio negócio e acertar dardos editoriais na compra dos direitos de Harry Potter e Paulo Coelho.

Naquela cena de *Todas as mulheres*, no meio da algazarra, ouve-se alguém entre os coadjuvantes-colegas de Rocco dizer: "Estão batendo na porta". Todos param de jogar os dardos. A porta abre-se lentamente, quase ao estilo do coreano Wong Kar-Wai dos anos 90, para aparecer o rosto, agora maquiado, de brincos, cabelo composto com um meio coque, de Leila Diniz.

A imagem que fica congelada dessa vez é a dos jogadores de dardo. Todos revelam um jeito de sincera estupefação com a bela mulher que chega.

A voz em off de Paulo/Paulo José, o narrador da história, não perde tempo. Com o rosto de Maria Alice/Leila em close, movimentando-se suavemente em câmera lenta, dá início, com música de Gabriel Fauré ao fundo, à linda cantada cinematográfica de Domingos.

"O que uns olhos têm que outros não têm? O que um sorriso tem que outros não têm?", diz o texto.

É o melhor filme de Leila. Nunca, na verdade, tinha chegado ao cinema nacional uma personagem com aquele perfil, uma mulher que já podia ser vista nas melhores faculdades do Rio, nas mesas dos bares de Ipanema, nas areias do Castelinho. Nem *vamp*, nem *femme fatale*, nem pecadora. Nem Marilyn, nem Brigitte Bardot, nem Darlene Glória. Os tipos clássicos das fêmeas cinematográficas não correspondiam mais ao novo projeto feminino nas ruas. Entrava em cena a mulher "na dela", aquela que carregava a pílula anticoncepcional na bolsa, que exigia o orgasmo nas relações sexuais, que não estava apenas correndo atrás de casamento e fazia com seus parceiros o que eles passaram a vida inteira fazendo com elas. Não fundiam a cuca. Estava ruim, partiam para outra. A cama, as mulheres finalmente se mostravam de acordo, deixara de ser apenas um palco do congraçamento amoroso. Em primeiro lugar vinha o prazer — caso contrário, voilà, beijinho-beijinho e tchau-tchau.

Leila era uma surpresa. Ainda não havia dado uma grande entrevista a jornalistas. Sua crença de que a mulher devia ter a oportunidade de escolher era um segredo para poucos de Ipanema.

Roberto Carlos, na jovem guarda, tinha acabado de cantar a "Garota papo-firme", que gostava de gíria, de muito embalo, de tudo o que era moderno — e mandava todo o resto pro inferno. Era ginasial demais, mas o Rei estava na pista certa. Domingos, que sem dúvida dançou o *hit* iê-iê-iê no Mariuzinn, traduzia para as telas do cinema o novo rock visual que os jovens universitários da Zona Sul transformavam em estilo de vida. Enquanto os colegas faziam panfletos contra a desigualdade social no *Rio Zona Norte* e nas cabeceiras do São Francisco, ele celebrava, pop, papo-firme, a igualdade sexual do gentio urbano. Nada de o Corisco rodando a espada e gritando que mais fortes são os poderes do povo, como no *Deus e o diabo* de Glauber — mas uma cena de orgia só com mulheres. Não mais a beiçola de Grande Otelo mimetizando os miseráveis — mas a bunda desnuda de Paulo José, na primeira cena do tipo no cinema nacional.

A grande revolução é ser feliz.

E a síntese disso tudo vinha no rosto de Leila Diniz.

A vida com Leila mostrou a Domingos uma personagem que estava mudando todo o jogo das relações amorosas. Havia uma nova fêmea em cena, trazendo o inevitável repertório de êxtase e perplexidade dolorosa para a vida de muitos homens.

Logo no início do filme, a música que toca ao fundo, saída de uma loja de discos da Nossa Senhora de Copacabana, é dos Beatles, "She's got a ticket to ride", algo como "Ela tem o bilhete para viajar". A mulher em foco é vigorosa.

Mais adiante, a única música que se refere aos homens é

"Mamãe passou açúcar em mim". Uma bobagem. O homem vacila o tempo todo, um criançio.

Domingos disse aos jornalistas:

> Fiz um filme sobre a independência da mulher. Senhor há milênios, o homem tinha, mal e bem, criado fórmulas que permitiam sua vida ao lado da fêmea-escrava. Essas fórmulas caem agora por terra, com a equiparação social dos dois sexos. Um ódio milenar eclode na relação amorosa e novas soluções precisam ser inventadas. É preciso reinventar o mundo, reinventar o amor.

Foi em março de 1967.

Em outubro, no Festival da Record, Caetano Veloso reinventaria a MPB com "Alegria, alegria".

No teatro, Zé Celso Martinez Corrêa esculhambava o tempo dramático com a montagem d'*O Rei da Vela*.

Ítala Nandi abrira o cordão em janeiro, quando disse numa entrevista à *Realidade* que a "mulher deve ser independente a qualquer custo". A nitroglicerina cor-de-rosa estava solta — e a revista foi apreendida pelos militares.

Domingos aproveitou a temporada de ousadias para mexer nos brincos do amor, e, no intervalo, enquanto jogava charme no ouvido de Leila, buscava reinventar o cinema brasileiro para longe das soluções estéticas óbvias. Desviava-se do cardápio participativo dos seus colegas, mas aquilo — não só porque se passava o pires pelo Banco Mercantil de Minas Gerais, o Comércio e Indústria, e o Banco do Estado da Guanabara — era cinema novo em cada movimento. Ele usou a câmera na mão, ou deslizando em cadeira de rodas; estourou a luz da fotografia; congelou a imagem; abusou dos planos descontínuos; jogou a narrativa para lá do diálogo plano/contraplano das novelas de TV ("A realidade não é bilateral"); e cortou seco, direto, sem a lentidão clássica dos *fade-ins* ou *fade-outs*. Nada de som direto ("Tem realidade excessiva"), viva os efeitos dramáticos da dublagem! Vale tudo para burlar a narrativa convencional. Até mesmo virar a câmera de cabeça para baixo e ilustrar como está o mundo de uma personagem abandonada pela mulher.

Era um chorrilho de recursos que misturava as influências de Richard Lester, diretor dos filmes dos Beatles, com os queridões máximos de Domingos, o Jean-Luc Godard de *Acossado* ("Pode-se fazer tudo em cinema") e François Truffaut de *Jules e Jim* ("Pode-se fazer tudo desde que seja do coração"). Moderníssimo. O prólogo de *Todas as mulheres*, uma vinheta com colagem de fotos, vinha com uma edição frenética que décadas depois a MTV assinaria como marca registrada de sua ousadia visual. Tudo isso com o bom humor que faltava ao pessoal do cinema novo. Sai de cena o Nordeste miserável e suas vidas secas, seus cachorros moribundos rodeados de moscas. Vibra uma cidade orgulhosa por ceder seu cenário, ainda cheio de borogodó, à câmera ágil do cineasta iniciante.

No Rio de *Todas as mulheres* ia-se à praia de barraca.

As mães faziam castelos de areia com seus filhos à beira-mar.

Maria Alice e Paulo passeiam pela Cinelândia, depois seguem para o Palácio Capanema.

O Centro era puro charme. No meio do caminho, numa breve parada na Biblioteca Nacional, Paulo rouba o primeiro beijo de Maria Alice.

Os esqueletos das obras dos futuros espigões aparecem ameaçadores, subindo aos céus na Vieira Souto, enquanto o casal Paulo-Maria Alice se dá um amasso numa corrida de submarino com o carro estacionado sobre a areia da praia.

Na avenida Atlântica de uma pista só, ainda há casarões no Posto 6.

O Quitandinha ainda funciona como hotel na subida para Petrópolis.

Em cena, pegando sol, as mulheres que estavam implantando um novo conceito de comportamento brincam em seus duas-peças, ainda numa fase pré-lycra mas já insinuando que elas querem mostrar muito mais. Estão lá, dormitando em travesseirinhos de areia, outra nostalgia carioca documentada pelo filme, as serelepes Ana Maria Magalhães, Isabel Ribeiro, Joana Fomm, Marieta Severo, Vera Vianna, Norma Marinho, Maria Gladys, Márcia Rodrigues, Tânia Scher e Ionita Salles. Todas elas vão passear pelo filme, ora de duas-peças, ora de calça Lee, mas sempre em atitudes corajosas e independentes. Não o faziam apenas porque assim pedia o roteiro. Ficção coisa nenhuma. *Barbarella*, outra estréia daquele ano, projetava Jane Fonda como a mulher intergaláctica. Leila e amigas aproveitavam o filme de Domingos para anunciar ao país que os estudantes podiam estar levando porrada da polícia, mas a revolução delas já ia longe.

Toda mulher começava a querer ser Leila Diniz, mas os homens continuavam os mesmos. Conquistadores baratos. Paulo aproveita uma viagem de Maria Alice e participa de uma orgia ao estilo dos intelectuais em meados dos anos 60. Quem viu *Viridiana* sabe que o jogo de *tutti* praticado por ele com as primas, na cobertura do Bairro Peixoto, é uma citação do filme de Luis Buñuel:

"Quem diria que eu ia acabar jogando *tutti* com as minhas primas!"

Paulo José, de olhos esbugalhados, macho escandalizado com a facilidade das coisas, protagoniza com Joana Fomm e Isabel Ribeiro o primeiro beijo triangular do cinema brasileiro, o aquecimento elegante de um *ménage à trois* e de mulheres novíssimas no fabulário nacional. Literalmente, vira homem-objeto. Elas o transformam em prenda de um famigerado "jogo do pinto", um alô breve às chanchadas populares que antecederam a comédia de Domingos. A ganhadora do "pinto", a voluptuosa argentina Irma Alvarez, vai para a cama com ele. Rola um tango ao fundo, mas isso é detalhe. O importante para a trama é que Maria Alice — assim como Leila havia feito uma vez com Domingos — chega no meio da cena de traição. Paulo, de cueca na mão, tenta se explicar enquanto a fuga de Leila do edifício é narrada pela câmera de Mário Carneiro que escapa, deslizando mas firme, a bordo de uma cadeira de rodas.

Alguns diriam, tomados do mau humor politicamente correto, que não só a câmera. O filme todo era escapista. Num ano em que os estudantes estavam na rua aos gritos de "Mais escola, gorilas na gaiola", falar de amor de frente pro mar não ia fazer ninguém melhorar.

Domingos relata:

> Eu era muito amigo do pessoal do cinema novo, adoro a produção deles, mas senti as conseqüências de ter rodado uma comédia naqueles tempos. Todo mundo fazia cinema social. Não era a minha. A Leila, filha de pai comunista, sofreu muito, por reflexo, a pressão que a esquerda fez em cima de mim. Eles criticaram, chamavam o filme de alienado. Para piorar, a turma da direita aproveitou e me antepôs ao Glauber. Uma sacanagem.

O humor dos politizados não melhorou nem com a cena em que Maria Alice coloca uma foto de Lênin no grande mural, entre *pin-ups* e criancinhas, na parede do apartamento. Não era exatamente um gesto revolucionário, perceberam todos, apenas uma colagem pop de contrastes. A transgressão que se procurava ali era outra. Leila podia até ser contra o governo, mas em *Todas as mulheres do mundo* estava disposta a proclamar exclusivamente que votava a favor da vida. O filme continua sendo a maneira mais rápida, e direto da fonte, de conhecer a mulher que, na vida real, ajudaria com gestos e entrevistas a mudar o pensamento do país.

Alguns textos de Maria Alice no filme, apenas com acréscimos de estilo, foram tirados por Domingos diretamente das falas cotidianas de Leila.

1. "Sabe o que eu acho do amor?", diz Maria Alice, como se encarnasse o romantismo de Leila. "O amor é uma coisa que depende da gente. Um objeto que a gente gosta e não quer que quebre. Então tem que cuidar, limpar todo dia."

2. "Vocês homens são todos iguais", diz Maria Alice, anunciando uma Leila que na vida real também intercalava ousadias e conservadorismos. "Gostam das mulheres independentes e das que não são. O pior é que nós mulheres somos a mesma coisa. Nós queremos e não queremos ser independentes."

3. "Na praia eu me sinto em casa", assegura Maria Alice antes de um mergulho em Ipanema, um dos grandes prazeres de Leila.

4. "Vamos ter um filho?", diz Maria Alice, reproduzindo o grande desejo de Leila, e de todas as mulheres do mundo. "Um dia eu quero casar de véu e grinalda na igreja."

5. "Se me fizer rir agora, eu juro que te namoro um pouco", diz Maria Alice a Paulo, ao mesmo tempo revelando a fascinação de Leila por homens divertidos e insinuando um jogo rápido que ainda não estava consagrado nas páginas de *Claudia*, *Grande Hotel* ou de qualquer outro almanaque feminino.

6. Na Biblioteca Nacional, Paulo chega de surpresa por trás de Maria Alice e começa a ler alto a página sobre a qual ela está debruçada:

"Em nossa escola damos aos alunos desde o primeiro dia o direito de escolha. Não há horário fixo de aula nem currículos prefixados. Nada é obrigatório. No princípio as crianças se assustam com essa liberdade. Depois se acostumam. É isso que tentamos criar. Uma liberdade sem medo."

Era um dos textos de cabeceira de Leila, escrito por A. S. Neill sobre as experiências em sua escola em Summerhill, na Inglaterra.

"É um livro sobre educação, um assunto que me interessa muito", explica Maria Alice, que no filme dá expediente como professora, repetindo evidentemente uma fala da pedagogia de Leila.

7. "Acho que você me conhece do Carnaval, ano passado saí no Salgueiro", diz Maria Alice, referindo-se ao desfile que Leila havia feito em 1966, e faria outros anos, na escola da Tijuca.

8. "Existem mulheres solares e lunares, Maria Alice é uma mulher solar", diz Paulo, citando pela primeira vez a expressão que identificaria Leila por toda a vida.

Ficção uma ova. Aquilo era uma cinebiografia.

Na mais bonita seqüência, Domingos radicaliza o processo de se aproximar da realidade e, fingindo estar diante da personagem Maria Alice, filma Leila nua. Desde a separação, quase um ano antes, não a via assim. Num quarto no hotel Quitandinha, em Petrópolis, ele varre com a câmera, como se fizesse um longo carinho de despedida, cada detalhe do corpo da mulher que, cansada das traições, o abandonara. Nenhuma vulgaridade sexy. Há um close em que ela aparece com um breve esgar de riso. É apenas uma mulher nua com a naturalidade do seu sexo.

Em off, Paulo José lê sobre aquelas imagens o texto que Domingos escrevera, minutos antes, na Kombi que levara a equipe para o hotel:

Se não fosse meu o segredo de teu corpo, eu gritaria pra todo mundo. De teus cabelos, sob os quais faz noite escura, de tua boca, que é um poço com um berço no fundo onde nasci. De teus dedos, longos como gritos. Teu corpo, para conhecê-lo é preciso muita convivência. Teu sexo é um rio, onde navego meu barco aos ventos de sete paixões. E tua alma. Teu corpo é tua alma.

A equipe tinha subido ao Quitandinha para realizar outra seqüência. A do "poema" não existia no roteiro. Leila foi no banco da frente da Kombi, e Domingos, atrás, escrevia com uma esferográfica enquanto tentava esconder as lágrimas. Mário Carneiro tentou uma piada: "É disso que eu gosto, cinema escrito à mão. Quando começa a datilografia, começa a acabar o cinema". Mas Domingos sabia, mesmo que depois visse falhas no estilo, que estava escrevendo as poucas linhas de um dos seus textos mais sérios.

Ele reconhece:

Era o último bilhete de amor. A gente não ia voltar mesmo. Leila estava em outra, embora minha paixão prosseguisse desvairada. Eu queria filmá-la nua, venerar a deusa, mostrar ao mundo o deslumbramento que sua alma e seu corpo tinham me causado. Gritar, numa palavra bela, um segredo que durante muito tempo tinha sido só meu.

Leila entendeu que a cena fazia todo o sentido — era o momento de reaproximação de Maria Alice e Paulo após a separação por causa da traição dele com a argentina — e topou fazer, o que aconteceu, segundo Domingos, "num silêncio de missa". O diretor não esquece a imagem grave de Mário Carneiro acionando a câmera. Todos sabiam da história por trás da cena e acrescentavam, com gestos mudos e delicadezas extras, um algo mais à liturgia tradicional de filmar uma mulher nua.

"Eu gravava um plano e ia lá dentro chorar um pouco", lembra Domingos. "Por isso a comédia saiu boa."

Expurgadas todas as angústias por trás de cada quadro, *Todas as mulheres do mundo* caminha para o final que Leila sonhava ter na vida real com Domingos. Maria Alice e Paulo casam-se na igreja, com direito ao véu e grinalda da noiva, e têm dois filhos. Ele troca todas as mulheres do mundo por apenas uma. Na última cena, o casal comemora o aniversário de um dos meninos e recebe amigos, também cheios de filhos. Há quem tenha visto no olhar de Leila para a câmera, nesse quadro, a mesma expressão de Anna Karina para Jean-Luc Godard, os dois também casados na vida real, em *Pierrot le fou*. É um olhar da esposa em meio ao quadro de felicidade doméstica, crianças correndo para todo lado, bolo com a vela acesa na mesa. Alguns críticos consideraram uma concessão ao modelo tradicional da "esposa-mãe" depois de o filme inteiro exaltar um modelo novo de mulher. Outros descobriram lá no cantinho do olhar de Maria Alice e também de Paulo uma ponta de dúvida sobre o sentido daquilo tudo.

Edu/Flávio Migliaccio, o amigo do casal, solteirão, o Don Juan convicto que no início do filme diz: "O amor castra a auto-iniciativa, conduz à acomodação", tem um olhar de perplexidade sobre a nova vida do amigo. Será que também dispensaria Martinha Maconha, Dorinha, todas as mulheres do mundo, por apenas uma? Ex-companheiro de farras, depois que Paulo/

Paulo José lhe narra a ventura das novas cenas domésticas e o leva à festinha de aniversário, Edu incrédulo pergunta:

"Mas é possível ser feliz assim?"

Domingos faria em seguida mais uma dezena de filmes sobre a evolução do embate feminino/masculino, a busca de uma felicidade a dois. Assim como a humanidade, ele não encontrou uma resposta pronta para o dilema. Ora parece que o amor juntinho dá pé (*Separações*), outras vezes parece que homens e mulheres se juntam apenas para a construção de um sanatório geral a ser imediatamente implodido (*Carreiras*). A delicadeza bem-humorada de *Todas as mulheres do mundo*, ao mergulhar com o charme questionador da liberdade dos anos 60, fez 1 milhão de espectadores nas bilheterias, deu o Prêmio Air France de melhor atriz a Leila e sublinhou, do mesmo jeito que ela na vida real — sem discurso, sem panfletar —, a aparição de uma nova mulher em busca da felicidade plena.

Em 2003, o filme foi lançado em DVD. Num dos extras, falando em cima das imagens que eram exibidas, Domingos Oliveira diz a Paulo José:

"Meu orgulho é que quem vê o filme conhece a Leila."

6.

Parecia cena de algum programa humorístico, mas era Leila Diniz transmitindo o baile do Rosa de Ouro, do hotel Glória, em 1966, na TV Globo, e quem registra o fato para a eternidade deste livro é sua colega no evento, a também atriz Irene Ravache, ambas catapultadas do elenco da novela *Paixão de outono*, um sucesso da temporada, para quebrar o galho do telejornalismo na emissora que surgia.

"*Rau prerrengue samedei the city?*", Leila perguntava, mais ou menos assim, ao turista no meio do salão. Aluna mediana de inglês do Souza Aguiar (média final 5,8 em 1960), ela sabia que aquilo não queria dizer nada. A barulheira infernal, no entanto, impedia que se ouvisse alguma coisa além dos metais tocando "Mulata bossa-nova".

O turista compreende a última palavra, imagina qual tenha sido o resto da pergunta, e não decepciona:

"*I like the city very much.*"

Leila entrevistou assim a noite inteira. Depois do baile foi sincera quando Irene perguntou se falava inglês.

"Não falo xongas, só o que aprendi na escola", disse Leila, "mas ninguém ouve nada e os turistas embarcam na sugestão do som. As perguntas são sempre óbvias e eles já sabem quais seriam."

Atenção para o top de cinco segundos, que a Leila televisiva está entrando no ar.

Essas histórias são do tempo em que, para sintonizar melhor a TV, colocava-se um chumaço de Bom Bril na antena. As imagens apareciam com fantasmas, duplicadas. Às vezes era preciso subir no telhado para direcionar melhor a antena. Sofria-se, e em preto-e-branco, para acompanhar novela em 1967.

Por isso, os que estavam às 21h vendo o capítulo de *Anastácia, a mulher sem destino*, na Globo, acharam de início que havia um problema no aparelho. Toda a tela tremia. Tomada do alto, a imagem de uma cidade rodava desfocada. O que estava acontecendo? Necessidade de mais um chumaço de palha de aço?

É uma das histórias mais incríveis da televisão brasileira, e olha que ela já estava na sua adolescência, aos dezessete anos de idade.

O departamento de novelas da Globo, comandado pela cubana Glória Magadan, tinha dado ao estreante Emiliano Queiroz a tarefa de adaptar o melodrama francês *A toutinegra do moinho*, do século XIX. Ainda não havia novelas sobre o cotidiano das cidades brasileiras. Reis e rainhas dominavam. Essa história, por exemplo, passava-se após o fim do tsarismo. Emiliano, que trabalhava na Globo como ator, possuía pouca experiência em texto. Pior: era um bom homem, coitado.

Dava papéis a todos os amigos que o procuravam. Na mesma proporção que o Ibope desabava, o departamento pessoal subia pelas paredes com novas contratações. Não se entendia a razão daqueles zumbis todos em cena, todos dando cabeçadas e confundindo a ação. Nada fazia sentido a não ser a passagem de cada um deles no departamento pessoal para pegar o cachê. Leila Diniz interpretava a própria Anastácia, a tal mulher sem destino. O "sem destino", percebeu-se logo, referia-se à história.

Foi aí que Glória Magadan resolveu demitir o gente boa Emiliano e contratar Janete Clair, da rádio Nacional, para descascar o abacaxi e botar ordem na casa. Não tinha jeito, concluiu Janete. Urgia começar a novela de novo — e mandou balançar a câmera, simulando um terremoto, pois a seu favor contava com o fato de que tudo se passava na ilha vulcânica, onde Anastácia, filha única do último tsar russo, Nicolau II, se refugiara. Janete simplesmente matou todo mundo.

No dia seguinte, a novela começou com uma cartela indicando que a ação dera um pulo de vinte anos. Leila continuava a ser a Anastácia, mas não só. Tivera uma filha, e ela, Leila, fazia também o papel da moça. Livre pensar era só imaginar, e as novelas da época estavam abertas para quem se dispusesse. O *nonsense* vencia sempre, sem dar explicações. Não ficou clara, por exemplo, a idade da personagem de Ênio Santos, outro sobrevivente. Antes do terremoto, ele já era octogenário. Como permaneceu vivo até o último capítulo, supõe-se que, embora muitíssimo bem conservado, já ultrapassasse os cem anos.

A história de Leila Diniz na televisão, apesar de sua aparição como telerrepórter no baile de Carnaval de 1966, ficou marcada exclusivamente pela passagem em treze novelas — e quase sempre aconteceu algum terremoto, ou na frente ou atrás das câmeras. *Anastácia* pelo menos foi até o final. Mais adiante, no entanto, ela participaria de duas novelas que, ou porque os produtores não pagavam ou porque na platéia ninguém estava prestando atenção, simplesmente não terminariam.

Leila entrou para a Globo em 1965, no mesmo momento em que a emissora estreava. Fez testes para preencher seus quadros. Fora o fato de ser casada com Domingos Oliveira, diretor de programas da casa, não tinha experiência de TV. Na verdade, seu currículo fechava na terceira linha: uma peça infantil, uma ponta numa peça de Cacilda Becker, uma aparição no *chorus line* de Carlos Machado — e só.

Suas fotos estavam no *book* de uma agência de modelos de Copacabana, junto com as da também atriz Maria Lúcia Dahl, e de vez em quando ela emplacava um anúncio de revista. Fazer novela, porém, já era a forma mais rápida de ganhar dinheiro para uma atriz, e Leila, como sempre, precisava de algum. Destacou-se com rapidez. A primeira atriz da Globo, Yoná Magalhães, ficava numa faixa de perfil mais agressivo, morena, capaz de soltar fogo pelos olhos. Leila, pele e cabelos claros, vibrava suavidade.

Em sua autobiografia, *O campeão de audiência*, Walter Clark lembra que, ao assumir a Globo, no início de 1966, preocupava-se com a reação de Leila quando a chamou ao seu escritório para discutir salário. Ela ocupava a terceira faixa das estrelas da casa, atrás de Yoná e Carlos Alberto, mas mesmo assim a proposta sobre a mesa era constrangedora. Simplesmente não havia aumento a oferecer.

"Leila, vou renovar seu contrato para a próxima novela, mas só que na mesma base", propôs Clark. "Você ganha trezentos cruzeiros, vai continuar ganhando isso."

Para seu espanto, ele diz que Leila respondeu:

"Maravilha! Achei que ia ficar parada. Não preciso interromper a minha análise!"

Ela deu duas beijocas no chefe e saiu, viva Freud!, feliz da vida.

Leila havia sido a estrela principal da primeira novela da Globo, *Ilusões perdidas*, de julho de 1965. Fazia uma vilã que se apaixonava por Reginaldo Faria. Não deu realmente muito certo, e nem podia. Além da inexperiência da emissora no assunto, dominado na época pela Tupi e pela Excelsior, os primeiros capítulos foram exibidos de segunda a quarta, às 19h30. Depois passaram para as 22h, de segunda a sexta. Improvisava-se o horário. Nos bastidores, a confusão corria idêntica.

"Éramos praticamente amadores", diz Irene Ravache, "e isso deixava a todos sem maiores preocupações. A Leila mostrava uma seriedade acima da média."

Os atores permaneciam mais tempo trabalhando do que seus colegas de hoje, principalmente pela inexistência do ponto de corte no videoteipe. Ou seja: se errassem uma cena que já ia pelo meio, teriam que repetir do início.

Não sobrou nenhum dos 56 capítulos de *Ilusões perdidas* nem de nenhuma outra novela de Leila para que a História fizesse um balanço sobre suas qualidades. Parte da falta de registro credita-se aos incêndios de 1969, 1971 e 1976 em prédios da Globo. Outra parte se deve aos procedimentos da época. Utilizavam-se as mesmas fitas de videoteipe diversas vezes, e novelas eram gravadas em cima de novelas, ou em cima de material do jornalismo. Da novela de estréia de Leila em TV ficou apenas uma foto, um quase-beijo com Reginaldo Faria. Foi o primeiro casal romântico da história da Globo, e o segundo também, pois no mesmo ano fariam *Paixão de outono*. Não havia elenco suficiente para que o artista "descansasse a imagem".

A cubana Glória Magadan dominava o segmento, escrevendo novelas e dirigindo o departamento. Proibia novela passada no Brasil. "Ora, meu filho", ela disse uma vez a Dias Gomes, "um galã não pode se chamar João da Silva." E tome Robledo, Maximiliano, Ramón. O sofrimento das personagens devia ser atroz. Numa adaptação de *Sangue e areia*, uma certa Doña Sol arrancava os olhos como prova de paixão. O amor segundo Magadan era sempre cego. Os cenários deviam ser a Rússia tsarista, uma vila mexicana revolucionária ou o deserto. Os galãs, sempre piratas, condes ou guerreiros astecas. Quarenta anos depois, as novelas procurariam falar de seu tempo, das prostitutas da esquina, dos empresários corruptos e da vila de classe média onde mora o espectador. Com Magadan, quanto mais longe melhor. Evasão, eis a palavra-chave.

Em março de 1966, Leila Diniz fazia seu quarto trabalho na Globo, uma novela autenticamente Magadan baseada — a mulher era fogo! — n'*O Conde de Monte Cristo*, de Dumas. Nada de externas. Construiu-se um navio no terraço da emissora no Jardim Botânico, maravilha de engenharia do cenógrafo Peter Gasper. Nas encenações de tempestade em alto-mar, sofria-se de verdade. Os contra-regras sacudiam o "navio" e jogavam baldes de água sobre os atores. Leila estava a bordo, mas nem reclamava. Sabia que nos dias de seca podia ser pior. Não havia ar-refrigerado no estúdio. Obrigada a usar vestido de época, pesado e apertado, desmaiou num dia mais quente de abril — e olhe que ela tentava se refrescar, para a alegria do pessoal da técnica, levantando as saias.

Definitivamente, ela não esquentava.

"Pra mim tanto faz representar Shakespeare ou Glória Magadan, desde que eu me divirta e ganhe o meu dinheirinho", dizia.

Nos intervalos, dava outro show: de afetividade e companheirismo.

Leila saía caminhando com os câmeras, contra-regras e

outros técnicos para tomar cachaça num botequim na esquina de Jardim Botânico com Pacheco Leão, a duas quadras do estúdio. Muitas vezes ia com a roupa da novela, pois tirar e botar aquilo tudo de novo soava mais infernal do que arrastar as anáguas até o bar. Era um pé-sujo mínimo. Se bebesse com a barriga encostada no balcão, o bebum ficava com a bunda para o lado de fora da rua.

"Vamos lá no cu de fora", conclamava Leila — e tempos depois o dono do boteco assumiria o apelido inventado pela freguesa. Ele colocou em neon na marquise "Bar Bunda de Fora", uma espécie de eufemismo, pois certas palavras, por mais doces na língua de Leila, ainda não estavam prontas para as multidões.

"Ela falava palavrão aos montes no estúdio e nenhuma atriz fazia isso na época", lembra Irene Ravache, que esteve com Leila em *Paixão de outono* e *Eu compro esta mulher*. "Era um humor meio masculino, rápido, moleque. Mas tudo passando longe de qualquer vulgaridade. Com ela, o estúdio ficava mais divertido."

Nas conversas de "mulherzinha" no café, Leila destacava-se ainda mais irresistível.

"Eu estava enquadrada nos códigos da época", continua Irene, "sofria com uma separação recente e a Leila veio me cumprimentar. 'Pára com esse número de infelicidade, seja você mesma e reconheça. Ficamos melhor com a separação.' Tempos mais tarde é que fui compreender a sabedoria dela."

Marília Pêra, companheira de elenco em *Um rosto de mulher*, em 1965, também ficou marcada pelo comportamento à frente de seu tempo de Leila.

"Ela foi a primeira mulher a ir trabalhar sem sutiã", diz. "Todo mundo comentava, assim meio escandalizado: 'Como é que o marido dela deixa', mas ela não estava nem aí. Essas coisas podiam permitir uma leitura errada, mas ela não permitia que as brincadeiras avançassem. Mantinha tudo sob controle."

Num dia de vocabulário mais solto, Leila mandou um "caralho" no meio de uma conversa no camarim. A superestrela Yoná Magalhães, ao lado, espantou-se:

— O que é isso, Leila?!

— Você sabe o que é, Yoná, só não está ligando o nome à pessoa.

O grande momento de Leila como atriz de televisão foi entre julho de 1966 e fevereiro de 1967, quando esteve no elenco d'*O sheik de Agadir*. A trama policial criou a primeira grande comoção nacional em torno de uma telenovela. Leila interpretava a espiã nazista Madelon, no meio de uma daquelas pirações de Glória Magadan, que dessa vez foi buscar inspiração em *Taras Bulba*, de Gogol. A coisa acontecia num deserto da Arábia, filmado na restinga da Marambaia. Havia uma cornucópia de tuaregues, soldados da legião francesa, oficiais alemães e até um sheik louro, olhos azuis, vivido por Henrique Martins. Mário Lago, membro do Partido Comunista Brasileiro, faz o oficial nazista Otto von Lucken.

O sambista Nelson Sargento ganhava a vida como pintor de paredes e não entendia nada quando tocavam a campainha do apartamento que estava pintando, em Ipanema. Abria a porta, e geralmente uma criança perguntava se a Madelon estava — e saía correndo. Nelson não tinha televisão em casa. Custou a entender que pintava as paredes de uma celebridade das novelas e, acima de tudo, uma das suspeitas de ser o misterioso assassino que assombrava o país com suas mortes em série. A expressão não existia, mas Magadan já vinha na cola. Estava no ar o primeiro *serial killer* brasileiro. Walter Clark tinha razão:

"Magadan era uma máquina de transformar o absurdo em sucesso."

Sabia-se do tal criminoso que ele atendia pela alcunha de "o Rato". Deixava ao lado dos cadáveres, sempre estrangulados, um par de luvas negras e sobre o corpo uma tarântula mais negra ainda. Se as cenas tivessem sobrevivido, hoje seriam um *cult* B explodindo de acessos no YouTube. A câmera se esforçava, quase sempre com planos filmados de baixo, para não mostrar o mar da restinga e acabar com a ilusão de deserto. Na condução da trama, Magadan desvairou além da conta e matou mais gente do que podia. O ator Sebastião Vasconcelos, que guardava um dos segredos da história, morre porque Magadan, exilada cubana, invocava com a barba dele, semelhante demais à de Fidel Castro.

"Nada fazia nexo", garante Marieta Severo, "mas novela boa devia ser assim, distanciada da realidade."

O sheik, graças aos laboratórios Colgate-Palmolive, que introduziam a figura do patrocinador-produtor no gênero, ficou 155 capítulos no ar. Entusiasmada com o mata-mata frenético, a Globo, que assumia a liderança das 21h30, lançou concurso nas embalagens dos produtos do laboratório. Queria testar se o público descobria a identidade do criminoso. Ninguém acertou, e nem podia. Magadan escolheu como assassina a frágil Éden, a personagem de Marieta Severo. Aos dezenove anos, magrinha, baixinha, Marieta seria a última do elenco em condições físicas de estrangular oficiais nazistas gigantes, como Mário Lago e Emiliano Queiroz.

No dia seguinte à revelação, o humorista Stanislaw Ponte Preta riu muito da coisa e colocou, na *Última Hora*, a legenda embaixo da foto de Marieta de biquíni: "Eis o Rato!".

Foi durante a novela que Leila conheceu duas pessoas fundamentais em sua vida. Marieta se tornaria sua maior amiga. Henrique Martins, o diretor e ator, o sheik de Agadir em pessoa, virou seu mais prolongado caso de amor. Infelizmente ele carregava no currículo um dado que dificultava a operação romântica — era casado.

Henrique, nascido em Berlim com o nome de Hanez Schlesinger, e Leila transitavam invisíveis pelo Rio, encontrando-se principalmente no apartamento dela, na rua Aníbal de Mendonça, 16. Quarenta anos antes das multidões de *paparazzi*, escondia-se com facilidade um amor proibido. No apartamento de Henrique era impossível qualquer tipo de encontro romântico. O ator, que trocou Berlim por São Paulo aos seis anos e já estava no ar na Tupi local desde 1956, morava com os colegas Amilton Fernandes, Régis Cardoso e Luis Orioni, todos empregados na Globo, numa espécie de embaixada paulista em Copacabana. Para ficar mais tempo com Henrique durante o *Sheik*, Leila, mesmo não tendo o que gravar, ia até Marambaia e pernoitava numa das tendas com o namorado.

Eram sete ou oito cabanas cedidas pelo Exército no meio do areal, ao lado de um caminhão das Mudanças Gato Preto transformado em central técnica de externa. Henrique, vulgo "Alemão", que teria a pele eternamente marcada pela exposição àquele sol, em tempos ainda sem bloqueador solar, permaneceu na restinga por quinze dias. Dirigiu ali as gravações dos capítulos iniciais, numa das primeiras aventuras de campo da TV brasileira.

"Técnicos e atores eram vítimas diárias de diarréias, insolações e outros ataques daquele ambiente inóspito", lembra. "Não sei se foi a comida, a água ou o sol incrível, mas passamos dias sem gravar, todos no departamento médico."

A abertura d'*O sheik* foi a primeira realizada em externa, e mostra um cavalo em disparada pelo areal. Ele estanca, há um corte de câmera, e surge o rosto de Henrique, seu suposto cavalgador. Um truque. O ator tinha pavor de cavalo, fruto de um tombo na adolescência. Era seu colega Amilton Fernandes quebrando um galho de dublê.

Henrique e Leila tiveram um romance de três anos, com várias interrupções, sempre cercado de discrição. Foram algumas vezes, com colegas da novela, até o restaurante El Grego, ou ao Gôndola, ambos em Copacabana. Nunca se viu a dupla a sós. A coluna "Mexericos da Candinha", da *Revista do Rádio*, nem suspeitou. Todos achavam que Henrique flertava com Yoná Magalhães, na verdade namorada de Carlos Alberto, outro romance proibido que, no entanto, teria mais sorte e se tornaria oficial logo em seguida.

Henrique Martins é econômico nos detalhes. Guardou de Leila apenas uma carta, mandada depois do término do *Sheik*, em que a atriz lhe agradece os ensinamentos profissionais, a seriedade de trabalho.

Era um casal absolutamente impossível, um choque cultural de fundir a cuca, daqueles que Cupido costuma juntar apenas para mostrar orgulhoso que tem o controle das flechas.

Leila, a garota de Ipanema, expansiva, emocional.

O Alemão, de poucas palavras, ares de poucos amigos.

Catorze anos separavam suas idades.

Os amigos boquiabriam-se, incrédulos.

"Pelo amor de Deus, Leila, um homem casado, galãzão de novela paulista!", reclamava a amiga Maria Gladys.

"Rolava amor e quem não gosta de amor, não é mesmo?", relembra Ana Maria Magalhães, outra amiga. "Foi um homem importante na vida dela, mas como era casado não falávamos muito disso. Às vezes, a Leila ficava machucada pelo tipo de relação, mas foi uma coisa forte que a marcou. Ela sofreu pela impossibilidade."

Em 1967, Henrique e Leila fariam *Anastácia*, o que facilitava o romance escondido. Depois só voltariam a se encontrar em São Paulo. Glória Magadan, artífice dos encontros e desencontros rocambolescos da TV, entraria em cena para, sob a luz de um abajur lilás, mexer na vida de Henrique e, sem querer, desestruturar o romance com Leila.

Quem conta é Henrique Martins, na mais explosiva e inédita confissão pública de que o "teste do sofá", aquela etapa indispensável para um bom papel no enredo, era uma realidade na TV.

No início de 1968 fui demitido da Globo por um motivo baixo, escroto. A Glória Magadan era uma senhora de peruca e alcoólatra. Feia demais. Pela posição que ocupava, responsável pelas novelas da Globo, ela tinha muito poder e aproveitava para escalar alguns homens do elenco para dormir com ela. Não era uma sedução. Intimava. As pessoas iam lá e alguns cumpriam. Conseguiam cumprir. Eu me recusei. Eu fui até o apartamento, convocado por uma irmã dela, que a assistia, e um sujeito que era o secretário dela. Tenho até hoje a imagem dele no tal apartamento da Magadan, com os pés em cima da mesa, tirando meleca e me dizendo: "Ou você está conosco ou é considerado um inimigo". Olhei para a porta do quarto aberta, o abajurzinho vermelho e a Glória Magadan encostada na porta, bêbada que nem uma gambá. Ouvi a proposta, bem aberta, descarada, me recusei. Saí, fui embora, e vomitei na rua. Acabou. A proposta era dormir com ela. Em troca de nada. O que podia acontecer depois daquilo!? Ela melhorar meu papel!? Eu era o principal ator da Globo! Conheci alguns atores que não quiseram transar com ela, ou não conseguiram, e foram punidos por isso. Inclusive gente de peso, de projeção, prejudicados por ela porque não a comeram. Eu me recusei. Um mês depois, ao término de *Anastácia*, ela começando a preparar *O homem proibido*, me convoca para uma reunião. Quer que eu dirija a novela e participe de outra como ator. Ela sabia que isso era impossível. Me recusei. Eu disse que fazia só metade da proposta. Ou atuar ou dirigir. E ela usou isso como argumento para me dispensar. O Walter Clark, diretor-geral da emissora, e o Boni, que era o encarregado da programação, souberam dessa história toda. Ela era mais importante para a Globo do que eu. Um diretor ainda me chamou e disse: "Porra, vai lá e come ela, ou você está perdido". Eu não fui. O Walter Clark fez uma frase que eu não me esqueço até hoje. Disse: "No dia em que justiça for distribuída, a maior parte será sua. Mas, por enquanto, até logo, obrigado. Acabou". Essa foi minha saída da Globo.

Henrique pegou suas coisas na embaixada de Copacabana e voltou para São Paulo.

Poucos meses depois, na primeira novela que dirigiu na Excelsior, ele chamou quem? Ora, ora. E foi a vez de Leila deixar a Globo. Com saudade do Alemão e sem um biquíni sequer na mala, ela foi ver o que a Paulicéia tinha de mais desvairada do que ela.

Em 1968, Leila se dedicou mais ao cinema e fez apenas a novela *Direito dos filhos*, na Excelsior de São Paulo. Foi dirigida por Henrique, também o galã. Pela primeira vez ela participava de uma novela com temática contemporânea, falando em divórcio e com um final que jamais se repetiria na história da televisão. Um juiz foi convocado para decidir, no estúdio, ao vivo, com quem deveria ficar a filha do casal. A novela seguinte, *Vidas em conflito*, dirigida pelo Alemão, trazia temática mais avançada. A personagem de Leila apaixonava-se por um negro, o ator Zózimo Bulbul. Foi um escândalo. Estava nos cinemas o filme *Adivinhe quem vem para jantar,* com Spencer Tracy, que mostrava amor inter-racial parecido. *Ao mestre com carinho,* com Sidney Poitier, do mesmo período, também falava na aproximação do galã negro com a heroína branca — se os cinéfilos permitem reduzir a trama e trazê-la para perto da telenovela.

Mesmo assim ainda era cedo para o Brasil.

"Alguns telespectadores fizeram abaixo-assinado para que uma branca e um negro não vivessem o casal romântico", lembra Zózimo.

Ele interpretava um professor universitário, e aos poucos, conforme aumentava a pressão da audiência, seu núcleo familiar desapareceu. Nada de amorzinho feliz com Leila, sua aluna na faculdade, filha de italianos do Brás. Como se não bastasse, Zózimo em seguida foi contratado para o elenco d'*A cabana do Pai Tomás,* na Globo. Representava um escravo sem importância. O Pai Tomás do título coube a um ator branco, Sérgio Cardoso, besuntado de tinta preta.

Leila transformou um apartamento do hotel Danúbio, na avenida Brigadeiro Luís Antonio, em sua residência em São Paulo. Tocou a vida. Em 1969 se viu acompanhada por uma incrível migração de artistas cariocas rumo às novelas da Excelsior. A revista *Veja* de 12 de fevereiro dizia que os artistas viviam na ponte aérea, alternando filmes e peças no Rio com três idas semanais a São Paulo para gravar videoteipes de novelas — "a crescente indústria das lágrimas e dos capítulos que já ocupa nove horas diárias na programação das emissoras". O casal Fernanda Montenegro e Fernando Torres entrou na ponte aérea. Mais Sérgio Brito, Nathalia Timberg, Ziembinski, Nicette Bruno, Paulo Goulart e Ítalo Rossi. Os salários eram melhores, além de vir de São Paulo o grande estouro formal da temporada, a novela *Beto Rockfeller.* Finalmente a TV mostrava em

Em 1968, estrela das novelas, Leila Diniz começa a se destacar como uma mulher de opiniões próprias e revolucionárias.
[ARQUIVO PÚBLICO DO ESTADO DE SÃO PAULO]

Um sorriso no início do flerte da futura atriz com a câmera fotográfica.
[ÁLBUM DE FAMÍLIA]

A cigana Baby, a baiana Leila e o tirolês Elio no Carnaval de 1948.
[ÁLBUM DE FAMÍLIA]

A madrasta Isaura, com Regina no colo, cercada por Elio, Leila, o paizão, Newton, e Eli.
[ÁLBUM DE FAMÍLIA]

Os boletins de Leila no colégio Souza Aguiar: a anotação de que ficou em segunda época e, no de 1963, a comunicação do abandono das aulas.
[ARQUIVO DO COLÉGIO SOUZA AGUIAR]

Na festa de formatura do ginásio, com o pai.
[CORTESIA LUIZ CARLOS LACERDA]

A Copacabana de Leila não existe mais. Hoje, após o alargamento, já não se vê a arrebentação.
[ARQUIVO/ AGÊNCIA O GLOBO]

O maiô dos anos 50, considerado sumário na época, desapareceria na década seguinte.
[JOSÉ MEDEIROS/ ACERVO INSTITUTO MOREIRA SALLES]

O bonde 13, que ligava Ipanema ao Centro, numa parada em Copacabana.
[ARQUIVO/ AGÊNCIA O GLOBO]

Leila já no visual dos anos 60.
[ÁLBUM DE FAMÍLIA]

O Píer foi, a partir de 1970,
o ponto de encontro da juventude carioca
e lançou os modismos da contracultura.
[PAULO MOREIRA/ AGÊNCIA O GLOBO]

Manuel Bandeira.
[ARQUIVO PÚBLICO DO ESTADO DE SÃO PAULO/ © DA IMAGEM DE MANUEL BANDEIRA, DO CONDOMÍNIO DOS PROPRIETÁRIOS DOS DIREITOS INTELECTUAIS DE MANUEL BANDEIRA. DIREITOS CEDIDOS POR SOLOMBRA – AGÊNCIA LITERÁRIA (SOLOMBRA@SOLOMBRA.ORG)]

Ruy Guerra.
[ODIR AMORIM/ CPDOC JB]

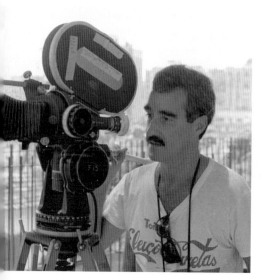

Luiz Carlos Lacerda, o Bigode.
[ALEXANDRE FRANÇA/ AGÊNCIA O GLOBO]

Sérgio Ricardo.
[ALBERTO JACOB/ CPDOC JB]

Nelson Pereira dos Santos.
[ARQUIVO/ AGÊNCIA O GLOBO]

César Thedim.
[FRANÇA/ CPDOC JB]

Domingos Oliveira.
[RONALD THEOBALD/ CPDOC JB]

Paulo José e Leila Diniz, na época do lançamento de *Todas as mulheres do mundo*.
[ARQUIVO PÚBLICO DO ESTADO DE SÃO PAULO]

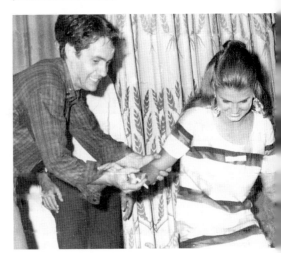

Com a melhor amiga, Marieta Severo.
[ACERVO MARIETA SEVERO]

Danuza Leão.
[ACERVO DANUZA LEÃO]

Vera Barreto Leite: da Maison Chanel para Ipanema.
[EVANDRO TEIXEIRA/ CPDOC JB]

Ana Maria Magalhães.
[CAMILO CALAZANS/ CPDOC JB]

Com Cacilda Becker: a única peça séria.
[ACERVO RESTAURANTE LA FIORENTINA]

Maria Gladys.
[ARQUIVO/ AGÊNCIA O GLOBO]

Um dos cartazes, com desenhos do cartunista Jaguar, do principal filme da carreira de Leila, que estreou em 1957.
[CORTESIA EUGENIO PUPPO]

O fotograma congelado da entrada de Leila em cena em *Todas as mulheres do mundo*.
[CORTESIA EUGENIO PUPPO]

Leila veste-se de noiva na cena de encerramento do filme, uma comédia sobre os relacionamentos amorosos nos anos 60.
[CORTESIA EUGENIO PUPPO]

De vedete tropicalista na revista *Tem banana na banda*, de 1970, no teatro Poeira, em Ipanema.
[CORTESIA EUGENIO PUPPO]

De oncinha, na estréia como atriz, no infantil *Em busca do tesouro*, de 1964.
[ACERVO ICONOGRAPHIA]

[CORTESIA EUGENIO PUPPO]

Em 1966, na praia da restinga da Marambaia, numa cena d'*O sheik de Agadir*, novela da TV Globo.
[ARQUIVO PÚBLICO DO ESTADO DE SÃO PAULO]

No set de *Anastácia, a mulher sem destino*, novela da Globo de 1967, e com Leonardo Villar, em *Acorrentados*, de 1969, da TV Rio.
[ARQUIVO PÚBLICO DO ESTADO DE SÃO PAULO]

[ACERVO JOAQUIM FERREIRA DOS SANTOS]

Na capa do jornal semanal *O Pasquim*, quando deu uma entrevista de cinco páginas repleta de declarações ousadas, na qual os palavrões foram trocados por (*).
[ACERVO ICONOGRAPHIA]

TARSO: Você gosta de mulher?
LEILA: Gostei de mim quando fui tomar banho de mar pelada de noite em Parati e tinha aquela água brilhando com a lua. Você quer morrer, fica com aquelas gotinhas prateadas no corpo, divina e maravilhosa.
[ACERVO BÁRBARA OPPENHEIMER]

SÉRGIO: Você deu pro seu analista?
LEILA: Não. Ele era aquele kleiniano, freudiano, sei lá, que ficava sentado lá te esculhambando paca.
[KAORU/ CPDOC JB]

JAGUAR: Amar e ir para a cama não é a mesma coisa?
LEILA: Não. Eu acho bacana ir pra cama. [...] Agora, eu não acredito nessa coisa do amor possessivo e acho chato. Você pode amar muito uma pessoa e ir para a cama com outra. Isso já aconteceu comigo.
[LUIS MORIER/ CPDOC JB]

Ao lado do boêmio Hugo Bidet, figura folclórica do bairro, Leila desfila como Rainha da Banda de Ipanema, em 1970.
[ARQUIVO PÚBLICO DO ESTADO DE SÃO PAULO]

Leila foi campeã pela Portela em 1970, quando a escola de samba desfilou com o enredo "Lendas e mistérios da Amazônia".
[ARQUIVO PÚBLICO DO ESTADO DE SÃO PAULO]

O desfile, de biquíni e plumas, pela avenida Rio Branco, na hora do almoço, em 1970, foi para vencer um desafio do programa de Flávio Cavalcanti, onde trabalhava.
[RONALD THEOBALD/ CPDOC JB]

Pela primeira vez uma
mulher famosa ia à praia
e se deixava fotografar,
de biquíni, grávida,
sem a bata tradicional
recomendada pela etiqueta
das famílias da época.
[JOEL MAIA/ CONTEÚDO EXPRESSO]

O animador Flávio Cavalcanti, considerado conservador, foi o único a dar emprego a Leila depois que os militares começaram a persegui-la. Escondeu-a por uns tempos em sua casa em Petrópolis.
[ALEXANDRE GOULART/ CONTEÚDO EXPRESSO]

Nos bastidores de *Vem de ré que eu estou de primeira*, Leila amamenta Janaína.
[ÁLBUM DE FAMÍLIA]

No palco, ela se misturou às outras vedetes do *Vem de ré que eu estou de primeira*, num teatro do Leblon.
[ARQUIVO/ AGÊNCIA O GLOBO]

JORNAL DO BRASIL

Na última foto, brincando com um canguru na Austrália, Leila deixa aos amigos a imagem definitiva da sua alegria

Corpo de Leila não chega até quarta-feira

Os restos mortais de Leila Diniz, trazidos pelo seu cunhado Marcelo Cerqueira, que chega a Nova Déli para o reconhecimento, não estarão no Rio antes de quarta-feira. A volta levará três dias, informou o escritório da Japan Airlines.

O Instituto Nacional do Cinema, por sua vez, anunciou que encaminhará uma proposta ao Ministro da Educação, Sr. Jarbas Passarinho, para que o Governo federal custeie os estudos de Janaína, a filha de Leila Diniz e do cineasta Ruy Guerra. Na Assembleia, deverá ser aprovada uma lei dando o nome da atriz a uma rua de Ipanema. (Página 13)

[MICROFILME/ CPDOC JB]

sua trama gente que se reconhecia nas ruas e num português coloquial usado pelos jovens. Não demorou muito, a Excelsior, mal administrada, começou a falir. Os salários, inflacionados, atrasavam, e uma vez Leila, fantasiada de mendiga, colocou-se na portaria fazendo show para recolher doações. No final, distribuiu o arrecadado entre os técnicos.

Simpática, generosa com todos, era a rainha deles.

"O bom relacionamento dos artistas hoje com os técnicos é herança da Leila", diz Irene Ravache.

Eles morriam de rir em São Paulo também. Leila repetia para os novos colegas a cena de que participara com Yoná Magalhães e que virara uma das mais célebres dos bastidores do showbiz nos anos 60. Era só uma atriz paulista fazer cara de espanto com seus "caralhos" e "cacetes", usados como vírgula, que Leila se assustava de volta:

"Ora, querida, mas por que essa cara!? Eles são tão lindos", dizia — sendo que "lindos", para aumentar a pândega, vinha com o N acionado sob sotaque paulista.

Nessa fase, Leila conseguiu fazer ao mesmo tempo duas novelas de Ivani Ribeiro, a estrela autoral da Excelsior: *Dez vidas*, passada na época da Inconfidência Mineira, e *A menina do veleiro azul*, onde era uma adolescente moderninha de maria-chiquinha. A primeira não chegou ao final. A segunda foi um fracasso de audiência — talvez porque o espectador misturasse a personagem de uma novela com a da outra.

Um repórter do *Diário de São Paulo* estava no estúdio da Vila Guilherme, que antes servira de galpão dos chocolates Lacta, e anotou o dia em que Leila entrou na sala de maquiagem como Tetéia, a personagem d'*A menina do veleiro azul*, e saiu à moda antiga, como a Pompom de *Dez vidas*. Aproveitou para fazer uma entrevista típica da época, em que não se ouvia completamente a voz do entrevistado. Nenhum palavrão sai da boca de Leila. Dá para sentir, no entanto, a inquietação quando o assunto é liberdade de comportamento e a confusão quando se fala de relação amorosa.

REPÓRTER: Tetéia é uma moça de 1969. Pompom é do tempo da Inconfidência Mineira. Leila é de que ano?

LEILA: Prefiro marchar junto com as coisas. Mas às vezes acham que eu estou adiante.

REPÓRTER: Pompom gosta de um príncipe encantado. Tetéia ainda não se apaixonou. E a Leila?

LEILA: Aí é que complica tudo. Sei lá. Gosto do mundo, de tanta gente. Se não gosto, invento.

REPÓRTER: Tetéia é bagunceira. Pompom é rebelde. E Leila?

LEILA: É bagunceira e rebelde.

REPÓRTER: Tetéia acredita no amor. Pompom também. E Leila?

LEILA: Leila acredita no amor acima de tudo.

REPÓRTER: Tetéia luta para que duas crianças tenham amor. Pompom vai à luta pela Inconfidência Mineira. E Leila, por que causa luta?

LEILA: Em primeiro lugar pela posição da mulher na sociedade. Isto quer dizer que luto por mim mesma. Em segundo lugar, luto por minha luta diária. Brigo por tanta coisa que nem sei.

Leila passava em São Paulo apenas o tempo necessário para as gravações — e, mal tocava a sineta do recreio, pegava o avião e seguia para a praia no Rio, para os amigos nos bares. Não perdia também as sessões com Wilson de Lyra Chebabi, em Copacabana, ou com Renato Horácio, em Ipanema, seus psicanalistas em períodos diferentes.

Chebabi conta que certa vez aconteceu algo curioso:

"É até uma situação difícil de lembrar, mas uma das sessões terminou e ela estava dormindo."

Ela estava cansada das viagens Rio—São Paulo?

"Não sei."

Ela estava dormindo durante um comentário seu?

"Talvez. Olha, eu nunca tive nenhum paciente que dormisse. Trabalho desde 1963..."

Qual era a questão principal que a Leila tratava na terapia?

"Existia fundamentalmente um conflito com a família. Principalmente com a mãe. Com o tempo acho que a terapia a ajudou."

Ela se incomodava com a opinião pública, com a imprensa?

"A reprovação da família a incomodava muito mais."

Leila não fez maiores relações em São Paulo. Além de Cacilda Becker no hospital, confortou Joana Fomm, que estava se separando. Nas horas vagas, freqüentava o bar ao lado do hotel Danúbio, junto com os técnicos, e, como eles logo perceberam que a Excelsior pagava as despesas de Leila, colocavam as caipirinhas na conta dela.

Sua grande amiga na temporada foi Laudelina Maria Alves, a Nenê, que encontrou como camareira na Excelsior e transformou para o resto dos tempos em sua secretária, confidente e testemunha ocular de histórias. Nenê estava por perto no dia em que a cantora de sambas, famosa por batucar o ritmo com as mãos, invadiu o apartamento de Leila no Danúbio querendo realizar com ela, na cama, o mais lindo samba do congraçamento amoroso.

Nenê também estava no camarim da Excelsior quando dispara porta adentro a atriz Tônia Carrero, que vem de dedo em riste e com a acusação de que Leila lhe está namorando o marido, o produtor de cinema César Thedim.

— Você está saindo com o meu marido — gritava Tônia.

— Eu não estou roubando o marido de ninguém — devolveu Leila —, não pego ele pela orelha e levo para a cama. Cuida dele, eu não tenho culpa se ele vem atrás de mim.

Não chegaram às vias de fato, mas na semana seguinte o barraco desabava nas páginas da revista *Intervalo* com o título constrangedor "Não roubei o marido de ninguém".

Leila defendia-se ao repórter:

"Olha, já estou cheia dessas fofocas. Cada dia metem mais a colher na panela da gente. Tônia e César vivem muito bem e eu não tenho nada com isso. Não sei nem da minha vida, quanto mais da dos outros..."

Na hora de desabafar com o diário, seu confidente desde a infância em Copacabana, o texto era outro. Em 19 de setembro de 1969, com uma qualidade de redação superior à dos repórteres fofoqueiros, Leila anotou a verdade escondida do público da *Intervalo*:

César tá aí. Na mesma zona. Agora a Tônia também está aí, ou melhor, aqui. E vai tudo coincidir. Acho bom que funde a cuca dele de vez e ele se define. Não tô dizendo nem querendo que ele se separe dela. Não sei se essa seria a solução. A definição pode ser qualquer coisa. Só queria saber. Queria que ele se organizasse, daí a gente não se angustiaria tanto, esperando sem saber, sofrendo, procurando e essas coisas todas ruins. Se a gente sabe das coisas, a gente se vira, a realidade é um troço bacana. Bacana de ser vivido, mas por isso é que é preciso localizá-la, sabê-la, separá-la do resto. Daí a gente vive.

Sei que César está numa e eu tô noutra. Aliás, sei que estou noutra mesmo. Muito difícil, mas não distante e como eu gosto e tenho de me relacionar com as pessoas, como elas são e se me apresentam, tenho que saber me criar e tamos aí.

[...] Sei que me arrisco a ficar sozinha e mesmo a um isolamento maior e absoluto, mas eu pago pra ver. Não é só atitude, é necessidade, é ser. Não vou deixar de procurar em mim, saber minhas coisas, meu caminho, minhas verdades e ser como sou. Fiz essa escolha, essa opção na vida e acho que ela vale as conseqüências. Não vou parar pra me acomodar às coisas mais "bonitinhas e limpas", às situações protetoras (que são também limitadoras e podadoras), prefiro ficar aí. No meio da briga, no meio da zona, nua. Parando em tudo aquilo que me interessar.

Somando, subtraindo, dividindo, multiplicando, tanto faz, tudo isso. Me interessa o saldo. E esse fica dentro de mim. É minha base, meu alimento, meu estofo, é disso que eu vivo. E se vivo assim é porque pra mim é essencial esse tipo de busca, de vida. Não posso sair, nem me proteger erradamente, nem me acomodar, não me importa também o fim, "aonde que eu vou chegar". Importa ir. Sei que me arrisco à solidão, se é isso que me perguntam, mas eu sei viver assim.

Enfim, era tudo verdade e bastante angustiante. César Thedim e Leila mantinham um romance secreto, nos mesmos moldes do que ela havia encerrado com Henrique Martins. O produtor Luiz Carlos Barreto esteve com eles no Festival de Cannes, onde César apresentou um filme com Wilson Simonal que ajudara a financiar. Depois do festival, foram parar na boate Amor Perro, de lésbicas, em Paris.

"Quando a Leila entrou na pista parecia um enxame de abelhas correndo ao mel", diz Barretão. "Vieram todas em cima. Mas ela não era disso. Brincou, dançou e saiu fora."

Thedim, que chegou a ser um dos maiores empresários do ramo do enxofre mas aos poucos gastou parte dos cobres numa vida de *playboy*, tinha 1,90 m, era louro, de olhos claros, e, antes de chegar aos braços de Tônia e de Leila, conquistara, em 1958, a cantora Elizeth Cardoso, a mulata mais bonita do período.

Ninguém tinha preconceito nessa história — e eram todos muito charmosos.

César uma vez, em Búzios, enfiou um maço de Hollywood na sunga e foi nadando de costas, para não molhar os cigarros, até o iate onde estava uma princesa alemã, trazida ao Brasil pelo empresário Dirceu Fontoura. Este tinha certeza de que ela enlouqueceria por Thedim e provocou o encontro — só não imaginava que o amigo fosse partir para uma abordagem daquelas. Depois de rápidas palavras e tragadas de charme no iate da princesa, Thedim jogou a moça no mar. Nadaram até a areia, onde o Bugre dele, estacionado, com a chave, esperava. César mostrou as belezas de Búzios, deu novas tragadas e finalmente, chegara a hora, deitou a moça sobre a relva selvagem na praia da Ferradurinha. Os anjos prepararam-se para tocar as trombetas, mas foi o fim da novelinha. A cabeça da princesa ficou exatamente em cima de um bolo de bosta de cavalo, e aí não houve charme que recuperasse o romance. A princesa voltou rápido para a Alemanha.

No início de 1969, Leila trabalhou na TV Rio. A novela *Os acorrentados* vinha da máquina Olivetti de Janete Clair, mas, como ela estava no ar na Globo, acabava assinada no vídeo da Rio por um primo. Leila encarnava uma noviça, com direito ao hábito completo das autênticas religiosas, mas por baixo dos panos estava sempre de biquíni. Não era a única do elenco. Os estúdios ficavam no Posto 6, Copacabana. Bastavam trinta passos para pôr os pés na areia — e, afinal, era o único jeito de agüentar o inferno de um estúdio sem ar-refrigerado.

"A cada intervalo nós caíamos na água", lembra Daniel Filho, o diretor.

A farra foi grande, a novela, com Dina Sfat e Leonardo Villar, um fracasso. Por falta de pagamento de salários, saiu do ar antes que a trama se resolvesse. Leila e Daniel, que já haviam se cruzado nos estúdios da Globo n'*A rainha louca*, aproveitaram a pouca seriedade d'*Os acorrentados* para também rodar um filme. Leila, segundo o *cameraman* Paulo Neto, nos intervalos era "um moleque de sete anos, atiradeira no pescoço", e chegou um dia a colocar pimenta dentro da empada que Dina comeria em cena. Trabalhando, no entanto, ela era seriíssima. Daniel dirigiu, então, um dos episódios de *Uma cama ao alcance de todos*, e Leila foi a continuísta. Ela já fazia o trabalho, para si própria, nas novelas. É preciso cuidar de detalhes como a quantidade de filme rodado, em que ponto a personagem estava quando houve o corte na cena anterior etc. O resultado agradou aos dois. Parecia que a dupla Daniel e Leila, ótimos amigos, profissionais que se respeitavam, teria um longo futuro — até que a novela da vida foi adiante, e aconteceu o próximo capítulo.

7.

A última novela de Leila Diniz na TV Globo, antes de ela seguir para a aventura paulista na Excelsior, foi A *rainha louca*, dirigida por Daniel Filho. A cena final foi ao ar em dezembro de 1967. Era um papel inexpressivo, uma assistente de Ziembinski, num dos últimos textos da rocambolesca Glória Magadan levados ao ar. Nunca mais Leila teve o nome nos créditos de uma novela global.

Esteve para voltar em *Véu de noiva*, de Janete Clair, dirigida por Daniel Filho, estreada em outubro de 1969 — mas seu nome foi vetado. Daniel, que havia ficado amigo dela durante a quase cômica passagem pela TV Rio, conta que já tinha convidado Leila para um dos papéis da trama, a primeira novela modreninha da Globo ao estilo inventado, desde o fim do ano anterior, por *Beto Rockfeller* na Tupi. Leila faria Irene, uma mulher desquitada, e, quando ela entrasse em cena, sua música de fundo seria a de Caetano Veloso. Estava tudo certo, mas como noutra música de Caetano, "tudo certo como dois e dois são cinco". Daniel garante que o nome de Leila foi vetado em seguida por Janete Clair. A argumentação da autora tem sido sussurrada através dos anos e, para lá de polêmica, é confirmada pela primeira vez por Daniel.

Naquela novela não haveria papel para puta, mulher livre, vagabunda — ou qualquer outra expressão afim que tenha marcado uma das mais recorrentes frases dos bastidores da vida artística no Rio.

Daniel conta:

A imagem da Leila, passada em entrevistas nos jornais, era a da "mulher livre". A Janete Clair era muito preocupada com o público que assistia às novelas. Não era uma mulher conservadora, de jeito nenhum, mas era preocupada com a audiência e com o que as pessoas poderiam pensar sobre suas personagens. Achava que o que o artista fazia na vida real influenciava o que o público acharia das suas personagens, temia que um se misturasse ao outro e isso dificultasse a apreensão da história. Ela me pediu para não escalar a Leila, mesmo sabendo que eu já a tinha convidado. Achava que o público rejeitaria a personagem porque, segundo palavras da Janete, "ela ficou meio com uma posição pública de vagabunda e se botar na novela vai ficar ruim. Eu não posso colocar uma atriz estigmatizada com essa liberdade", dizia a Janete, "esse jeito de falar. Para o povo passa a impressão de que é uma puta". Falou para mim e para o Boni. Eu fiquei com a banana de comunicar o veto à Leila.

De início, naquela primeira aparição do problema que a perseguiria por muitos anos, Leila absorveu a história ao seu jeito, sem dramas. Foi substituída por Betty Faria, sua grande amiga, que mais tarde viria a ser mulher de Daniel.

Não seria a primeira vez que o comportamento de Leila, até aquele momento veiculado discretamente em algumas entrevistas com o título-clichê, na época, de "mulher livre", prejudicaria a atriz. O prato mais forte de seu estilo de vida avançado servido ao público foi o filme *Todas as mulheres do mundo*, quase uma biografia de suas *performances* pelas ruas, praias e apartamentos da cidade. Assim, sem nova chance, registre-se para a história que Leila Diniz saiu de cena das novelas da Globo no dia 16 de dezembro de 1967, num vestido até decotado, mas todo armado até o chão, ao estilo do século XIX, que era o pano de fundo d'*A rainha louca* da Glória Magadan. Nunca mais. Por uma ironia da vida, ela era censurada por mau comportamento justo na ante-sala da primeira produção global ambientada não mais em monarquias russas, mas nas cenas urbanas de um século que ela entendia como poucos. "Uma novela verdade", dizia a publicidade de *Véu de noiva*.

Eram tempos complicados para todo mundo que ousasse fugir do padrão, e o cenário em volta, não só o das novelas, mudara. Mais ou menos no mesmo período, alguns meses depois de Leila ter sido vetada na Vênus Platinada do Jardim Botânico, um militar foi ao bar que ela apelidara de Bunda de Fora e mandou o comerciante abreviar a coisa. Ficou "B... de Fora" por muitos anos, até que, em 2006, foi incorporado ao crescimento de um supermercado, e desapareceu mais aquela gargalhada televisiva de Leila.

8.

"Minha saúde mental é perfeita!", dizia Eudóxia, com ares de histérica, varrendo com vassouradas vigorosas o chão de Paraty e as pernas de quem estivesse pela frente. Era a personagem de Leila Diniz em *Azyllo muito louco*, filme rodado em 1969. "Minha saúde mental é perfeita, eu não evito o amor nunca", repetia ao infinito — e de repente saía correndo.

Era uma loucura. Literalmente. Dentro e fora da tela.

Além de *Azyllo*, adaptação livre do diretor Nelson Pereira dos Santos para a cidade-hospício de Machado de Assis n'*O alienista*, Leila participou de outros dois filmes (*Fome de amor*, dirigido por Nelson, e *Mãos vazias*, por Luiz Carlos Lacerda) no circuito Paraty e Angra dos Reis, comunidades próximas no estado do Rio. No período das três filmagens, de 1968 a 1970, as duas cidades foram ocupadas por equipes que começavam a viver ao estilo da contracultura: sexo livre, drogas mais ainda, vida coletiva, desprezo pelas coisas materiais e comunhão com a natureza. Vivia-se o "desbunde", a constatação existencial de que as idéias fracassaram, as revoluções políticas não estavam com nada e o importante, podes crer, era curtir. Quem quisesse transformar o mundo, primeiro precisava mudar o próprio corpo e a cabeça. Depois, mexia-se no Congresso Nacional. Isoladas da civilização careta por péssimas estradas, quase sempre com alguma ponte que as ilhava durante semanas, as duas cidades funcionaram como embaixadas para Leila Diniz e seus hippies cinematográficos.

No Rio, o pau da repressão política comia solto.

"Éramos uma esquerda alternativa", depõe Lacerda, o Bigode, que esteve em todos os filmes do ciclo. "Vivíamos no Degrau, bar do Leblon, mas ali também estava difícil. Aparecia sempre algum cara esquisito, de óculos escuros, fazendo perguntas aos garçons. A repressão apertava, muito medo no ar, e naquele momento Paraty e Angra surgiram como territórios de liberdade."

No início, na virada para os 60, houve o cinema novo, aquele de uma idéia na cabeça e uma câmera na mão, engajado na exaltação dos oprimidos.

Mais adiante, na virada para os 70, haveria o "udigrudi", com Rogério Sganzerla e Júlio Bressane. Valorizava ícones da cultura popular, numa estética em que o roda-e-avisa do Chacrinha tinha a mesma importância que os versos de Oswald de Andrade na Semana de 22.

Os filmes de Leila em Paraty e Angra — mais *Como era gostoso meu francês*, de que ela não participou — inauguraram uma fornada de filmes com um jeito particular de experimentalismo. Ficaram conhecidos, na boa, como "o período lisérgico".

"Foi uma experiência coletiva de droga na família alternativa", escreveu Lacerda em sua biografia. "Em 1972, encontro o Glauber no exílio em Paris e ele me acusa: 'Você é que deu drogas ao Nelson, você é da CIA, infiltrado'."

Leila manteve-se a maior parte do tempo fora da *trip*. Seu fraco era a cachacinha da terra. O mesmo não se pode dizer do resto da trupe.

Fome de amor tinha como subtítulo *Você nunca tomou banho de sol inteiramente nua?*, e abre no Central Park, em Nova York, onde, na segunda tomada, aparece um coração desenhado no chão com o lema hippie: *"Peace and pot"* (paz e maconha). Nelson Pereira já filmara *Rio Zona Norte, Vidas secas* e *Rio 40 graus*, todos de olho nas aflições dos excluídos pelo capitalismo. O roteiro agora se move pelas sensações. *Fome* tem trama complicadíssima, com breve aproximação de *História para se ouvir de noite*, de Guilherme Figueiredo. Pintor alienado (Arduíno Colasanti) e sua namorada (Irene Stefânia), fã de Mao, vão para uma ilha onde se relacionam com um ex-revolucionário cego, surdo e mudo (Paulo Porto). A mulher deste, de espírito livre, que despreza as convenções sociais, gosta mesmo de beber umas cachaças e andar solta pela praia, não podia ser outra.

Leila Diniz nunca esteve tão bonita no cinema, e é fácil constatar isso, pois passa quase todo o filme de biquíni. Bronzeada, perna mais grossa que de costume, cintura bem desenhada, mergulha nas praias de Angra com a alegria típica de quem está num retiro com a turma. O filme é denso, confuso, mas ela circula feliz. Nem aí. Posa nua para o pintor fracassado, faz sexo com seus pares masculinos e participa do delirante jogo verbal do roteiro, repleto das falas cifradas do período.

Foi vendo uma dessas produções que o humorista Jaguar cunhou a frase definitiva:

"O filme é uma droga, mas o diretor é genial."

A censura estava de olho, e, para ludibriá-la, abusa-se das alegorias. Na cena final, Stefânia (a engajada?) está em meio a uma ilha (Cuba?) arrastando o cego, surdo e mudo (os intelectuais desconectados da realidade?) e diz um texto em espanhol (Che Guevara?) cheio de conclamas à revolução na América Latina (bota Che nisso!). Leila e os alienados, fantasiados para um Carnaval, observam de longe e caem na gargalhada.

O filme, Nelson explicou mais tarde, comentava a luta armada, uma questão que mobilizava os jovens brasileiros.

Tudo em cena queria dizer alguma coisa mais profunda do que o que estava sendo explicitamente dito. Na maioria das vezes só o diretor captava.

"Parece um Bergman de Mangaratiba", reconhece Bigode, que trabalhou com o som-guia e passou horas ajudando Paulo Porto num laboratório para o ator-produtor se acostumar à situação de deficiente. Dizem que colocá-lo cego, surdo e mudo, antes de ser uma alegoria política, era piada interna, uma maneira de limitar a atuação de Paulo, que não chegava a ser um ator de recursos mas bancava a festa. Cego, surdo e mudo ele não atrapalhava.

Leila faz uma personagem, Ulla, que no fundo é ela mesma — a mulher dominada pelas forças da natureza, uma pré-tigresa de Caetano que deixa os pêlos do corpo ao sabor do vento ateu. Numa das cenas, em meio a uma *soft*-suruba, tem os seios desnudos. Sobe num muro e, a voz embargada pela cachaça bebida no gargalo na cena anterior, grita, repetindo ao infinito:

"Eu sou a verdade, eu sou a verdade", mais uma vez no papel de alguém na contramão das convenções sociais. Ulla também dança e gosta de nadar, como Leila na vida real. Nelson seguia Domingos Oliveira e, seduzido pela personalidade da atriz, transfere suas idiossincrasias para a personagem da ficção. Ela não fundia a cuca.

O crítico Ruy Gardnier escreveu:

Leila surgiu num momento novo para a arte da interpretação e da dramaturgia. O esquema da interioridade psicológica está em xeque, é preciso descobrir novas formas de interpretar. O corpo e os movimentos de Leila, que não cabia em si mesma, se adaptam perfeitamente às novas necessidades. Ela é mais uma presença do que uma interioridade, muito mais dona de uma incrível intuição do que uma profissional no controle de sua técnica. Acima de tudo é imponente. Afirma sua presença pelo corpo, pelo imprevisível. É uma nova imagem de interpretação, assim como uma nova imagem de mulher.

Com *Fome de amor*, Leila confirmava um de seus valores artísticos. Filme era detalhe. Importava em sua escolha a capacidade da turma de arrumar diversão nos bastidores. Foi o que aconteceu. A platéia nos cinemas pode ter se mexido inquieta na poltrona com os discursos caóticos das personagens. Em Angra, a equipe aprontou à grande.

Uma noite, bêbados para variar, Bigode, o fotógrafo Dib Lutfi, o filho de Nelson Pereira, o eletricista e Leila saíram de mais um bar e passaram de Kombi pela porta da Escola Naval. Meteram a cabeça para fora das janelas e, em pleno espírito daquele final de 1967, gritaram coisas do tipo "Gorilas de merda", "Acorda, milico filho-da-puta" e "Abaixo a ditadura", que ali pela terceira repetição virou, na boca de Leila, "Abaixo a pica dura". Gritos dados, o motorista acelerou para fugir da cena do crime. Um minuto depois o do volante percebeu — não era uma alegoria de diretor do cinema novo — que aquela estrada não tinha saída. Pior. Na verdade ela levava para dentro do quartel. Resignados, prontos para ser punidos, Leila e os companheiros voltaram à guarita do quartel por onde haviam passado aos gritos. Quando chegaram lá, o povo oprimido ainda não estava no poder. Com as armas engatilhadas, o pelotão formado esperava os bêbados e deu ordem de prisão a todos.

Manfredo Colasanti, pai de Arduíno, e também do elenco, foi ao comandante das tropas dizer que era apenas um bando alegre comemorando o fim de um dia de filmagens. Não havia intenção política na brincadeira. Os artistas ficaram presos, com tratamento gentil, sujeitos apenas à curiosidade dos praças. A soldadada queria ver pela fresta, presa, a estrelinha da novela. De início, o comandante pretendia enquadrar todo mundo na temida Lei de Segurança Nacional. Mas relaxou e, tão Brasil!, depois de pegar autógrafos de Leila, liberou a turma — com a exceção da Kombi.

Teria sido apenas uma jornada maluca noite adentro se a notícia não chegasse ao jornal O *Fluminense*, de Niterói, que no dia seguinte estampou a manchete:

"Leila Diniz, seminua e bêbada, presa num quartel em Angra."

O "seminua" ficava na conta do sensacionalismo barato, o resto fazia o relato cru dos fatos. A divulgação da história, em plena ditadura militar, não ajudava, por mais gaiata que fosse, o futuro de uma estrela do horário nobre da televisão.

Fumava-se muita maconha, um esporte que não era praticado com empolgação por Leila, fiel à cachaça pura no balcão, bebida às vezes, quando ela queria impressionar, num gole só. Foram três meses de farra, num filme que poderia ser feito em três semanas. Nelson esticava o roteiro, incluía cacos, e a vida em comunidade, o verdadeiro barato da coisa, se prolongava. Leila trabalhava em *Anastácia*, na Globo, e viajava até o Rio para gravar. Ia de madrugada, de ônibus, num tempo ainda sem o conforto da Rio—Santos. Gravava durante o dia e voltava de noite, sempre no maior astral e disposição.

Naqueles noventa dias de exílio em Angra, ela namorou — o diretor? o galã? o poderoso produtor? — o assistente de câmera Ivo Campos.

As filmagens aconteciam numa ilha distante quarenta minutos do hotel do centro de Angra, e, mal acabavam, todo mundo se jogava nos barcos. Quem chegasse por último na cidade, pagava uma rodada de cachaça.

Uma noite, Bigode e Leila beberam tanto, mas tanto, que, quando acordaram, se viram dentro de um navio grego — e não era pesadelo do porre. Pior, a embarcação zarpava. Bigode, homossexual, lembra apenas que viu uns marinheiros dançando, quebrando pratos num bar do porto. Escolheu um; Leila, outro. De tudo o que registrou em seus arquivos mentais, sobrou a lembrança de que chegaram às cabines dos rapazes. De resto, nunca mais recobrou a memória dos fatos. Sabe que o navio começou a dar saída de Angra e a sorte foi que alguém viu quando a dupla entrou com os marinheiros. Acionada, a Polícia Marítima parou os gregos e tirou os intrépidos de lá.

Definitivamente, vivia-se num tempo estranho. Todo mundo achava que nada era exatamente o que parecia de início. Tempo das alegorias, das metáforas, da paranóia braba. O delegado do porto, já que se estava sob uma ditadura, chegou a suspeitar que Leila e Bigode pretendiam fugir do país. Afinal, se os filmes não diziam exatamente o que queriam dizer, por que ele teria que acreditar ao pé da letra naquela história?

O "período lisérgico" está cheio de histórias assim — e logo em seguida, com a entrada em cena do ácido e da cocaína, elas ficariam ainda mais doidas. O mesmo grupo de artistas e técnicos rumou depois para Paraty, onde Nelson dirigiria *Azyllo muito louco*. Toda a população da cidade é julgada louca por um padre e trancafiada no xadrez, eis o roteiro de mais uma farsa alegórica, nova metáfora do país.

"Abaixo a repressão, queremos liberdade", diz Eudóxia, a personagem de Leila numa passeata dos poucos "loucos" que ainda estavam livres.

É um papel de pouca importância, uma Amélia explorada pelo marido, e dessa vez Leila, dentro de uma história de época, usa roupas que não deixam praticamente nada à mostra. Foram quase seis meses de filmagens, embora muitas vezes Nelson tenha parado tudo e ido ao Rio recolher mais dinheiro. *O alienista*, de Machado, o livro por baixo do filme, ficou irreconhecível, mas novamente a turma se mostrava feliz em estar reunida longe da caretice e repressão dos grandes centros. Paraty era a terra da pintora Djanira. Os artistas vibravam com a paz da cidadezinha fora do tempo. Estavam quase todos abrigados na casa de José Kleber, poeta amigo de Manuel Bandeira e dono do bar, muito apropriadamente chamado Valhacouto, onde se reuniam à noite.

Bigode explica:

A gente vivia em comunidade, com uma família ideal: o Nelson, o pai, a Leila, a mãe. Nada de salário. Cada um tinha uma conta com limite no botequim e direito a pegar dois baseados por dia no DM, o Departamento da Maconha. O DM administrava o uso da maconha para que não surgisse um tipo de poder, de manipulação. Existia eleição semanal para escolher o chefe do departamento. Mas, nas folgas, eu e mais alguns tomávamos ácido, que começava a fazer sua presença.

O capitão-do-porto, a mais alta patente militar na área, um negro fã da Leila, simpático aos gays, dava cobertura. Chamava-se capitão Frutuoso. Um dia, um juiz ameaçou "acabar com esses maconheiros cabeludos que estão infestando Paraty". O capitão Frutuoso sossegou Bigode e Leila.

"Deixe esse juiz comigo que ele vai ver", Frutuoso bateu com a mão espalmada na mesa do bar, e a vida seguiu mansa e livre para todos.

A liberdade sorria completa, pois a equipe vivia num estado de lei absolutamente próprio. Não havia a multidão turística de hoje. No início das filmagens, seguindo o estilo de não se impressionar com classes sociais, Leila namorou o padeiro Pedrinho Maravilha. Depois, ficou com Arduíno Colasanti.

"Ela era muito honesta nas relações", diz Arduíno. "Bem no começo, ainda nem estava estabelecido o nosso namoro, ela me contou que numa viagem ao Rio tinha reencontrado um antigo namorado e que haviam ficado juntos. Nunca tive por que desconfiar dela."

A atriz Ana Maria Magalhães, estrela do filme, mantinha um caso amoroso com o diretor Nelson Pereira. Nas horas vagas, e eram muitas, freqüentava com Leila, as duas em trajes de época, o bar do Abel.

> Bebíamos e batucávamos na mesa, isoladas do que pudesse estar acontecendo em Brasília ou no Rio. Nem telefone funcionava. Era o nosso exílio da ditadura, ao mesmo tempo em que filmávamos uma história de insanidade que contava, sem chamar a atenção da Censura, o que acontecia no Brasil. Os militares também estavam com o poder de classificar quem era são e quem não era.

A loucura, dentro e fora da tela, deliciava a todos. Mas, por mais que Nelson esticasse o filme e a necessidade de o sonho não acabar, um dia foi preciso rodar a última cena. Leila, submetida ao desgaste das idas a São Paulo, agora para gravar na Excelsior, optou pela teledramaturgia. Boa parte da equipe ficou, e imediatamente Nelson começou a rodar *Como era gostoso o meu francês*, um filme ainda mais delirante. Os atores aparecem nus o tempo todo e são filmados atrás das câmeras por técnicos na mesma situação.

Loucura, loucura, loucura.

"No set de Nelson Pereira respira-se uma atmosfera anterior ao pecado original", disse num artigo o crítico Paulo Emílio Salles Gomes, enquanto Bigode, que trabalhava no filme e dava aulas de português para a molecada da cidade, retrucava que o clima era mais para "folia no matagal". Arduíno sobrevivia de pesca. Viviam de favor em casas de José Kleber. No novo filme, o tema era a exploração dos índios pelos colonizadores — mas o papo e o modo de vida dos artistas continuavam os mesmos.

Bigode lembra que era tanta loucura para lá, falava-se tanto em "que loucura!" para cá, que um dia Márcia, filha de Nelson, com uns cinco anos de idade, perguntou:

"Mas, pai, esse negócio de loucura não era no outro filme?"

Entre 1966 e 1972, Leila Diniz participou de catorze filmes, uma média de pouco mais que dois por ano. Fez de tudo: comédia urbana, drama existencialista, policial carioca, épico nordestino, filme de época e aventuras experimentais. Em alguns foi a grande estrela, em outros cruzou a tela apenas para dar um charme à fita. Os críticos são unânimes: a Leila da vida real foi maior do que a obra que deixou no cinema.

Eles podem ter suas razões, mas no final dos anos 60 Leila Diniz perfilou seus dentinhos entre as mais inesquecíveis caras e bocas das estrelas do cinema nacional, um time que poderia ser escalado com Irene Stefânia, Adriana Prieto, Dina Sfat, Norma Bengell, Anecy Rocha, Isabel Ribeiro, Glauce Rocha, Lilian Lemmertz, Odete Lara e Helena Ignez, esta já do lado de lá do muro do escracho da turma udigrúdi. Foi um período de muitos filmes, com poucos sobrevivendo ao tempo. Mas a estrela era o diretor.

O cinema novo, entre outras anomalias, havia imposto um "cinema de machos". Filmes cinemanovistas com grandes chances para atrizes eram raros. Teve, acima de todos, *Macunaíma*, de Joaquim Pedro, com Dina Sfat. Anecy Rocha brilhou n'*A grande cidade*. Glauce Rocha está extraordinária em *Terra em transe* — mas indique outra mulher assim na obra de Glauber Rocha?

Leila, por mais talento e dedicação que revelasse, teve dificuldade em crescer e acontecer dramaticamente nos arraiais do cinema novo. Se o cinema surgia como uma religião disposta a mudar o mundo, o diretor mostrava a sua claquete como se fosse a tábua dos dez mandamentos. Jeanne Moreau sobreviveu à *nouvelle vague*, assim como Sophia Loren se destacou no neo-realismo italiano. Com as atrizes em segundo plano, Leila fez o que pôde: catorze filmes. O cinema-novo-puro-sangue na verdade a desprezou. Ele era elucubração. Leila, vibração.

Nos seus primeiros filmes, o espectador precisava de muita atenção para perceber que ela estava na tela. Para quem, dois anos antes, havia entrado em cena pela primeira vez empurrada para o palco pelo marido e no ano seguinte estrelava novela na Globo, aquela temporada cinematográfica de 1966 foi espetacular. Ela filmou O *mundo alegre de Helô*, *Jogo perigoso* e *Todas as mulheres do mundo*. Nos dois primeiros, aqueceu os motores. Foram papéis diferentes de sua *persona* real. Nada acontece. No terceiro faz a si mesma e explode como grande estrela.

Em *Jogo perigoso*, co-produção com a Pelmex mexicana, Leila participa de um dos dois episódios, *Divertimento*, dirigido pelo mexicano Luis Alcoriza, roteirista de Buñuel n'*Os esquecidos*. Melhor esquecer. O filme tem uma levada de humor negro e conta a história da mulher que se excita sexualmente ao cometer crimes, em contraste com seu amante, católico, com problemas de consciência. Leila faz uma aparição sem importância. N'*O mundo alegre de Helô*, outro melodrama, de Carlos Alberto de Souza Barros, ainda não se percebe a grande estrela.

O sucesso de *Todas as mulheres do mundo* provocaria em 1967 uma espécie de continuação com *Edu, coração de ouro*, ou *Crônica de um carioca lírico obsceno*, com Domingos Oliveira na direção e Paulo José como ator principal. Não é mais a história da professorinha Maria Alice. Leila, num papel pequeno, é Tatiana, uma vendedora de perfumes em quem Domingos, ex-marido eternamente saudoso, aproveita para fazer um discreto *take* de nu e despejar mais um punhado de características — da maria-chiquinha à vocação para a sexualidade livre — tiradas da Leila da vida real.

Tatiana recita, por exemplo, um poema escrito por Leila na adolescência:

Brigam Espanha e Holanda pelos direitos do mar
O mar é das gaivotas que nele sabem voar.
Brigam Espanha e Holanda porque não sabem
O mar é de quem sabe amar.

O Edu de Paulo José passa o filme todo correndo atrás das mulheres, mas só se dá bem com Tatiana, que é na verdade — tão Leila! — quem o convoca:

"Quer dormir comigo?"

Depois da transa, Eduardo, lembrando o encontro de Domingos com Leila, aos dezessete anos, diz:

"Você é ótima. Pensei que você fosse uma menininha..."

Tatiana não dá corda. Deitada na cama, ao estilo Leila Diniz, apenas diz:

"Vem pra cá. Quero mais."

Edu retribui fisicamente, duas, três vezes, e também

com as palavras do macho admirado que descobre a mulher sem grilos dos novos tempos:

"É difícil encontrar alguém que me compreenda assim como você."

Tatiana continua brincando de ser Leila, e Domingos, que conhecia bem a faceta da mulher livre que no fundo sonhava com um homem ao lado, deixa que ela divague:

"Você quer ser meu namorado?"

Edu silencia.

É a própria Tatiana, vendo o embaraço de Edu, quem corrige, ecoando novamente o que poderia ser, com um certo exagero, a opinião de Leila sobre a matéria:

"Tava brincando. Eu não quero namorado. Eu faço o que eu quero. Durmo com todo mundo. Com quem quer dormir comigo e com quem eu quero dormir. Mas nunca duas vezes com o mesmo homem."

Edu, aos gritos de "Você joga no meu time", pergunta se Tatiana gosta de cachaça, e ela, radicalmente Diniz, afirma que adora.

Ele fala em casar, ter filhos. Tatiana/Leila confirma:

"Isso eu gostaria, um punhado deles."

Tatiana vai dormir um pouco, pede ao rapaz que a espere. Edu, que passara o filme praticando a caça, percebe. Se ficar mais um segundo, periga se apaixonar. Incorpora, então, um semblante preocupado e, aproveitando o sono dela, sai de mansinho. Reaparece em pleno exercício da radical liberdade macha, na banda de Ipanema.

Os créditos de encerramento sobem, e, para ficar ainda mais claro, um novo grito de viva! é dado ao descompromisso, agora escrito na tela pelas mãos de Domingos:

"Se muito esforço custa ter com a vida um compromisso, também custa muito esforço nada ter a ver com isso."

O único curta-metragem de Leila foi realizado em 1968, dirigido por Paulo Alberto Monteiro de Barros, mais tarde senador e crítico de TV sob o pseudônimo de Artur da Távola. Chamava-se *Fantasia para ator e TV*. O advogado Marcelo Cerqueira, ator principal do filme, já casado com Baby, irmã de Leila, e se iniciando como importante defensor de presos políticos, aparece com uma tomada de TV dentro da boca, com o propósito de comentar as relações do público com a mídia. Leila faz uma ponta. Caminha pelo calçadão da Urca, onde ficava a sede da produtora. O fundo musical de seu desfile traz a público pela primeira vez uma obra de um compositor que assinaria canções com Raul Seixas e seria o escritor mais vendido do mundo. Com os senhores, Leila Diniz, cabelos ao vento da baía de Guanabara, enquanto toca "O Apocalipse" ("E as mulheres correm nuas/ Descabeladas pelas ruas/ Enquanto o sexo se espraia ao luar"), de Kakiko e do mago Paulo Coelho.

Leila faria mais dois filmes em que as personagens na tela seriam ela mesma. Com seu nome inclusive. N'*Os paqueras*, de Reginaldo Faria, em 1968, surge numa loja, experimentando roupas, enquanto é paquerada por uma multidão de homens do lado de fora da vitrine. A loja, Vila Verde, ficava na rua Santa Clara, 41, em Copacabana, e tinha sido ali, em tempos idos, o apartamento térreo do roteirista do filme, André Adler. Nas escadas do prédio, ele e Leila passaram a adolescência. Se esse *backstage* é bom, a cena, melhor ainda. Leila experimenta vestido, bota blusa, devolve sapato, a loja fica revirada — até que sai para a calçada com um pacotinho mínimo, talvez nem um biquíni lá dentro. Um grupo de paqueras a leva até os estúdios da Globo, onde ela vai gravar uma cena de *Anastácia*. Tudo não dura mais que dez minutos, período em que Leila dá sua gargalhada emblemática. Passa num corredor pelo colega Milton

Gonçalves, curte com a cara dele, põe um jeans, e sai do filme para sempre no jipe dos paqueras.

O donzelo, de 1970, dirigido por Stefan Wohl, foi sua última comédia, e ela aceitou pelo motivo de sempre. Stefan Wohl, o diretor, e Roberto Bakker, o produtor, eram seus amicíssimos (Bakker, o que lutou boxe com Domingos, um pouco mais, como já se viu). N'*O donzelo* Leila também aparece na própria pele, gravando novela e fazendo shows, sua agenda no período. Suas cenas não somam mais que dez minutos, o tempo de que dispunha para aquele intervalo dos filmes experimentais de Paraty-Angra.

"Ela estava engajada em outro tipo de filme, não tinha o mínimo interesse mais em fazer comédia", explica Stefan Wohl. "Aceitou pelo aspecto financeiro."

Stefan colocou também Leila fazendo um filme, *Volúpias na selva*, dentro d'*O donzelo* — e foi aí que ocorreu o único atrito da temporada.

Numa cena, José Lewgoy se aproximaria de Leila, amarrada a uma árvore. Com um facão cortaria as cordas, as roupas, e cairia sôfrego de desejo sobre os seios da atriz.

Na hora H, Leila recusou-se a mostrar os seios.

Disse que não se lembrava de ter concordado.

Combinou-se então, depois de algum estresse, que haveria um corte na cena e seriam colocados os seios de outra atriz.

OK? Gravando!

José Lewgoy, no entanto, dormia quando houve a negociação e, uma vez vilão sempre vilão, partiu para cima de Leila. Cortou as cordas com o facão, desatou as roupas e, como combinado inicialmente, meteu a cara, excitado, entre os peitos dela — tapando totalmente a visão da câmera. Foi a sorte. Nada foi mostrado. Quando ele desceu para acariciar-lhe as coxas, a câmera já havia subido para o rosto da personagem, que se contorcia de prazer.

"A improvisação funcionou e foi a nossa salvação", diz Stefan.

Num outro trecho do filme, a censura aprovou os seios desnudos de uma atriz e proibiu os de outra. Em Brasília, o censor explicou, à luz do raciocínio científico do período, o critério:

"É que uma tem os seios pequenos, poéticos. Se os da outra fossem menores, a gente deixava passar."

Ou seja. Os de Leila, volumosos, se mostrados não passariam.

Definitivamente, não chegava a ser uma carreira cinematográfica coerente, a de Leila — e ainda falta falar do filme de cangaceiro, de outro em que ela foi namorada de um bandido mitológico dos morros do Rio, e de outro mais em que se meteu com o roubo de imagens do Aleijadinho em Congonhas do Campo.

"O teatro não era sua praia, a televisão a usou com sua embocadura de veículo superficial, e o cinema brasileiro não estava preparado para uma força da natureza como Leila", diz o crítico Ely Azeredo. "Ela era pessoal demais, carnal demais, 'real' em demasia para esse cinema dos anos 60."

"Sua parcimoniosa passagem diante das câmeras se deve ao fato de ela ser um pouco indigesta para o paladar sofisticado do cinema novo e excessivamente frugal para os pantagruélicos *gourmands* da Boca do Lixo", avalia o crítico Sérgio Augusto, referindo-se aos cineastas paulistas do cinema erótico que viria a seguir.

Imprensada entre a geração udigrúdi e a do cinema novo intelectual, numa época ainda por cima tumultuada pelos militares, Leila traçou os gêneros em cartaz. Um dia, em 1969, ela estava de chapéu de cangaceiro na pele de Dadá, a companheira de Corisco, o diabo loiro. Do mesmo modo que o italiano Sergio Leone salvara o *western* com uma violência coreografada, Carlos Coimbra tenta levantar o astral dos filmes de cangaceiro. Fez quase uma dezena de produções no gênero. Em *Corisco*, pegou o Antonio das Mortes (Maurício do Valle) de Glauber e, sem esquecer da sensualidade de Leila num papel-chave, filmou seu "nordestern", mistura de *nordeste* com *western*, em Itu, interior de São Paulo. Sangue, tiros, multidões correndo de um lado para outro. O resultado deu boa bilheteria, mas não emocionou a crítica.

"O empenho de Leila, que chegou a fazer laboratório com a própria Dadá, foi insuficiente para injetar grandeza nesse filme pouco mais que trivial", diz José Carlos Monteiro.

Carlos Coimbra era um diretor tradicional de São Paulo, a mesma origem de seu ator principal, Leonardo Villar ("Sou daquela escola antiga que todo mundo chama de 'careta'"). O encontro do ator que personificou o Zé do Burro, d'*O pagador de promessas*, com a garota de Ipanema ("Eu descobri que a Leila era tão 'careta' quanto eu, no sentido de ser uma profissional seriíssima"), se dá pelas eternas necessidades da atriz de ganhar o pão de cada dia. Ela precisava de trabalho e, contratada pela Excelsior paulista para novelas, estava próxima do escritório do diretor. Nesses filmes, fora da patota, Leila recebia salários, enquanto nos outros participava dos, inexistentes, lucros. Quando fizeram *Madona de cedro*, tudo cabia na sua agenda: uma parte foi filmada em Congonhas do Campo, sítio das obras do Aleijadinho, e outra no Rio.

A propósito: mesmo num filme sobre o roubo da imagem da madona, que embica para o fanatismo religioso do interior do país, Coimbra se rende ao poder de Leila e faz com que sua entrada em cena seja da mesma maneira gloriosa que no carioquíssimo *Todas as mulheres*: nadando. Desta vez ela dá braçadas em alto-mar, na Barra da Tijuca. Mais adiante, a personagem rende-se novamente ao peso da personalidade da atriz e aparece — como Ulla em *Fome de amor* — dançando, frenética, o ritmo do momento numa boate.

"Naquela época o cinema era feito de sonhos, de gente, todos bem amassados dentro de uma Kombi", diz Braz Chediak, roteirista de *Mineirinho vivo ou morto*, o filme seguinte. Leila personificava o espírito de equipe nas produções e chegava a varrer o estúdio. Em *Mineirinho*, melodrama de 1967 sobre o bandido que acabara de movimentar a crônica policial carioca, interpreta a namorada dele e circula pelo morro da Mangueira. O cafajeste Jece Valadão, também produtor, é Mineirinho.

A precariedade era geral. Leila, sempre generosa, levava de casa sanduíche de mortadela para a equipe. Não havia set com ar-refrigerado aos pés do morro. Ralava-se embaixo de quarenta graus — mas sempre dava para se divertir um pouco.

Uma tarde, já anoitecendo, ao ver a jovem mulher cochilando na escadaria da estação de trem da Mangueira, Braz Chediak pôs imediatamente ao lado a lata de filme vazia e uma nota de um cruzeiro para chamar outras contribuições. Passava uma multidão por ali, e mais dinheiro acabou vindo. De repente, um trem dá a partida e seu barulho acorda a mulher. Ela se espreguiça, vê a lata, sorri e pega a grana.

"Chediak, você é mesmo um filho-da-puta! Vamos ver se tem algum boteco aberto e tomar um conhaque. Estou com um frio desgraçado. Eu pago."

Claro. Era Leila.

9.

Ipanema, com prédios de quatro andares na orla, permaneceu por muito tempo um segredo carioca. Longe, muito longe de tudo. No início dos anos 60, com 40 mil habitantes espalhados por 1,67 quilômetro, a única verdadeira multidão era a dos tatuís na areia. Era um paraíso moderno, um bairro de palmeiras na praia, garotas avançadas nas ruas e intelectuais folclóricos nos bares. Uma espécie de versão tamoia dos cafés franceses — com a vantagem de que não existe pecado do lado de baixo do equador. Quando Leila Diniz passou por ali, Vinicius de Moraes ainda não tinha escrito os versos da canção de Tom, aqueles do "Lembra que tempo feliz/ Ai que saudade/ Ipanema era só felicidade/ Era como se o amor doesse em paz". Quando ela passou por ali, o sonho estava no auge.

O bairro começou a ser posto de pé lá pelos anos 30, quando chegaram alemães, franceses, europeus de todos os matizes. Nem tão ricos, mas cidadãos formados por bons museus, pela convivência com a intelectualidade internacional. Alguns se correspondiam com artistas de vanguarda, outros tinham desenho de vida que não obrigava ao casamento amanhã pela manhã como desfecho inevitável da relação sexual de ontem à noite. Luís Carlos Prestes e Olga Benário moraram na casa 636 da rua Barão da Torre e arquitetaram dali a Intentona Comunista de 1935. Ipanema era um esconderijo. Todos iam para aquele fim de mundo habitado por pescadores e brasileiros de classe média, em busca da liberdade que o nazismo tentava erradicar do planeta. Misturaram-se. Deu no que deu.

Leila Diniz ainda não era sequer um brilho de esperança no fundo dos olhos de seus pais quando, no meio dessa cornucópia de culturas à beira-mar plantada, a alemã Miriam Etz foi à praia, em 1936, no Arpoador, com o primeiro duas-peças que se via no Rio. Surgia a Garota de Ipanema. Helô Pinheiro foi a que Tom e Vinicius viram passando em 1964 a caminho do mar. Duda Cavalcanti, da safra de 1966, seria a mais morena. Márcia Rodrigues viveu a personagem no cinema em 1967. Marina Colasanti, a mais intelectual. Houve muitas Garotas. Leila foi a mais revolucionária e cravou sua presença em todos os cenários clássicos da história do bairro.

Ela chegou a pegar os últimos momentos do Mau Cheiro, no Arpoador, um bar sem-vergonha, no mesmo lugar onde está hoje o Barril 1800, e que já pelo nome não deixava a menor sombra de dúvida. Não se dava ao respeito de pompa alguma — e os novos intelectuais que adentravam o bairro, já esquisitões, adoraram. Foi o primeiro bar mitológico de Ipanema. Não era exatamente um bar para moças, mas a nossa guia não era uma moça como exatamente se definia.

Cercada de motoristas e trocadores de ônibus, a nata dos freqüentadores, Leila gostava de ir ao Mau Cheiro fazer a cena de bater com o punho fechado no balcão e, imitando um pau-d'água daqueles, assustar o garçom pedindo:

"Ei, você aí, bota aquela que matou o guarda."

Boa parte da história de Ipanema pode ser contada pelo perfil de suas mulheres e de seus bares — e, quando se sabe que Leila foi figura fundamental em todos eles nos anos 60, adepta que era de chope, da cachaça, do uísque caubói e de muita conversa jogada fora, a biografia desce mais redonda. Era o bairro perfeito para ela expressar sua liberdade e seu horror à hipocrisia. Ao redor, todos pareciam impregnados do mesmo desejo.

A quinhentos metros do Mau Cheiro, na praça General Osório, ficava o bar Jangadeiro, onde Leila, numa noite comum, poderia ser recepcionada na porta pelo inacreditável cachorro Barbado, dono de uma barbicha que lhe valeu a alcunha. Era um cachorro boêmio, mascote da "esquerda festiva", expressão criada pelo jornalista Carlos Leonam para identificar uma certa ideologia inspirada pelo copo cheio. Barbado também perambulava pelos bares em busca de um copo, ou melhor, uma tigela de cerveja. O escriturário Hugo Bidet, que ganhou o apelido ao dar uma festa onde a bebida era servida naquele aparelho sanitário, costumava pagar a conta do amigão. Barbado, agradecido, ficava na dele, meio para o sorumbático, quase sempre embaixo da cadeira do humorista Jaguar. Numa noite da revista *Tem banana na banda*, encenada no teatro do outro lado da calçada, Leila entrou com Barbado no palco e foram ovacionados. Depois, claro, voltaram ao Jangadeiro. Era um bar de proprietários alemães, da primeira safra de imigrantes no bairro, e servia boa comida típica. Misturava Carlos Drummond de Andrade, morador na divisa com Copacabana, artistas da recém-estreada TV Globo, mulher bonita e intelectual exótico, todos sentados em cadeiras de palhinha e de olho no movimento lá fora.

Ah, Ipanema!

Nos anos 50, bastava um passeio no Cadillac de Antônio Maria pelos inferninhos de Copacabana, e já se tinha o perfume do que importava no Rio. O clima era de samba-canção, uísque e repressão sexual. Uma geração de meia-idade dava as cartas. Noite. Boate a meia-luz. Amores fracassados.

Nos anos 60, Leila Diniz andando por Ipanema de biquíni era a síntese do melhor do Rio. Mais ou menos 1,70 m, por volta dos 57 quilos. Sexualidade plena, corpo solto, língua sem tabus, e muito sal, sol, sul. O jovem estava com tudo. O amor podia dar certo. Bossa nova e iê-iê-iê. Leila era a garota papo-firme que o Roberto falou.

Logo que se separou de Domingos Oliveira, ela morou durante um ano num apartamento na rua Prudente de Morais, quase esquina com a então Montenegro, a vinte passos do bar Veloso, aquele de cuja varanda Tom e Vinicius viram a Garota passar. Ela bebia muito, mas bem. Certas noites, como ninguém é de ferro, podia ter alguma crise de vômitos, que ela resolvia ao seu estilo. Já dentro do prédio, fazia um ligeiro striptease. Leila tomava banho, sem peças fundamentais do vestuário, no tanque da área de serviço. O síndico, um militar, viu aquilo uma vez, viu duas vezes, e, quando estava vendo pela terceira, foi surpreendido pela esposa — que convocou uma reunião de condomínio "para acabar com a pouca-vergonha".

Durante todo aquele ano, o Veloso, que em 1967 passaria a se chamar Garota de Ipanema, foi uma parada inevitável de Leila. A revista *Fatos e Fotos* publicou uma divertida matéria em que ela e Hugo Bidet são fotografados nas cadeiras da calçada do bar. Encenam o que seria uma paquera carioca, com o rapaz chegando junto e a moça fingindo que dá mole. Leila, de biquíni, sentada, beberica um chope e aceita a abordagem de HB, de sunga. Na foto final do "cineminha", Bidet já está olhando dentro do sutiã de Leila. Hilário. Dois amigos, talvez três, com o repórter José Paulo Kupfer que assina a matéria, curtindo com a cara dos tempos.

O título é "Leila Diniz — Receita para apanhar homem", e foi visivelmente copidescada. Não há um palavrão em quatro páginas. A atriz narra o que sabe sobre a arte de apanhar o próximo ou, mulher esperta, de fingir se deixar pegar pelo macho. Dá para ouvir ao fundo a sua gargalhada diante da tremenda cascata. Exemplos:

1. Todos os caras que eu quis, eu tive. Mas a coisa parte de uma escolha. Não é sair paquerando. Para a mulher é mais fácil. O difícil mesmo é manter. Toda mulher quer ser amada, quer que o cara fique apaixonado por ela.

2. O carioca é o melhor homem que tem. É o menos sério, o que menos fala em dinheiro e trabalho, que menos cansa a beleza. Ele não tem o cuidado que o paulista tem com as mulheres, mas é o homem mais livre.

3. De um modo geral o homem está muito por fora. A mulher deu uma virada e o homem ficou só olhando. Ele aceitou, mas ela que fez o trabalho.

4. Tem ainda uns caras que estão naquela de mexer com a mulher na rua. Essa paquera carioca é engraçada, mas muito bolha.

5. O negócio é chegar e puxar conversa. Ter papo. Se chega com frescura eu mando para aquele lugar. Às vezes fico tão triste que nem falo nada.

6. Principalmente no verão a mulher precisa ter charme. O principal é olho e pele. O seu olho, minha filha, vai pular quando você ligar no cara.

7. Não vale ser falsa. Quando a mulher dá o plá, o homem só tem que aceitar porque ela está facilitando as coisas.

8. Às vezes ele se assusta com a mulher ousada. O bobalhão do homem precisa se sentir o bonzão. É ele que está conquistando. Precisa se afirmar, achar que ele ganhou o negócio, que passou a saliva e coisa e tal. Mesmo que não seja assim, dá essa colher de chá pro cara. Ele não está acostumado a ser paquerado.

9. A mulher só vai quando está a fim. Mas o cara vai sempre, porque senão acha que perde a moral. Eu pessoalmente acho bacana o que fica na dele, só vai quando tem vontade. Mas, juro, não conheço nenhum.

10. O pior de todos é aquele que engrossa logo: "Mas, filhinha, quando poderíamos nos encontrar". É aquele pão de 1920, que cheira a vaselina no cabelo.

11. A praia e depois a esticada até o bar são os lugares da paquera. Na praia, todo mundo pelado, com a cuca cheia de chope, a coisa fica meio bicho. Depois até o barzinho tem sempre uma andada. Aí você se coloca perto do cidadão. Leva um papo para saber se o cara não é aquele burrão total.

12. No bar, provoque. Dê uns beijinhos nuns amigos pra atiçar a vontade dele. Se o cara diz que gosta de andar descalço você diz que é porreta. Para puxar conversa, atiçar, diga assim como quem não quer nada: "Mas não será meio chato?".

Enfim, nada que mude a história das relações entre homens e mulheres — mas o que se espera de uma conversa, entre um chope e outro, no Veloso? Vinicius de Moraes dizia que aquele ali era "um bar de homens discretos onde ninguém aborrece ninguém e cujo maior prazer consiste em falar sem dizer grande coisa". A delicada leveza que sustenta no ar o papo carioca.

Foram muitos bares, alguns sem nome, como aquele na fronteira entre Copacabana e Ipanema, aonde Leila gostava de ir depois de uma noitada na boate Flag, junto com Maria Gladys e o poetinha Vinicius.

Gladys conta:

> A gente ficava até as cinco na boate e depois ia tomar o café-da-manhã nesse bar. Não tinha pó, ninguém cheirava. Era na energia mesmo que a gente varava a noite. Chegávamos no bar, completamente bêbados, e a Leila falava: "Cadê a caralha do mamão". Um dia o garçom disse que a gente não podia voltar mais lá. Imagina, o cara barrou o Vinicius. O garçom dizia que os outros fregueses reclamavam da gente.

Ipanema teve ainda, entre seus ícones alcoólicos, o Zeppelin, de um alemão que detestava bêbados, e o Varanda, na Nossa Senhora da Paz, do ator Nelson Xavier. Foi neste que Leila combinou com o diretor Stefan Wohl a participação no filme *O donzelo*. Mas o bar — afinal, vivia-se a "swinging Ipanema" que ela própria tinha ajudado a inventar — não era sempre um local sossegado para agendar compromissos de trabalho. Pelo contrário:

1. Uma noite o agitado economista Roniquito Chevalier discutia a cena nacional, e, para ilustrar sua argumentação, subiu na mesa do Varanda e arriou as calças.

2. O artista plástico Albery, introduzindo no Rio o *happening*, entrou no bar no topo de um elefante. Entrar foi fácil. Virar o elefante para sair é que foram elas.

3. Um domingo, depois de uma vitória do Flamengo, o corretor Zequinha Estelita batia com a mão espalmada no tampo da mesa que ocupava, solitário, e gritava: "Meeeeengo, Meeengo". Permaneceu assim, a garganta lubrificada de quando em quando pelo garçom que lhe provia de chope, até que se baixassem as portas do Varanda.

Esses deliciosos cenários de extravagâncias etílicas acabaram como todas as outras maravilhas cariocas quando se tornaram conhecidas. Antes que isso acontecesse, Leila Diniz estava lá, no centro da agitação dos bares que esculpiram, copo a copo, o perfil de um bairro boêmio e instaurador de modismos. Sua *performance* numa mesa era insuperável, com todas as características de uma vocacionada para as lideranças de grupo — principalmente se houvesse algum homem interessante ao lado.

Danuza Leão, outra inventora da mulher carioca moderna, que a acompanhou em algumas saídas, diz:

> Não cabiam duas mulheres numa mesa em que a Leila estivesse. Ela fazia um gênero em que acreditava muito, sempre animada, da mulher que não sofria, que levava a vida brincando. Armava um pedestal, subia nele e ficava. Não havia mulher que a acompanhasse num bar. Não estava preocupada com roupas, se o sapato era bom ou ruim, e realmente tinha um visual pobre. Fazia um número irresistível. Agora, se era feliz ou não, ninguém sabia ao certo.

Pelo menos um homem demonstrou publicamente vacilar na presença esfuziante de Leila. Foi o imortal Silva Melo. A atriz fez em 1967, guiada pela reportagem da revista *O Cruzeiro*, uma visita ao prédio da Academia Brasileira de Letras, no Centro do Rio. Tomou numa quinta-feira com os acadêmicos o tradicional chá. Serviu simpatia. Comeu bolachas. No final, o repórter passou um caderno para que cada escritor anotasse as impressões. Pedro Calmon jogou todas as fichas ("Maravilha humana"), Viana Moog fez baixa literatura ("Leila, a criatura cuja última atitude parece sempre a penúltima") e Aurélio Buarque de Holanda foi malandro ("Leila, deixo aqui a minha assinatura, o resto fica subentendido"). Silva Melo, no entanto, ficou intimidado com o monumento de exuberância jovem que tinha em sua frente na mesa de chá e, embora autor d'*A superioridade do homem tropical*, escreveu simplesmente:

"Coitadinho de mim."

Leila, ao seu estilo rápido, treinado nas conversas dos bares de Ipanema, foi na veia ao declarar o que tinha achado da visita aos escritores:

"Eles não são tão acadêmicos assim" — e posou para a capa com o fardão que algum, num último galanteio não nomeado, lhe emprestou.

Leila ia aos bares quase sempre acompanhada de um namorado, de um pretendente, ou com uma amiga para — haverá outro assunto? — conversar sobre eles.

Maria Gladys, companheira constante nessas paradas, conta:

A Leila namorou por um bom tempo o Fernando de Lamare, dono de restaurante. Eu não gostava muito desse tipo de cara, riquinho, mas era um namorado típico dela. O Nando era bonitão, meio chegado pro cafajeste. A Leila dizia que "pau duro só na Zona Norte". Pra ela, o cafajeste era a versão Zona Sul do homem da Zona Norte. Ela dizia que garotos ricos tinham mais proteína e rendiam melhor sexualmente. "Vocês é que só gostam desses intelectuais, uns pentelhos, uns caras velhos. Intelectual não fode. Fica só pensando, lendo." Uma vez a gente bebia num bar e a Leila disse alto que estava fazendo a revista "Tem banana na bunda". Um senhor na mesa ao lado levantou e falou: "Eu não admito esse palavreado perto da minha noiva", e o Nando, que era lutador, começou a maior porradaria. A Leila era bem resolvida nessas relações com os homens. "Esse cara é um idiota", eu dizia a respeito de algum. Ela rebatia: "Mas trepa muito bem".

Os argumentos de Leila eram irresistíveis, sem dizer que

por um bom tempo do namoro Nando morou numa suíte do classudo Copacabana Palace e a levou junto. O casal, mais os amigos Jorge Guinle e Ionita Guinle, companheira de Leila na pecinha *Em busca do tesouro*, e Antonio Guerreiro e Betty Faria, eram figuras assíduas na piscina do hotel.

Um romance quente ou, vá lá, a encenação de um romance quentíssimo — que mulher desprezaria? De um tipo ou de outro, Leila, graças a Deus, teve muitos.

O *playboy* Nando de Lamare, Arduíno Colasanti, Henrique Martins, Tarso de Castro, o filho da Cacilda Becker — e até mesmo um namorico com Tom Jobim, o grande maestro da bossa nova.

No apartamento na quadra do Veloso, Leila morava com a psicanalista Marguerite Labrunie, a Maggy, sua amiga de Santa Teresa, o irmão dela, o administrador Olivier Labrunie, e Irani, amiga de ambos. Ah, sim. Havia ainda a canária, apelidada por Leila, é claro, de Maria Caceta, uma figuraça que todos julgavam da ordem macha até que certo dia, ploft, para a gargalhada de sua dona, deposita um ovo na gaiola. Olivier lembra que uma noite ele subia as escadas quando ouve alguém tocando, e muito bem, seu piano.

"Abri a porta do apartamento e lá estava a Leila, embevecida, curtindo um recital exclusivo de ninguém menos que o Tom", diz Olivier. "Acho que eles tiveram um namorico."

O jornalista Carlos Leonam, que ocupava aos sábados uma página no *Caderno B* do *Jornal do Brasil* com o título "Carioca quase sempre", foi quase namorado. Leila nunca lhe deu nenhum fora, mas fez o apaixonado Leonam perceber que um relacionamento mais íntimo seria impossível. Não ficou mágoa, pelo contrário, e o jornalista, além de uma coleção exclusiva de fotos de Leila de biquíni, saindo de um embrulho de presente, carrega nos arquivos a memória de uma mulher "extremamente honesta, do tipo um de cada vez".

Numa das páginas de seu diário, que de vez em quando escrevia nos bares de Ipanema, Leila registrou o que pensava do assunto:

Não sou contra o casamento, uma coisa mais difícil que representar ou escrever. Nem todo mundo tem esse dom. Apaixonar-se não é igual a casar-se. Não se pode andar com vários homens se se gosta de alguém. Não é possível dividir o amor. É preciso entregá-lo a uma pessoa de cada vez. É difícil ser fiel. O homem não é fiel. Uma mulher deve ser? As mulheres ainda não estão preparadas para essa experiência e para essa igualdade entre o homem e a mulher.

Foram muitos namorados. César Thedim, o argentino Cachorro, o empresário Marco Aurélio Barbosa Leite, Pedrinho Maravilha, o compositor Sérgio Ricardo, Bill Alencar, Luiz Eduardo Prado, o assistente de câmera do filme de Nelson — e, por pouco, muito pouco mesmo, um quase amado amante, o Rei.

Em novembro de 1970, Leila interessou-se pelo cantor Roberto Carlos. Foi três vezes ao Canecão ver o seu show anual, e não fazia segredo às amigas, como Danuza Leão e a secretária Nenê, de que era louca pelo "Homem que matou o homem que matou o homem mau". "Ele tem um jeito ao mesmo tempo macho ao mesmo tempo meio infantil, de garoto carente", derretia-se. Deu-lhe bola ostensivamente na visita ao camarim e, sábia, deixou que Roberto, amante à moda antiga, iniciasse as tratativas rumo aos finalmentes através de um assessor. As agendas não combinavam, a operação para o encontro não encaixava as datas porque, entre muitos detalhes, havia o fato de que o Rei tinha outro compromisso sentimental. A coisa enrolou.

"Quer saber", disse Leila um dia a Nenê. "Se ele quiser mesmo, que faça à moda antiga. Toca a campainha do portão e venha."

Ela escolhia seus parceiros, mas, como dissera nas dicas para pegar um homem, sabia se fingir de moça — e acabou assim o que poderia ser uma das mais belas inspirações para as baladas ardentes que RC, naquele momento encerrando a fase das histórias em quadrinhos do iê-iê-iê, começava a compor.

Houve mais homens casados no currículo de Leila, e um dia o amigo Daniel Filho, no Zeppelin, fez a pergunta que não queria calar:

"Por que essa fixação?"

E ela:

"Talvez seja a possibilidade de eu ficar livre mesmo dentro da relação. Eu estou solta, ele está preso."

Garçom, outro chope.

Leila Diniz andava de ônibus, mas a partir de 1969 teve um fusca e um jipe, e eles sempre podiam ser vistos estacionados nas proximidades dos pontos que marcaram Ipanema. Gostava da churrascaria Carreta, na Visconde de Pirajá; foi vista pelo menos uma vez nos saraus na casa do escritor Aníbal Machado, na Nossa Senhora da Paz; visitava a cobertura de Rubem Braga na Barão da Torre; esculpiu as mãos na calçada da fama do Pizzaiolo, na Montenegro; e adorava o sorvete de manga do Moraes, local também conhecido como a Sorveteria das Crianças.

No cinema Pax, Leila viu pela primeira vez *Deus e o diabo na terra do sol,* em companhia de Domingos Oliveira.

Disseram que ia passar o filme de um baiano maluco, ninguém sabia quem era, e lá fomos nós numa sessão para poucas pessoas antes do lançamento. Tem aquela cena que o beato bota a pedra na cabeça e vai subindo o caminho. Eu olho para a Leila ao meu lado e ela estava dormindo. Vimos o filme mais três vezes e ela estava sempre dormindo na cena da pedra.

Na praça General Osório, ela aqueceu os tamborins para desfilar, no Carnaval de 1970, como a Rainha da Banda de Ipanema. Leila vestiu um saiote de pregas, meias na altura do joelho, como se estivesse fantasiada de estudante com carteira falsa e inocência vencida. A banda, fundada em 1965 por um bando de boêmios e intelectuais, desfilava com uma faixa de abre-alas dizendo "Yolhesman crisbeles!", e foi duro explicar aos militares, sempre desconfiados, que aquilo não significava coisa alguma. Era só molecagem de Ipanema — e toca o bumbo. Se a direita reclamava, a esquerda tradicional criticava a alienação. Leila não achava nada. Brincava o Carnaval. Desfilou no Cacique de Ramos quando namorava Carlos Vergara, ex-marido de Marieta Severo, que já estava casada com Chico Buarque. Em 1970, desfilando na ala Caçadores de Esmeralda fantasiada da própria, foi campeã pela Portela no enredo "Lendas e mistérios da Amazônia". No Carnaval de 1971 saiu na Mangueira, mas não repetiu a dose em 72. A escola escolheu Santos Dumont como enredo e teve assessoria de oficiais da Aeronáutica. Leila pediu as plumas e caiu fora.

"Não vou desfilar pra milico", disse, "vou desfilar pro povo." E trocou de escola.

No segundo andar do sobrado do Zeppelin fica o estúdio do fotógrafo David Drew Zingg, onde uma vez a psicóloga Carmen da Silva a entrevistou para a *Realidade*. Classificou-a como uma pessoa "em movimento, em plena ebulição", e anotou no perfil:

"Leila tem o jeito de um garoto levado da breca a ponto de a gente perguntar se ela não está com a bolsa cheia de bolinhas de gude."

Na Epitácio Pessoa, no Jardim de Alah, Leila foi filmada por Gustavo Dahl dançando um rock dos Fevers com Ana Maria Magalhães. Seria uma cena para o filme *As bandidas*, jamais completado, que ele queria fazer sobre mulheres do bairro. Leila e Ana dançam, tudo improvisado, morrendo de rir. Dá para ver, recém-saídas da praia, que ainda estão com os biquínis por baixo.

O biquíni de Leila não tinha compromisso algum com a última moda. Segundo o amigo José Carlos Oliveira, ela passou um verão inteiro com apenas um, largo e desbotado. A grana era curta, a vontade de se divertir, enorme. Muito natural que ela fosse vista com freqüência sobre a bóia que o jornalista Carlos Leonam, por charme e técnica para atrair moças, levava para a praia. Alguns achavam cafona. Leila não tinha esses preconceitinhos.

O mar era seu lar.

"Ela se organizava mentalmente de duas maneiras", diz a amiga Marieta. "Escrevendo os diários e nadando na praia. Se sentia em paz."

A história das praias de Ipanema começa a ser contada pelo canto do Arpoador, aonde todos iam até mais ou menos 1964. Reinavam ali os surfistas, liderados pelo deus da raça, Arduíno Colasanti. Era uma praia esportiva. A turma passa rapidamente pelo Castelinho, onde o jornalista Ruy Castro, biógrafo do bairro, percebe as primeiras representantes da "Geração Leite Ninho", garotas com mais de 1,70 m, coxas fortes e bunda começando a empinar.

A partir de 1965, a Ipanema prafrentex de Leila e amigos abre suas barracas, faz seus travesseirinhos de areia, na rua Montenegro. Era um clima intelectual. Leila freqüentou todas as praias. Talvez não conhecesse um tatuí ou outro pelo nome, do resto nenhum palmo de areia do Arpoador ao Jardim de Alah lhe era indiferente.

"Eu me aproximei da Leila no fim de uma guerra de areia que o meu grupo, de brincadeira, fazia com o dela, na Montenegro", diz Ana Maria Magalhães. "Nós íamos à praia todos os dias. Se chovesse a gente abria a barraca e jogava cartas. A Leila estava sempre nas turmas mais divertidas."

A atriz Maria Lúcia Dahl, dentro de um biquíni de crochê, era de outra turma. Mais *raffinée*, alguma coisa assim existencialista, godardiana. Definitivamente, que ninguém leve a mal, mas achava aquele comportamento de Leila e amigos um tanto "espaçoso", com umas roupas, uns palavrões, que não se enquadravam exatamente nos ditames do que seria o bom gosto da época.

Tânia Scher, em 1967 uma das Certinhas do Lalau, o concurso anual do cronista Stanislaw Ponte Preta para apontar as moças mais bonitas de cada temporada, era da turma de Lúcia Dahl. Estava voltada para os modismos importados da França, a meca da moda, das ondas emanadas de Sartre e Simone de Beauvoir. Tânia curtia uma fossa. Tinha os homens que quisesse, grana e saúde, mas ostentava com orgulho uma angústia, um vazio não se sabia bem de quê, algo próximo do que hoje se chamaria um ar deprê.

Leonam descreve:

> Um dia ela chegou na praia, toda vestida de preto, um chapéu também preto. Tirou o vestido e estava com um biquíni vermelho por baixo. Disse: "Estou vindo de um enterro", e foi dar um mergulho. O Glauber, que estava ao meu lado, vibrou com a cena, disse que um dia a colocaria num filme com o título de "O doce esporte do sexo".

O humorista Jaguar desenhou, com textos de Ivan Lessa,

a tira "Chopnics", retratando os papos do bairro. Desenhava sempre uma fossa e fazia uma seta, para o centro dela, onde escrevia "Tânia".

Leila Diniz era o avesso do avesso do avesso dessa turma, que não era pequena. Se o chique era a fossa, ela não estava nem aí. Continuava solar. De vez em quando, sentia-se muito triste, como todo mundo, e punha na vitrola LPs de Dalva de Oliveira, a mais radical cantora brasileira das decepções amorosas. Sozinha no quarto, Leila chorava muito ouvindo aquelas tormentas do coração. Era um ritual de expiação de más enzimas. Depois, passava — e vida que segue em cima da bóia, confraternizando com as turmas.

Tinha a barraca intelectual de Leandro Konder e sua mulher, Gizeh, também conhecida como a do PCI (Partido Comunista de Ipanema), com Carlos Nelson Coutinho, Milton Temer, Darwin Brandão, Ziraldo, Ferreira Gullar e Thereza Aragão.

Tinha a barraca do cinema novo, com Glauber, Gustavo Dahl, Paulo César Saraceni, Júlio Bressane, Dina Sfat, Arnaldo Jabor (que viria a se casar com a artista plástica Teresa Cabelo, sua companheira de praia), Joaquim Pedro de Andrade (finalista ao trono de homem mais charmoso do pedaço, pleito vencido pelo poeta-diplomata Francisco Alvim com o fotógrafo Mário Carneiro em segundo).

Tinha a barraca da música, com Edu Lobo, Caetano, Dedé.

Todos circulavam por aqueles cem metros de largura por cinqüenta de fundos da praia da Montenegro, misturados ainda com artistas plásticos (Vergara, Roberto Magalhães), atores (Jô Soares, Zózimo Bulbul e Antonio Pitanga, os dois únicos negros da região, sempre jogando frescobol com Aninha Magalhães).

E tinha, espalhada por todas as barracas, uma das mais

espetaculares seleções de mulheres de todos os tempos. Vilma Dias (aquela da banana do humorístico *O Planeta dos Homens*), Duda Cavalcanti, Lígia Marina (a quem Tom dedicaria "Lígia") e dezenas de outras deusas, todas esculpidas pelas mãos do Senhor, pois ginástica ainda era, no máximo, coisa de pobre. Elas se exibiam ligeiramente molinhas, arredondadas, sem os músculos retos que desenhariam as rainhas da praia no futuro.

Leila, por exemplo, fazia aula de dança com Vilma Vermont. Só. Com pouco desenho de bunda, perna um tanto fina, não era exatamente o corpo mais sensacional da praia, mas fazia um conjunto bonito naquela competição não declarada de atributos. Dentuça, mas com o sorriso irresistível; quadris um tanto largos, mas cintura bem desenhada. Era deliciosamente imperfeita.

Antes que a turma fosse embora para o Píer, a partir de 1971, e ela acompanhasse, consolidando o "desbunde", Leila já não depilava as pernas. Os pentelhos também saíam por cima da calcinha do biquíni.

Ipanema já não era mais o esconderijo do início, mas os ônibus ainda não passavam pelo túnel Rebouças trazendo os moradores da Zona Norte. Não havia fãs. Só a "gente". Todos em casa. Se surgisse algum problema, Leila punha o cachorro Barbado em ação. Faziam um pequeno esquete. Se um rapaz começasse a importuná-la com uma paquera indesejada, Leila arrumava um jeito de chamar a atenção do bicho. Barbado dava um mergulho e, na volta à areia, se sacudia todo, água, carrapato e tudo o mais, em cima do sujeito. Os amigos, que já conheciam o texto, morriam de rir com o paquera batendo em retirada.

Marieta Severo lembra:

Ah, era bom demais. Um dia a Leila dormiu embaixo do sol e ficou com o rosto cheio de bolhas. A gente passava litros de Rayto e ficava torrando. Uma loucura, sem qualquer consciência dos males daquilo. Jogávamos frescobol. Ficávamos horas brincando de King, um jogo de cartas. Era uma praia de artistas. Ainda me lembro da Helena Ignez, chegando na praia com uma canga supercolorida, e todo mundo comentando sobre a atriz baiana que era o sucesso do momento. Para onde você olhasse, Ipanema tinha uma cena de cinema dessas.

Leila às vezes se fazia acompanhar do último livro de Julio Cortázar que tivesse saído. Ana Maria Magalhães garante que a viu devorando o *Jogo da amarelinha*. Era uma leitora razoável, não só das obras de A. S. Neill. Gostava dos gibis do Asterix, os livros de José Mauro de Vasconcelos, os de Exupéry e, quando foi entrevistada por Carmen da Silva, em 1971, estava a-do-ran-do *O primo Basílio*. Era do tipo eclética em literatura. Rubem Braga diz que ela lhe emprestou o — adorável, bem escrito, cheio de humor — *Enterro da cafetina*, do paulista Marcos Rey.

Um dos papos mais recorrentes na Montenegro, o cinema de Ingmar Bergman, tinha nela uma radical defensora. Achava que o sueco tratava as mulheres com naturalidade e, da mesma forma que Domingos Oliveira as entendia aqui pelo humor, Bergman as percebia lá com a sensibilidade aguçada pelo drama.

Tudo isso conversado, evidentemente, sem empáfia ou qualquer vestígio de discurso.

"A Leila tinha uma inteligência espontânea, que fluía com naturalidade", diz o cineasta Cacá Diegues, da barraca ao lado.

Aproveita-se a praia também para marcar a festa de logo

mais. Numa delas, a escritora Ana Miranda viu Leila em ação, e anos depois escreveu a respeito. Foi sincera. Teve um choque.

> Quando a conheci, mais ou menos em 1970, numa casa em Ipanema, pessoas de cinema falavam grego e chinês e se comportavam como extraterrestres, e entre eles Leila representava seu papel de destruidora de convenções. "Senta aqui no meu colo, loura!" Sua desenvoltura sexual e sua intimidade com os homens ocupavam a casa inteira a noite inteira, foi tão insuportável que saí sem dizer uma palavra. [...] Fiquei pensando nos significados da existência de uma mulher tão feminina, de seios tão oferecidos, de alma tão disponível, mulher respeitável, desfrutável, uma musa, um enigma.

Quando não há festas tão divertidas, Leila fecha o dia jogando cartas no apartamento de Chico Buarque e Marieta, na Lagoa, onde uma noite conhece o compositor Toquinho e se apaixona. Invariavelmente, estica a praia com uma saideira de chope com amigos no Garota de Ipanema. Antes, porém, participa do ritual inventado por sua geração no início dos anos 70. Vira-se para a direita, na direção do morro Dois Irmãos e da Pedra da Gávea, e, entusiasmada, aplaude o pôr-do-sol — além da felicidade de estar no sonho de Ipanema.

10.

O jornalista gaúcho Tarso de Castro era um cara bonito, conquistador voraz, e neste começo de novembro de 1969 ele está na praia em frente à rua Montenegro, Ipanema, conversando com o ator, também gaúcho, Paulo César Pereio sobre o de sempre, as mulheres, as mulheres e as mulheres, mas dessa vez por um *approach* jornalístico. Pereio achava que o jornal dirigido por Tarso, *O Pasquim*, tinha se transformado numa espécie de Clube do Bolinha. Só entrevistava homens, tchê! Dos 21 números publicados até aquele momento, apenas Maysa, Norma Bengell, Florinda Bolkan, Danuza Leão e Maria Bethânia fugiam à regra. De resto, tudo macho como Ibrahim Sued, Alceu Amoroso Lima, Marques Rebelo, Di Cavalcanti, Tom, Vinicius, Dener e outros sete da mesma raça.

"Por que não entrevistas" — era uma conversa entre dois gaúchos, toda na segunda pessoa do singular — "a lindeza que está vindo aí?", sugeriu o ator.

Leila Diniz deu mais uns cinco passos, os beijinhos

protocolares nos dois amigos, parceiros nos bares de Ipanema, e diante do convite de Tarso, que concordava com a crítica editorial de Pereio mas acima de tudo sonhava em namorar a atriz, disse sim para a entrevista. Leila iniciava ali, de duas-peças, uma reviravolta em sua vida, um sacode no futuro das mulheres brasileiras e uma revolução no jornalismo.

O *Pasquim* estava nas bancas desde junho de 1969, uma experiência bem-sucedida de vendas e de sensibilidade editorial. Juntava nas mesmas páginas artigos de Paulo Francis ("lúcido, válido e inserido no contexto"), exaltações de Sérgio Cabral à MPB, charges de Ziraldo ("Só dói quando eu rio", dizia o homem com o punhal cravado nas costas), charges de Jaguar ("Hoje não dá, Madalena, estou pregado", diz Jesus na cruz), o livre pensar de Millôr Fernandes e dicas sobre o estilo de vida de Ipanema, o bairro que surgia para representar aos olhos do Brasil o charme perdido de uma Copacabana massacrada pela superpopulação e pelos espigões. O ar era de molecagem, mas terminou revolucionando a técnica jornalística. O deboche instalava-se na chefia de redação num bem mixado semanário de humor, embora os tempos não fossem nem um pouco risíveis. Havia seis meses o AI-5 mexia com a liberdade de expressão, e o próprio Tarso de Castro tinha acabado de sentir o problema na pele.

Ele fora chamado ao Ministério da Justiça, em Brasília, para prestar contas sobre um simples "tesão" dito por Maria Bethânia e publicado com todas as cinco letras mais o til na edição número 3.

— O senhor acha que a palavra *tesão* acrescentou alguma coisa à entrevista? — perguntou o grave representante do Ministério que o chamou à capital da República.

— À entrevista, o "tesão" não acrescentou nada — concordou Tarso cheio de sorrisos e malícias —, mas à Bethânia deve ter acrescentado muito.

Era uma resposta que, convenhamos, não acrescentava um centímetro de simpatia na relação dos militares com o jornal. Os artigos publicados, alguns sobre a contracultura hippie, por Luís Carlos Maciel, outros de política internacional, de Newton Carlos, não chegavam a atingir o governo. Mas o espírito do jornal, num momento em que tudo era proibido, mostrava um comportamento de esquerda, na maneira pouco dogmática de dar sua geral na humanidade.

No número 19, por exemplo, a entrevista de Anselmo Duarte, diretor e ator de O *pagador de promessas*, o filme que ganhou a Palma de Ouro de Cannes em 1962, tinha sido um escândalo. O ex-galã, 49 anos, dizia que agora, velho e barrigudo, só transava com prostitutas (chamadas, num aceno de boa vontade aos censores, de "mercenárias"). A propósito, confessou, acabara de bater numa por ela ter cobrado mais que o combinado. Para desespero dos militares, que queriam tempos mais familiares, Anselmo garantia ter passado o primeiro ano de seu casamento copulando oito vezes por noite com a esposa.

Com textos inteligentes, redação fina e um humor que funcionava como válvula de escape à tensão nacional, O *Pasquim* chegou ao número 21 com 100 mil exemplares vendidos em banca, mais que o dobro da *Veja*, que também começava sua carreira. Era uma circulação expressiva para um nanico dirigido exclusivamente por jornalistas, mas um número que ficaria mixuruca depois daquele encontro na praia em que Tarso, com apetite *mezzo* editorial *mezzo* fauno gaúcho, chamou Leila para que no sábado seguinte ela fosse até sua casa, na Paul Redfern, ser entrevistada por ele e pela patota do jornal para a edição 22.

"Topo", concordou Leila, "mas é para falar tudo."

Haverá frase mais próxima da trombeta dos anjos para os ouvidos de um editor?

Depois do sucesso de *Todas as mulheres do mundo*, Leila virara figurinha fácil nas revistas e jornais, com dezenas de entrevistas publicadas. Devia entregar a todos os repórteres o mesmo material incandescente que ofertou aos entrevistadores do *Pasquim*. Na hora da publicação, porém, filtrado pelos redatores e pela edição careta, seu verbo era apresentado sempre mortiço, com o mesmo sensabor de uma atriz qualquer. Irreverência zero, transgressão nenhuma. Ela parecia, impressa, quase uma "Noivinha da Pavuna", a moça pobrinha que fazia sucesso na televisão respondendo sobre Guerra Junqueiro n'*O Céu é o Limite* do J. Silvestre. A imprensa da época arrumava a declaração de seus entrevistados dentro de um português escorreito, eliminava os palavrões, adentrava uns pronomes extravagantes, resolvia os erros de concordância e deixava qualquer comediante da *Escolinha do Professor Raimundo* falando como se um imortal da Academia Brasileira de Letras fosse.

O cronista José Carlos Oliveira, num momento em que exercitou a reportagem, foi vítima do mesmo cacoete. Entrevistou Leila para o número 320 da *Fatos e Fotos* com um resultado que é um maravilhoso caso de esquizofrenia. As perguntas têm o DNA de Carlinhos. Longas, discursivas, intelectualizadas. As respostas parecem dadas por alguma mulher se fazendo passar por Leila.

CARLINHOS: Quase toda atriz brasileira se mostra extremamente dócil, quando se trata de aparecer nua num filme. Que eu saiba, pouquíssimas se recusaram a isso. Isto tem algum significado? As moças modernas — quer dizer, as atrizes — têm menos pudor que as mulheres de ontem?

LEILA: Eu acho que aparecer nua indica um certo desespero em conseguir qualquer coisa. No cinema brasileiro, como no mundo todo, a moda, atualmente, é pelo menos uma cena em que a estrela aparece nua. Então, se você pretende ser uma estrela, é necessário começar sabendo que lhe pedirão que faça isso, e é preciso estar preparada para isso. O problema do pudor fica para depois. De qualquer modo, a atriz só deve aparecer nua diante de um diretor que a compreenda, muito bem, e que saiba respeitá-la como artista e como pessoa.

Nenhum palavrão, uma fluência de José Mauro de Vasconcelos, autor d'*As confissões de Frei Abóbora*, um livro que Leila dizia estar lendo aos prantos, emocionada, naquele ano opressivo de 1969.

Evidentemente, Carlinhos tinha feito o mesmo que seus companheiros de jornal. Depois de anotar as declarações de Leila, com a ausência inevitável de palavras que lhe escaparam na rapidez da conversa, sem também conseguir reproduzir toda a freqüência exata de pensamento da entrevistada, ele juntou os cacos ao seu modo na hora de redigir. O resultado final passa longe do coloquial vibrante que a entrevistada usava. É quase um Frankenstein feminino. Metade soa Leila Diniz, metade Rachel de Queiroz.

Por isso, quando o *Pasquim* publicou, no dia 20 de novembro de 1969, uma semana depois do encontro na Montenegro, a entrevista que Tarso, Sérgio Cabral, Jaguar, Paulo Garcez, Tato Taborda e Luís Carlos Maciel fizeram com a estrelinha das novelas da Globo, da Excelsior, da Tupi e da TV Rio, o Brasil quase enfartou com o seu jeito absolutamente original de falar e de pensar a vida.

JAGUAR: Amar e ir para a cama não é a mesma coisa?

LEILA: Não. Eu acho bacana ir pra cama. Eu gosto muito, desde que dê aquela coisa de olho e pele. Agora, eu não acredito nessa coisa do amor possessivo e acho chato. Você pode amar muito uma pessoa e ir para a cama com outra. Isso já aconteceu comigo.

O amor deixava muito a desejar, a fidelidade não era aquela graça toda, e cada um deveria usar sua vida com mais liberdade — era a nova garota de Ipanema que, sete anos depois de ter sido vista passando no doce balanço a caminho do mar, sob os acordes de Tom e Vinicius, agora voltava da praia. Falava pelos cotovelos, com uma risada irresistível, e contava o que ia de novidade pelas ruas do bairro mais moderno do país.

Há quem divida a história da mulher no Brasil em antes e depois daquelas cinco páginas.

Em 1930 elas conseguiram o direito ao voto.

Em 1960 Maria Esther Bueno foi tricampeã em Wimbledon.

Em 1962 o Código Civil admite a esposa como parceira do marido na chefia da família.

Pouco ainda.

Todos os sutiãs já haviam sido queimados em praça pública, todos os discursos de feministas muito feias e iradas já haviam sido transmitidos pela TV. Finalmente o país via uma mulher expressando com jovialidade, sem discursos, sem bravatas, a experiência de sua sexualidade livre. Nada de rancor na exibição de independência diante dos homens, nenhuma provocação de chamá-los ao ringue para uma vingança depois de séculos de soberania. Pelo contrário. Leila convocava — sem submissão, sem essa de sexo forte — homens e mulheres para um projeto rumo à felicidade comum. Reconciliava os opostos. Sem *Tele-Catch Montilla*, sem dedo no olho. A relação baseada no domínio clássico do "passivo" pelo "ativo" já era. Os papéis foram invertidos, e Leila, que nunca foi vista passeando com livros do feminismo americano, que pautava toda a sua teoria da liberdade apenas pelo que tinha lido de Summerhill e apreendido da cultura esperta das ruas do Rio, mostrava-se na prática antenada com a vanguarda da revista *Ms*.

As perguntas dos jornalistas do *Pasquim* eram as mesmas de todos os séculos, mas as respostas, quanta diferença!

E a fidelidade?, perguntou Sérgio Cabral.

"Quando o negócio está bacana", responde Leila, "geralmente eu sou fiel. Quando eu estou com uma pessoa, eu fico ocupada com ela. E eu sou muito de me ocupar. Agora, a idéia do amor é geralmente tão possessiva que me irrita muito. Detesto aquele negócio de saber a hora, o que fez etc."

Já havia em Ipanema um pelotão de mulheres lindas, inteligentes, fazendo aquilo tudo sem correr em seguida para o confessionário da igreja de Nossa Senhora da Paz e expiar a culpa. Resolvidas, antenadas com as últimas notícias do mundo civilizado, elas iam para a cama com os namorados e não casavam no dia seguinte. Sexo deixava de ser exclusivamente uma atividade para a reprodução da espécie e virava fonte natural de prazer, a conhecida sensação refrescante de estar viva. A noção de pecado naquele grupo tinha levado um "caixote", a pancada da onda bem na beirinha, e fugido para outras praias. Mas em público, num jornal de circulação nacional, seria a primeiríssima vez que se verbalizava com tanta clareza a nova mulher carioca, pós-rock-and-roll, pós-pílula, pós-Simone de Beauvoir d'*O segundo sexo*. Leila dizia ao *Pasquim* o que as mulheres pensavam e não ousavam dizer. Mas não só. Dizia também o que elas não ousavam pensar.

JAGUAR: Um aviso aos navegantes: quem escolhe é você, não é?
LEILA: Sei lá. Acho que a gente escolhe. Acho que sou eu que (*), sim.

A entrevista saiu com 72 (*), uma maneira hábil que Tarso de Castro, editor esperto, encontrou para não publicar o palavrão e ao mesmo tempo aumentar a sua carga expressiva, levando o leitor a completar na cabeça, com o seu repertório particular, o que o asterisco ocultava.

Leila Diniz morava sozinha na avenida Ataulfo de Paiva, no edifício My Rose, no Leblon. Percorreu a pé meia dúzia de quadras para chegar, por volta das quatro da tarde daquele sábado, à casa de Tarso, na Paul Redfern, em Ipanema, onde seria feita a entrevista do *Pasquim*. O gaúcho era casado com Bárbara Oppenheimer, bisneta de Caldas Júnior, o fundador do *Correio do Povo*, e filha de Gustavo Oppenheimer, diretor-presidente do Grupo Bunge, uma das maiores empresas de agroindústria do mundo. Como se não bastasse, aquela mina de ouro era uma das mais belas mulheres nascidas às margens do Guaíba. Para seduzi-la, Tarso usou um expediente que estava começando a usar com Leila, logo em seguida repetiria com Silvia Amélia Marcondes Ferraz e com outras tantas pseudo-incautas: mandou cantadas derramadas, artigos poéticos, através de suas páginas nos jornais. Bárbara caiu. Casou-se com Tarso em Porto Alegre, e saíram da igreja imediatamente para o Rio — onde estavam fazia pouco mais de um ano na casa de dois andares que naquele momento recebia Leila Diniz.

A atriz de *Anastácia* e *Todas as mulheres do mundo* vestia calça comprida e uma blusa que a deixava com os ombros à mostra. Sentou-se no sofá da sala de estar do casal gaúcho para a entrevista com a patota do *Pasquim*. Já estavam presentes Tarso, Jaguar, Garcez, Cabral e Taborda. Maciel chegou trinta minutos antes de a entrevista, de duas horas, acabar.

Leila era amiga de todos, encontravam-se com freqüência no Jangadeiro e no Zeppelin. Os jornalistas não eram exatamente *muy* amigos entre si. Numa entrevista com Flávio Cavalcanti, Tarso e Ziraldo se engalfinharam fisicamente, cumprindo as ameaças mútuas desde que o primeiro teve a idéia do encontro e o desenhista reagira, por achar o apresentador de TV "um mau-caráter reacionário". Millôr Fernandes e Paulo Francis também detestavam o gaúcho, considerado porra-louca demais, além de falar outra língua, bem diferente da carioca. Não por acaso, Ziraldo, Millôr e Francis faltaram ao papo com Leila.

A patota reunia-se em geral na casa do entrevistado, e aquela estava sendo feita nos domínios de Tarso por serem estes maiores que os da atriz e confortavelmente na sua vizinhança. O resto do cerimonial foi o mesmo. Abriam-se garrafas permutadas com o uísque Passport, descontraía-se a vítima com perguntas que não tinham nada a ver com as de uma entrevista comum, e publicava-se tudo na semana seguinte, do jeito exato como saísse do gravador. Nada de maquiagem ao estilo Carlinhos Oliveira. Nada de copidescagem careta. Tudo direto, na lata. Economizava trabalho e dava uma tremenda bossa. Um parágrafo para a pergunta, outro para a resposta — e pau na máquina, manda para a gráfica. Numa época em que tudo passava por algum filtro, tudo era suspeito de ter sido fiscalizado antes por algum censor, foi uma revolução aquele coloquialismo em bruto:

LUÍS CARLOS MACIEL: Para uma pessoa manter uma vida sexual saudável, deve dar quantas por semana?

LEILA: Ora, Maciel, vai (*). Isso não tem medida. O

cara pode dar só uma e você passar até um ano. Acho difícil. Mas pode. Agora, acho bacana se pudesse ser todas as noites. Mas tudo depende de você estar ligada na do cara.

A circulação do semanário contabilizou 117 mil exemplares vendidos, uma edição que entrou para a história da imprensa brasileira graças aos asteriscos de Leila e Tarso — afinal, o resto do jornal, de 28 páginas, não oferecia uma pauta muito atraente. Trazia os fradinhos escatológicos do Henfil, o ratinho Sig declarando-se "um *self-made mouse*" e oito páginas dedicadas a meter o pau no economista Herman Kahn, que defendia a internacionalização da Amazônia. Um texto de Jô Soares brincava com uma das mais ousadas transgressões do jornal até aquele momento. Usava a palavra *bicha* no sentido que, em novembro de 1969, só era observado, e com constrangimento, na boca da torcida do Flamengo quando o juiz Armando Marques marcava falta a favor do Fluminense.

Leila, na página seguinte, tratava de ampliar as opções de vocabulário da patota.

Ela aparece na capa, e nas fotos que ilustram a entrevista, sempre sorridente, num quase-close. Da roupa mostra-se apenas parte da jaqueta, escura, felpuda. Na cabeça, como se estilizasse o turbante com bananas e abacaxis de Carmen Miranda, a revolucionária dos anos 30 ("Já me disseram que você andou pintando o sete/ Chupando muita uva..."), Leila trazia um arranjo esculturado com uma toalha de banho branca. Era inédito uma estrela se mostrar tão desglamourizada.

Parecia, mas ela não estava à beira de uma piscina. Também não estava em meio à entrevista com os jornalistas.

O autor das imagens, Paulo Garcez, fotógrafo oficial do *Pasquim*, conta:

As fotos foram feitas no dia seguinte à entrevista, ainda na casa do Tarso. A Leila estava chegando da praia. Pensei em fotografá-la de biquíni, mas era uma imagem batida demais. Ela foi tomar banho para tirar o sal do corpo e quando voltou, como estava com os cabelos molhados, veio com a toalha amarrada. Foi ela quem sugeriu a foto daquele jeito. Eu achei ótimo, diferente, combinava com o jeito saudável dela, sem armação, à vontade, como tinha sido o clima da entrevista na véspera. Fiz um filme inteiro, de 36 chapas, só do rosto, a Leila sorrindo, aquela toalha engraçada na cabeça, como se estivesse conversando comigo.

Além de assinar as fotos, feitas com uma Nikon FP, pré-reflex, com lente normal, Garcez entrou para a história como autor da pergunta que proporcionou uma das respostas mais destacadas para sintetizar o pensamento original de Leila. Ela dizia na conversa que "tem um negócio dentro de mim, um ponto fixo, que é muito importante: a minha força, a minha verdade, a minha autopreservação". Foi aí que Paulo perguntou se algum homem já atingira esse ponto fixo.

LEILA: Muitos. Felizmente, eu já amei muito e espero amar mais ainda.

Era essa a pauta, e Garcez, uma espécie de anti-Sebastião Salgado, pois só fotografava as pessoas em momento de felicidade, mais uma vez acertava o foco no melhor da sua personagem. Houve quem perguntasse sobre os tempos de professora, *Todas as mulheres do mundo* e as novelas da TV Globo. Mas a importância do que restou após aquelas duas garrafas de uísque bebericadas e salgadinhos beliscados foi o que Leila Diniz pensava das relações entre os casais, da afetividade moderna, do desprezo ao machismo e do comportamento sexual da mulher livre, um daqueles temas, feito os discos voadores da revista *O Cruzeiro*, que estavam sempre nas páginas mas de um jeito meio nebuloso, com cara de coisa armada na redação. Agora, senhores leitores, dispensava-se o truque. *O Pasquim* havia conseguido fotografar o vocabulário, o pensamento, o sentimento, a aflição dos hormônios, todo o mexe-mexe por dentro da nova mulher que a pílula anticoncepcional, o yeah-yeah-yeah dos Beatles, a minissaia de Mary Quant e os perdigotos da feminista Betty Friedan tinham liberado.

"Casos mil; casadinha nenhuma. Na minha caminha, dorme algumas noites, mais nada. Nada de estabilidade", respondeu Leila sobre as relações que tivera depois de Domingos Oliveira.

Era verdade que na televisão rolava uma coisa de os diretores quererem faturar as moças, fazendo "exigências não profissionais" em troca de emprego?, quis saber Tarso.

"A mim nunca quiseram porque eu mando logo tomar no (*). Quando eu quero, eu vou com o cara", respondeu Leila.

Era um grupo de amigos ao redor de um gravador em Ipanema, a nova plataforma feita de ruas, praias e apartamentos de onde se lançavam os comportamentos do futuro. Nada lhes era tabu.

— Você deixou de ser virgem com que idade? — interessou-se Sérgio Cabral.

— De quinze para os dezesseis — respondeu Leila, com a mesma naturalidade que usaria para todos os temas. — Mas esse negócio de idade é bobagem. Você deixa de ser virgem quando está com vontade. Eu estava. Não deixei antes porque meu namoradinho não quis, ficou com medo.

Nada de reticências, falsos pudores ou ah, não, isso eu não posso responder.

Se o primeiro homem foi importante? "Não, foi só o primeiro mesmo."

Já transou com fã? "Acho que nunca aconteceu, não. Se aconteceu foi tão (*) que nem me lembro."

Aquelas palavras significavam para a história da mulher brasileira a mesma coisa que as doze faixas de *Sgt. Pepper's* para a música popular. Mas lá fora a ditadura militar recolhia aos costumes quem ousasse qualquer acorde dissonante.

A revista *Claudia* acabava de publicar um anúncio em que um médico oferecia serviços chamados sombriamente de "himenologia ou medicina conjugal".

Só no ano anterior, em 1968, havia sido regulamentado o trabalho feminino, proibindo-se a discriminação de sexo para a nomeação em repartições públicas.

Moça de família não sentava de perna aberta.

Cohn-Bendit tinha começado o Maio de 68 na França apenas porque a estudantada queria o direito de os rapazes visitarem as moças nos seus alojamentos, e vice-versa. A idéia de tomar o poder veio depois do terceiro paralelepípedo atirado na polícia.

Só em 1967 a Constituição brasileira havia finalmente concedido aposentadoria integral às mulheres com trinta anos de serviço.

Não muito antes a mulher ainda podia ser deserdada pelo pai por ter sido "desonesta", ou perdido a virgindade.

O divórcio não existia.

Sexo só depois do casamento. Antes, era furor uterino.

A palavra *orgasmo* vinha só no gênero masculino.

Moça direita só ia ao cinema com um rapaz se a irmã acompanhasse, caso contrário caía na boca do povo, virava "galinha".

Mulheres desacompanhadas de macho não freqüentavam bar ou restaurante e — aconteceu uma vez com Tônia Carrero e uma amiga na porta do Antonio's — não deviam insistir.

Diante do sexo uma mulher não tinha muitas opções: era a frígida em casa, a ninfomaníaca nas *garçonnières* ou a meretriz-vagaba nos *rendez-vous*.

Uma mulher direita — Dercy Gonçalves já fazia o papel de velha maluca, estava fora do rótulo — não dizia palavrão, principalmente diante do gravador de um jornal de grande circulação.

— Foi seu psicanalista que mandou você falar palavrão? — perguntou Jaguar ali pela altura do quadragésimo (*) da entrevista.

LEILA: Eu me desinibi dançando, dançava paca. No mar, na praia, tinha atitudes físicas pra me desinibir. Eu (*), dançava e nadava. Fiquei mais segura e me expresso agora como tenho mais vontade. Eu acho o palavrão gostoso e é uma coisa natural. Virou verdade em mim e, quando as coisas são verdades, as pessoas aceitam. Então, meu pai aceita, embora ele não fale nem cocô. De vez em quando, ele diz: "Não dá pra você falar de outro jeito?". Aí eu digo: "Ah, (*) pra isso".

Na apresentação da entrevista, o ratinho Sig, símbolo do *Pasquim* criado por Jaguar para curtir com a cara do Topo Gigio, que fazia sucesso na TV Globo, prepara os leitores para a maneira correta de ler o verbo incandescente das cinco páginas seguintes.

"Cada palavrão dito pela rósea boquinha da bela Leila foi substituído por uma estrelinha", diz o rato, sorrindo fofo. "É por isso que a entrevista dela até parece a Via Láctea."

Tarso bolou a saída gráfica da estrelinha-asterisco logo

que acabou a entrevista, ainda conversando em casa com Maciel, também gaúcho, seu maior amigo na patota e que ficara para tomar os drinques que o atraso lhe roubara. O jornal celebrava desde o primeiro número o charme de não editar as entrevistas, sinalizando com isso que o leitor teria pela primeira vez acesso à autenticidade crua de um pingue-pongue com as grandes personalidades nacionais. Não era hora de voltar atrás e editar Leila. Também, por mais gaúcho que fosse nosso editor, Tarso sabia que transcrever na íntegra todos aqueles palavrões, mais cabeludos que o "tesão" da Bethânia, dispensaria até uma nova ida a Brasília. Os homens fechariam o semanário por telefone mesmo. Bolou então os asteriscos. Resolveu endurecer, sim, mas com uma certa ternura editorial.

No mesmo sábado, a fita cassete com a entrevista seguiu para a casa de Jane, mulher do compositor Sidney Miller e responsável pelas transcrições. Hoje, aquela peça original — um documento que está para a história da mulher brasileira como a carta-testamento de Getulio para a República ou o videoteipe perdido do gol de placa de Pelé — dormita numa gaveta do apartamento londrino de Ivan Lessa, o jornalista que entraria para a turma no ano seguinte e, não à toa, cunharia a frase "De quinze em quinze anos o Brasil esquece o que aconteceu nos últimos quinze".

"Já ouvi o cassete várias vezes, dado que nunca tive o prazer de conhecer em pessoa Leila Diniz", escreveu Ivan. "Ouço e não canso de me espantar. Ela era tudo o que dizem e possivelmente mais. Já conferi e calculo que uns 20% 'passaram' na transcrição para o papel. O suficiente, tão avassaladora era sua personalidade."

Na época, centenas de cópias da fita espalharam-se imediatamente pelo país. Eram ouvidas, ora como se representassem um inflamado manifesto contra a censura, ora como uma versão sonorizada das historinhas de Carlos Zéfiro, o desenhista pornô que, em tempos de repressão sexual, educava milhões de garotos brasileiros.

Quem ouviu a fita, sabe. *O Pasquim* — "Um jornal mais para o epa do que para o oba", como disse num de seus cabeçalhos — pelo menos daquela vez deixou de publicar toda a entrevista. Na hora de editar, Tarso não teve nada de porralouca. Por mais asteriscos que usasse, percebeu que alguns trechos soavam avançados demais para 1969. Mandou então para a gráfica uma entrevista que era nitroglicerina pura, hoje já devidamente entronizada com todas as glórias nos anais mais sérios do jornalismo pátrio. Mas estava na medida para que a bomba estourasse apenas nas bancas — e não se voltasse contra o patrimônio da empresa.

"Eu gosto é de trepar, porra!", diz Leila em meio a muitas gargalhadas num dos trechos deixados fora da edição. "Acho que pra mim seria bacana trepar todo dia. E não me importaria se fossem uma, duas, três, vinte ou mil vezes por dia. Eu tenho uma puta resistência física. Já me aconteceu de passar uns três dias não fazendo outra coisa na vida senão trepar sem parar."

Na entrevista, Tarso pergunta — o cara não pensava em outra coisa — se ela gostava de mulher. No jornal saiu apenas a parte lírica da resposta:

"Gostei de mim quando fui tomar banho de mar pelada de noite em Paraty e tinha aquela água brilhando com a lua. Você quer morrer, fica com aquelas gotinhas prateadas no corpo, divina e maravilhosa."

Leila no original tinha ido bem mais adiante, mas esta parte a seguir também não foi incluída na entrevista impressa:

"Eu nunca comi mulher nenhuma, porque elas não têm pau. E pra mim pau é um negócio essencial. Eu gosto muito da coisa entrando em mim. Pode fazer tudo o que quiser também, mas pra mim pau é fundamental."

Tarso tinha matado a cobra, mas não era bobo. Preservara o pau. Guardara-o para uma próxima oportunidade.

Leila estava meio fora de cena quando, uma semana depois de realizada a entrevista, o jornal chegou às bancas e a colocou de novo na roda das celebridades. Já era final de novembro, e só agora, devido ao *Pasquim* — "Um jornal que está por baixo e está gostando" —, ela dava o ar de sua graça. "Achei estranho quando o Tarso chegou com aquela idéia", lembra Jaguar. "O jornal tinha nomes muito mais urgentes para entrevistar." Era a primeira capa de Leila naquela temporada de 1969. Ela passara boa parte do tempo em São Paulo gravando novelas sem repercussão da Excelsior e filmando em Paraty o *Azyllo muito louco*, que só estrearia em 1970. Em solo carioca, seu único trabalho naquele ano tinha sido na incrível novela *Acorrentados*, que a TV Rio começou a produzir e da qual de repente, depois de ter posto quarenta capítulos no ar, desistiu por falta de grana. Só agora, subitamente de toalha amarrada na cabeça, o público voltava a reencontrar sua atriz principal, Leila Diniz, mas de um jeito muito diferente da noviça que ela protagonizara em *Acorrentados*. Isso mesmo. A platéia foi dormir com a Leila-freira. Quando acordou, ela havia se transformado em algo tão novo, tão moderno, tão Zona Sul, que ainda não tinha nome e as pessoas confundiam com tipos passados.

A própria Leila reconheceu na entrevista que, pelo palavreado, absolutamente pautado na intuição, pelas posições diante da vida, era sujeita a mal-entendidos:

"Todo mundo lê minhas entrevistas, vê os títulos de 'Mulher Livre', e fica achando que eu sou aquela (*) da zona."

Noviça, puta, feminista, libertária, professorinha... Os jornais adoravam chupar o título de seu filme mais famoso e afirmar que ela carregava em si "todas as mulheres do mundo". Depois daquelas duas horas de conversa, um espetacular escândalo nacional, havia Leila Diniz para todos os rótulos na entrevista do *Pasquim*. Nenhum evidentemente conseguia se fixar por muito tempo, e sozinho, no cocuruto de sua toalha molhada.

"A Censura é ridícula, não tem sentido", dizia a contestadora política.

"Gostaria de ter vinte filhos para fazer uma escolinha em casa", dizia a futura mamãe.

"Meu analista mandou um bilhete dizendo: 'Assisti teu filme. Continuo a acreditar em você como gente e agora como artista'", dizia a analisanda com vida interior.

"Se eu quisesse fazer (*) estava rica. Em São Paulo, fazendeiro, industrial, me ligam para o hotel: 'Então, vamos jantar, e tal'", dizia a debochada de corpo desejado.

"Eu estava dizendo que eu sou uma pessoa sem sentido porque o meu sentido é esse: eu gosto de me divertir. Eu escolho meus trabalhos pela patota", dizia a trabalhadora lúdica.

"Eu só tive um homem negro. E não vou comparar meus homens porque é sacanagem", dizia a amante madura. "Depende do cara. Tem uns que são bons de cama, chega lá e não combina; a gente que é boa de cama, chega lá e não combina. O negócio é a ligação, está na pele."

"Quebro a cara a toda hora, mas só me arrependo das coisas que não fiz, do que deixei de fazer por preconceito ou neurose", dizia a mulher que não se registrava como professora de coisa alguma. "Já amei gente, já corneei essa gente e elas já entenderam e não teve problema nenhum. Somos todos uma grande família."

"Eu nasci em 45, tenho uma educação burguesa e acho bacaninha ter um companheiro do lado, alguém que diga, 'tá pegando fogo?, então vamos apagar juntos'. Eu não sou de Marte", dizia no encerramento da entrevista a mulherzinha meiga, sugerindo que, para mais adiante, juntar os trapinhos, quem sabe?, poderia ser uma boa idéia.

Foi assim.
A mulher do futuro acaba de dar sua primeira entrevista.

Tarso e Leila, as estrelas desse episódio que iria marcar, ora para o bem, ora para o mal, o destino de todos os envolvidos, pouco tempo depois tiveram um caso. Foi um jogo rápido sem maiores conseqüências, apenas marcas protocolares nas coronhas dos revólveres dos dois grandes atiradores. O conquistador Tarso, sempre casado com Bárbara Oppenheimer, e já defenestrado do *Pasquim* pelo grupo rival, ficaria célebre no final dos anos 70 quando conquistou o coração de Candice Bergen, no auge da beleza, em meio a um *tour* turístico da americana pelo Leblon. O homem era incrível. Convenceu a atriz que tinha sido companheiro de Che Guevara, que ombrearam fuzis, nas florestas de Latino América. Impressionadíssima, a moça caiu de quatro e passou longas temporadas no Brasil, quase o tempo todo na mesma posição, seduzida pelo guerrilheiro de araque. Tarso sabia tudo. Além das cantadas pelos jornais em que trabalhava, costumava mandar grandes buquês de flores com um pássaro dentro — que batia asas, surpreendente, quando a moça abrisse o tal jardim. Um craque com expediente interminável de recursos.

Quanto a Leila, parece que ela vibrou mais com outras armas do gaúcho.

Uma vez, perguntaram-lhe se Tarso era mesmo, numa das brincadeiras recorrentes do jornal, a bicha do *Pasquim*.

"Se o Tarso é bicha, eu não sei", respondeu Leila no estilo serelepe de sempre, "mas uma coisa eu posso te garantir. Ele tem um pau enorme."

11.

Ninguém deixou de dar uma resposta à entrevista de Leila ao *Pasquim*.

A irmã Eli foi a primeira a cantar a pedra:

> Eu estava andando na cidade quando vi a capa com a Leila enrolada naquele turbante de toalha. Comprei o jornal, li as declarações, aqueles asteriscos todos, e vi o filme passando na minha cabeça. Eu era politizada, sabia que estávamos no pior período da ditadura militar. Era o governo Medici, que levou a classe média ao delírio enquanto torturava nas prisões. O ministro da Justiça, Alfredo Buzaid, não passava de um fascista perfeito. Eu sabia que havia tolerância zero em relação a uma entrevista pública daquele jeito. Fechei o jornal e pensei: vai dar bode.

Não deu outra.

Ainda em dezembro de 1969, com todos os veículos de comunicação querendo tirar uma casquinha daquela mulher de verbo tonitruante num período em que o AI-5 exigia silêncio, Leila topou participar de um mundo cão televisivo chamado *Quem Tem Medo da Verdade*, da TV Record, São Paulo. As vacas andavam magérrimas, e a produção pagava cachê. Foi. Era a invenção do programa de jurados. Fingia-se estar num tribunal, presidido por Carlos Manga, e com artistas do *cast* da emissora (Clécio Ribeiro, Alik Kostakis, Sílvio Luiz, Aracy de Almeida etc.) tentando representar no estúdio as "pessoas de bem" da sociedade lá fora. Eles avaliavam a conduta das personalidades, que eram postas em cena sob a luz de interrogatório policial em filme B.

Roberto Carlos, julgado por ser cabeludo e corromper os jovens, foi absolvido quando o apresentador Silvio Santos, que fez papel de seu advogado, argumentou que a violência entre os menores de dezoito anos diminuíra após o sucesso do iê-iê-iê.

Grande Otelo foi condenado pelo abuso do álcool.

Norma Bengell foi arrasada pelas cenas de nudez no cinema.

Leila Diniz, julgada pelos palavrões, por pregar moral anticristã, não ter concepção de família e praticar o sexo livre, foi condenada, arrasada e humilhada durante o programa.

— Qual é o seu maior sonho de vida? — perguntou Clécio Ribeiro, sempre empurrando para perto dos olhos os óculos que insistiam em escorregar na pele oleosa do nariz, um tique nervoso que a TV ampliava e deixava ainda mais repugnante.

— Eu quero ser mãe — respondeu Leila, ainda com um sorriso, no início do programa.

Todo o júri devia obedecer à orientação de Carlos Manga e ser o mais duro possível com suas vítimas. Ele explicava o programa com simplicidade nas entrevistas:

"O público se interessa por um programa assim da mesma

maneira que o sujeito salta do carro para ver quando tem desastre na rua, porque tem cara atropelado coberto de jornal."

Sangue. Se fosse um jornal popular, o consumidor deveria espremer e senti-lo correr nas mãos. Na TV, Manga exigia aos seus jurados que satisfizessem a curiosidade pública da mesma maneira que na rua todos olhavam o atropelado. Deviam mostrar os estragos de um acidente na cara do sujeito.

O tom de voz de Clécio, o melhor funcionário de Manga, era sempre um ponto acima das ordens, e ele agora espumava ao passar com o carro de sua voz por cima de Leila.

"A senhora é praticamente uma prostituta com seu linguajar obsceno, como pode sonhar com algo tão sublime como ser mãe?"

O resto da noite foi por esse caminho. Leila chorou em frente às câmeras, mas foi logo cortada por Manga.

"Não adianta que esses truques de atriz aqui não funcionam."

Não adiantou mesmo. O júri votou unânime. Leila Diniz era culpada de tentar destruir a família, desconhecer os princípios morais da sociedade e pregar o sexo livre. "Uma leviana", resumiu um jurado.

"Foi um massacre", diz a secretária Nenê, que após o programa acompanhou Leila num conhaque, regado de lágrimas, num bar ao lado da TV Record.

"A gente apertava porque o Carlos Manga pedia ao pessoal do júri que não tivesse piedade dos entrevistados", diz Sílvio Luiz, um dos julgadores de Leila e que mais tarde viraria locutor de futebol com o bordão "pelo amor dos meus filhinhos". "Foi a pior coisa que fiz na minha carreira e as pessoas até hoje me cobram. Me perguntavam se em casa eu batia na minha mulher. Minha mãe morria de vergonha. Mas eu precisava do cachê de duzentos cruzeiros para amenizar minhas contas."

Uma das frases mais famosas de Leila ficou sendo "Cafuné eu quero até de macaco". Naquela virada para 1970, com a exceção da música "Coqueiro verde", em que Erasmo Carlos a cita ("Como diz Leila Diniz/ Homem tem que ser durão"), ela só levava cacetada — no mau sentido.

Foi mal interpretada em todos os segmentos ideológicos.

Antes que elas tivessem este nome, caiu vítima das primeiras patrulhas ideológicas. Se a esquerda não suportava a guitarra e os cabelos compridos de Caetano, o escândalo musical do período, classificava palavrões e sexo livre como manifestações do mesmo escapismo.

As feministas de plantão achavam que Leila, com a conversa rosa-shocking de que todos os cafajestes que conhecera eram uma flor de pessoa, resposta que deu ao *Pasquim* quando perguntada sobre Jece Valadão e Anselmo Duarte, definitivamente não ajudava em nada a causa. Como o discurso político clássico sofria a inibição da censura, o radicalismo feminista era uma forma de ser esquerdista no Brasil de 1970. O diabo ainda não vestia Prada, mas as feministas vestiam vermelho. A socióloga Rose Marie Muraro achou que a entrevista de Leila fazia o jogo dos homens, que ser mulher era muito mais do que sair dando por aí e que tudo aquilo só ajudava na exploração da fêmea nas obrigações do lar, nos salários inferiores nos escritórios etc.

"Eu acho que toda mulher-mito devia destruir o estereótipo que ela porta [...]. Eu acho que a Leila Diniz cai na outra armadilha da mulher tradicional. Ela é uma mulher compulsivamente superficial em relação à relação dela com as pessoas", disse Rose Marie Muraro.

A brincadeira das ruas também não ajudava. Em 1970, uma onda de gripe no Rio foi apelidada de Leila Diniz, porque "leva todo mundo para a cama".

Enfim:

Os colegas da Record chamaram-na de prostituta.

A Globo não a queria mais pelo mesmo motivo.

As feministas de esquerda acharam que ela fazia o jogo dos porcos chauvinistas e não passava de uma "mulezinha" ao dispor dos trabalhos de cama e mesa.

Os comunistas a achavam uma alienada.

A polícia de direita, na pessoa do delegado do Serviço de Censura, viu em Leila uma pombajira a ser perseguida com charutos, passes e que outras armas houvesse.

"Do ponto de vista policial, Leila Diniz representava uma ameaça em potencial aos princípios de moralidade pública", avaliou o delegado Edgar Façanha.

Definitivamente, o moralismo ao redor sufocava. Como se não bastasse esse tipo de preconceito, Leila causou escândalo no mesmo período ao jantar no Antonio's, no Leblon, acompanhada de um ainda pouco conhecido Martinho da Vila. O compositor Nelson Sargento, que pintava os apartamentos de Leila, lembra como as pessoas olhavam assustadas quando os dois se encontravam e ela o beijava no rosto. Não era assim que se tratavam os empregados e, ainda por cima, negros.

Muito mais tarde, o legado revolucionário de Leila, deflagrado em público pela entrevista do *Pasquim*, seria inscrito em todos os museus da emancipação da mulher na campanha por uma vida com menos preconceitos. Na virada para os anos 70, combatida pela esquerda, pelas feministas e pela direita, ela estava só. Sem grana. Sem maridinho. Contava apenas com a ajuda dos amigos.

Luís Carlos Maciel escreveu no *Pasquim* após o "julgamento" na Record:

"Tentam agredir Leila com estupidez e brutalidade, mas ela é uma pessoa admirável, sua conduta satisfaz a existência ética mais alta, que é a fidelidade a si própria, a escolha livre e responsável dos próprios valores."

Bem que Isaura, sua mãe de criação, avisara assim que saiu a entrevista do *Pasquim*:

"Minha filha, tem coisa que a gente não diz. Por mais que você queira falar palavrão aqui com a gente, na revista não pode. Agora vai ficar malfalada."

Agora Inês era morta, e Leila não andava nada bem. O advogado Marcelo Cerqueira, marido de Eli, deu a idéia de que se tentassem reportagens mostrando o lado família da atriz, que ela era transgressora, sim, original, sim, mas completamente ligada ao núcleo familiar. A revista *Intervalo* publicou uma dessas peças, com Leila à frente do clã em Copacabana. Nada evidentemente que abafasse o barulho dos asteriscos no *Pasquim*.

A barra, que estava pesadíssima em geral, escolhia Leila para golpear com mais violência.

"Na televisão, quando ela ia dar alguma entrevista, os diretores corriam para o corte na expectativa de que fosse preciso tirar o programa do ar caso falasse algum palavrão", lembra a atriz Ana Maria Magalhães.

A turma do *Pasquim* se eximia de responsabilidade:

"A acusação de que exploramos a ingenuidade da Leila não procede", diz Sérgio Cabral. "Só quem não a conhecia podia pensar algo assim. Ela não era do tipo que se deixa explorar."

A perseguição em alguns momentos chegou a níveis cômicos.

O colunista Zózimo Barrozo do Amaral foi preso por ter noticiado em sua coluna, no *Jornal do Brasil*, que o coronel do Exército Osmani Pilar, comandante do forte de Copacabana, tinha assistido três vezes numa semana a um show que Leila estreou logo depois da entrevista. A notícia estava absolutamente correta. Mas era proibido flagrar o honrado homem do

Exército brasileiro em estado de tamanha fraqueza humana, extasiado com uma inimiga evidente das forças políticas e morais que sustentavam o governo militar. Onde já se viu? Prenda-se o colunista! Era a segunda prisão de Zózimo em menos de um ano, sendo que a anterior por noticiar que os seguranças do presidente paraguaio, Alfredo Stroessner, haviam dado um chega-pra-lá no ministro do Exército do Brasil, general Aurelio de Lyra Tavares, durante cerimônia em Foz do Iguaçu. A chegada de Zózimo ao presídio foi reconhecida por um dos presos como uma radicalização brutal dos generais:

"Ih, pessoal, eles piraram", disse, "eles já estão prendendo a eles mesmos!"

Ao entrar no palco do Canecão, no início de 1970, para um show da turma de calouros do Instituto de Filosofia da Universidade Federal do Rio de Janeiro, Leila foi recebida pela gritaria da estudantada:

"Tira a roupa! Fica pelada!"

Do corpo de Leila via-se apenas o rosto e as mãos. O resto estava todo coberto — propositadamente.

"Eu vim assim para mostrar que não sou só peito e bunda", ela devolveu — talvez tirando um sarro, mas evidentemente às voltas com o preconceito e a confusão de imagens que lançara sobre o público desde a saraivada de asteriscos.

Pelo menos num momento, tendo o controle da situação, Leila puxou o freio ao se ver vítima de si mesma. Em 5 de fevereiro de 1970, três meses depois de prender os cabelos com a toalha e soltar a língua, ela montou com a amiga Betty Faria um show de total oportunismo mercadológico. Estrearam na boate Sucata, na Lagoa, o *Sem asteriscos*, na companhia de um grupo de rock experimental chamado Equipe Mercado. Neville de Almeida, que até aquele momento havia dirigido apenas um filme, mas mesmo assim inédito, pois fora proibido pela censura, assinava o projeto.

O show trazia um punhado de canções, quase uma apresentação de cantoras. Tudo funcionando como pretexto para que, sob a costura do texto de Luís Carlos Maciel, se falasse um monte de palavrões — agora sem a bossa dos asteriscos de Tarso de Castro. Ricardo Amaral, dono da Sucata, na Lagoa, tinha dado a idéia, como uma maneira de exibir no palco a nova estrela.

Betty Faria não gostou do resultado:

"A Leila falava uns textos, eu também. Só que eu cantava, eu dançava e ela não. Leila era desafinadíssima, não era bailarina. Ficou uma coisa desigual, nada bom."

Foram só duas noites, e baixou-se o pano. Neville viu o dedo da turma do *Pasquim* no final abrupto do show:

"O Paulo Francis disse pra ela que era exposição demais, que a Leila devia repensar o que estava acontecendo depois da entrevista que a projetou como um acontecimento nacional."

Para piorar as coisas, roubaram dois filmes de super-8 que Neville havia feito para ilustrar o espetáculo. Eram dois clipes com as estrelas sem asteriscos. Leila aparecia de short regando com uma mangueira o quintal da casa onde vivia no período, na avenida Niemeyer.

"Alguém se aproveitou da confusão geral que era o show", lembra Neville, "e levou os dois filmes, que deviam ter uns três minutos cada. Nunca mais apareceram."

Leila achou tudo esquisito.

"Vi que aquele meu negócio de palavrão, que eu sempre disse nas horas certas e era espontâneo, estava sendo comercializado. Senti que estava no finzinho e se não abrisse o olho ia ser o fim mesmo."

Pegou o telefone e, antes que a cortina abrisse para a terceira noite, ligou para Neville:

"Bicho, vamos parar pra pensar."

Como se não bastasse, começava 1970, o ano em que o embaixador alemão foi seqüestrado pela guerrilha urbana no Rio, presos políticos iriam à televisão "confessar" arrependimento, as paredes ficariam cheias de cartazes com o rosto de Marighella puxando o aviso de "terroristas procurados". Enfim, a temporada-síntese dos Anos de Chumbo de que falaria a História. O medo, o medo, e o pavor. Os carros andavam com os plásticos "Ame-o ou deixe-o", recomendando o aeroporto aos dissidentes do governo militar. Assaltos a bancos, tortura nas cadeias. Não adiantaria nada Dalva de Oliveira cantar "Bandeira branca", de Max Nunes e Laércio Alves, o grande sucesso do Carnaval de 70, aquela que dizia

Bandeira branca, amor
Não posso mais
Pela saudade que me invade
Eu peço paz.

Seria um ano de "guerra civil" — e Leila Diniz uma de suas vítimas.

No ano seguinte, numa entrevista ao diretor de teatro Flávio Rangel, ela se lembraria de 1970 como o ano em que emagreceu onze quilos.

"Eu não agüentava mais, estava estourando, minha cabeça estava a mil, fiz análise o ano inteiro, fiquei seis meses sem trabalhar, foi tudo muito violento para mim."

Foi, de fato, um inferno — e o diabo não parava de inventar novos tipos de brasa para lhe queimar os pés.

No dia 26 de janeiro de 1970, dois meses exatos depois da entrevista do *Pasquim*, o presidente-general Garrastazú Medici, com a assinatura também do ministro da Justiça, Alfredo Buzaid, baixa o decreto-lei número 1077.

CONSIDERANDO que a Constituição da República, no artigo 153, § 8º, dispõe que não serão toleradas as publicações e exteriorizações contrárias à moral e aos costumes;

CONSIDERANDO que essa norma visa a proteger a instituição da família, preservar-lhe os valores éticos e assegurar a formação sadia e digna da mocidade;

CONSIDERANDO, todavia, que algumas revistas fazem publicações obscenas e canais de televisão executam programas contrários à moral e aos bons costumes;

CONSIDERANDO que tais publicações e exteriorizações estimulam a licença, insinuam o amor livre e ameaçam destruir os valores morais da sociedade Brasileira;

CONSIDERANDO que o emprego desses meios de comunicação obedece a um plano subversivo, que põe em risco a segurança nacional.

DECRETA:

Art. 1º: Não serão toleradas as publicações e exteriorizações contrárias à moral e aos bons costumes quaisquer que sejam os meios de comunicação.

Art. 2º: Caberá ao Ministério da Justiça, através do Departamento de Polícia Federal, verificar, quando julgar necessário, antes da divulgação de livros e periódicos, a existência de matéria infringente da proibição enunciada no artigo anterior. [...]

Era mais uma tentativa da ditadura para sistematizar a mordaça aos meios de comunicação, bastante apertada desde o AI-5, mas caótica e de humores variados logo em seguida. As tesouras só parariam de cortar em 1978. Além de decretar a censura prévia, obrigando filmes, peças, livros, revistas, novelas e afins a mostrar seus produtos para uma aprovação antecipada do governo, o decreto de Garrastazú-Buzaid chama a atenção por sua ênfase, inédita, não só na proibição dos seus contrários políticos.

O governo era uma ditadura de direita, mas a cultura que

regia o comportamento continuava sendo de esquerda. O guerrilheiro representava o perigo de sempre, já sabido, já policiado e torturado, mas mulher pelada dizendo coisas, transando com quem quisesse na frente dos leitores, isso também ganhava o registro de um ato de terrorismo contra as instituições. O perigo vermelho, segundo os militares, disfarçava-se agora, insidioso, na questão dos valores morais da sociedade. Urgia atacá-lo.

Uma lei para impedir o avanço do amor livre?!

Para assegurar a formação sadia da mocidade?!

Os fatos estavam próximos demais, e não deu outra. O 1077, publicado por acaso no mesmo dia em que ela estreava a revista *Tem banana na banda*, entrou para a história como o "Decreto Leila Diniz" e a estigmatizou ainda mais, embora não tenha havido uma declaração oficial de que sua bombástica entrevista ao *Pasquim* houvesse provocado a deflagração da lei. Centenas de artigos foram escritos sobre o conceito de moralidade e o direito do Estado a julgá-lo antes da sociedade, sendo que o de Ferreira Gullar, em 18 de março, no *Pasquim*, foi o primeiro a imprimir a expressão "Decreto Leila Diniz". A lei não consegue de imediato fazer com que toda a produção cultural, por impossibilidade logística, passe antes pelos censores de Brasília, mas profissionaliza a função, começa a abrir concurso para escolher seus funcionários — e inferniza ainda mais a produção cultural.

Chico Buarque, que no início de 1970 voltava ao país depois de um exílio na Itália, já tinha vendido 100 mil cópias de *Apesar de você* quando o compacto é recolhido das lojas.

As gravuras eróticas de Picasso são retiradas de circulação.

Para ver *O último tango em Paris*, o brasileiro é obrigado a ir até Buenos Aires.

A música "Vento bravo", de Edu Lobo, é censurada porque, hum, suspeitíssima, não tinha letra.

A censura à imprensa escondia as mortes nas prisões, as

perseguições aos inimigos do regime e até o surto de meningite no Rio. Após a "lei Leila Diniz" tornou-se mais forte. Em breve o jornal O *Estado de S. Paulo* teria um censor permanente dentro da redação avaliando o que poderia ser lido pelos brasileiros. Dezenas de filmes foram proibidos, nas revistas masculinas as mulheres poderiam exibir apenas um seio desnudo, mas mesmo assim com o mamilo desaparecido por baixo de algum tratamento fotográfico. Chico Buarque tenta um drible pela esquerda e passa a assinar Julinho da Adelaide.

No seu canto do ringue, Leila Diniz brincava no começo de 1970 com as dificuldades que se lhe apresentavam.

Já em fevereiro, menos de um mês após a publicação do decreto, queimou a batata da perna no cano de descarga da moto do empresário Fernando de Lamare, seu namorado. Quando o dermatologista disse que, dependendo da evolução da queimadura, poderia — o que acabou não acontecendo — fazer um enxerto de pele retirado de alguma outra parte do corpo, Leila foi, no estilo de sempre, rápida no gatilho:

"Ih, doutor, vai ser a primeira emenda na 'Leila Diniz'."

12.

O título da peça era *Tem banana na banda*, mas Leila Diniz, sua atriz principal, evidentemente sempre gostava de tratá-la por "Tem banana na bunda". Afinal, justificava, a peça estava dentro de um gênero chamado "teatro rebolado".

A *Banana* entrou em cartaz em março de 1970, e tinha vários motivos para ser sucesso:

1. Era verão no Rio de Janeiro, e Leila, aos 25 anos, mostrava de biquíni que estava no auge da beleza.

2. Era a primeira aparição pública, depois da entrevista ao *Pasquim*, daquela que a imprensa se fartava em exibir como a mulher que havia contrariado todos os padrões de conduta feminina.

3. A censura estava firme, enchendo a paciência de quem pretendia encenar textos mais complicados do que aqueles do "rebolado", em que o ponto final era um coro de mulheres de mãos levantadas, e não punhos fechados, gritando "oba".

4. Era a volta de um gênero que ilustrou algumas das

melhores fotos do grande álbum de maravilhas do Rio dos anos 50, e o carioca começava a ter nostalgia dos seus tesouros perdidos.

5. Marcava a estréia do pequeníssimo teatro Poeira, antes de Bolso, encravado na praça General Osório, numa Ipanema de charme recém-descoberto.

Quando o pano fechou pela última vez em outubro, com casas lotadas todas as noites, a *Banana* estava entronizada como uma das frutas mais bem-sucedidas do quintal de delícias plantadas por Leila.

Não se inventava muito.

"Deixa eu ver aqui qual o tipo de banana do cavalheiro", dizia a vedete Leila sentando-se no colo de um pacato cidadão da primeira fila, no inevitável número de platéia. "Hum, muito bem" — e virando-se em seguida para a mulher que acompanhava a vítima — ,"já vi que a senhora gosta de uma banana-d'água."

Virgínia Lane já tinha oferecido amendoim, o pré-Viagra brasileiro, ao presidente Getulio Vargas na platéia do teatro Carlos Gomes. Mas fora no início dos anos 50.

Desde o começo do século, "as revistas", vulgo "rebolado", haviam feito a glória da praça Tiradentes, no Centro do Rio, com uma dezena de teatros apresentando musicais luxuosos, mulheres lindíssimas e esquetes divididos entre maliciar os costumes da época e ironizar os políticos de sempre. Tudo isso envolvido em títulos que serviam às piadas das ruas, como *Tem bububu no bobobó* ou *Elas querem é poder*. Em 1970, a Tiradentes já servia de opção apenas no roteiro da pegação gay. O rebolado era outro. As plumas de Virgínia e Mara Rúbia não passavam de retratos na parede. Funcionavam, agora, como o amendoim para inspirar brincadeiras em Leila.

Ela continuava pautando a carreira pelo prazer, não pela pretensão de entrar para a história intelectual do Brasil. Leila estava (*) para isso. Interessava-lhe a possibilidade de diversão que o trabalho pudesse proporcionar. *Banana* tinha os ingredientes humanos propícios. Kleber Santos, o diretor da revista, era da sua turma desde os tempos do casamento com Domingos, e chega a fazer uma aparição gaiata, pedindo silêncio na Biblioteca Nacional, numa cena de *Todas as mulheres do mundo*. Entre os autores dos textos estava Luís Carlos Maciel, do *Pasquim*. No elenco, Tânia Scher, da barraca ao lado na Montenegro. O produtor do espetáculo, Marco Aurélio Moreira Leite, era namorado de Leila, num caso levado com a discrição necessária a um homem casado. Para ficar perto da musa, ele investiu os tubos abrindo as cortinas do seu incrível teatro Poeira.

O nome era perfeito. Cabiam apenas 160 espectadores no auditório do teatro Poeira e era preciso, na hora de comprar o ingresso, conhecê-lo bem, pois algumas cadeiras ficavam atrás de uma coluna no meio da platéia. Tratava-se evidentemente de um espaço improvisado, embora já funcionasse ali desde 1949 como teatro de Bolso e tivesse servido de palco a bons espetáculos de Silveira Sampaio. Mesmo assim, havia quem comprasse ingresso e, com a possibilidade de estar no mesmo espaço que Leila, a última novidade de Ipanema, vibrasse feliz.

Um *Michelin* indicaria que, se o turista tivesse apenas um dia para conhecer o bairro, deveria ir à praia da Montenegro pela manhã (e ler a crônica do Carlinhos Oliveira); depois, almoçar pato com maçã no Zeppelin; voltar à praia para ver o pôr-do-sol; e, antes do fim de noite no Jangadeiro, sair dali direto para curtir a exótica trupe de Leila no Poeira.

Boa noite, minha gente
Tem banana na banda
Pra quem quiser comprar
Com muita pimenta e muito sal
O espetáculo vai começar

era como as vedetes recepcionavam o público no palco.

Não havia exatamente um fio condutor ligando os quadros. Era uma revista no sentido radical da coisa. Sem pé nem cabeça. Uma página atrás da outra, mas tudo sob controle, já que Kleber Santos se destacava como um dos mais respeitados diretores de vanguarda do Rio, fundador do teatro Jovem, de Botafogo. Ele inaugurou a década de 60 com A *mais-valia vai acabar, seu Edgar*, de Oduvaldo Vianna Filho. Começava os 70 com um besteirol de vedetes pelos motivos óbvios. A mais-valia não só continuava, como o Edgar agora era um certo Edgar Façanha, o todo-poderoso diretor da Censura.

"Sifu", "tofu", abreviava o *Pasquim* para desabafar contra os tempos e não deixar que os palavrões ofendessem os ouvidos dos militares.

Kleber costurou tudo com a mão leve das revistas que não existiam mais, certo de que o *Banana* era uma maneira de dizer: "Não dá mais para fazer teatro no Brasil". Havia esquetes escritos por Nestor de Montemar, Millôr Fernandes e Ary Fontoura. Elza Costa, cantora de cabaré da avenida Atlântica, apresentava boleros da Rádio Nacional. Tânia Scher fazia número de platéia e um texto de duplo sentido sobre corridas de cavalo. No último quadro, "Os hippies", com muitos "Podes crer, bicho", assinado por Luís Carlos Maciel, Leila e dois humoristas fingiam estar em plena Lua, doidões, fumando baseados. Kleber garante que os usados na noite de estréia, para a classe teatral, eram autênticos.

Leila participa de cinco quadros na peça, entre eles um assinado por Millôr com títulos de composições infantis. De saiotinho, chupando pirulito, ela usa voz tatibitate para falar de brincadeira de médico, troca-troca e esconde-esconde, dubiedades que ela finge não entender. O clima é de continuação do tropicalismo que Caetano Veloso e Gilberto Gil estão fazendo na música. Em outro quadro, ela dança um mambo com dois rapazes, num dos momentos mais *calientes* da noite. Ao fundo, a música sacolejante, com letra composta especialmente para a peça, cita telenovelas da época e move-se o tempo todo pelo anúncio de liberdade de uma mulher que já não ousa esconder a força de seus desejos:

Estou perdida nesta novela
Nesta mi vida.
Deito na cama
Penso no Nino
[O Italianinho]
Que ele me ama
Que é meu menino.
Vou dar pro Nino
Vou dar pro Beto [Rockfeller]
E se deixar eu dou pro resto.

Leila ainda fazia um número com a música "Lola", de Lamartine Babo, e outro regido por um samba ufanista com letra que misturava Glauber Rocha com requebrado da cabrocha. Na cena de encerramento, todo o elenco atacava de "Canta Brasil", de David Nasser e Alcir Pires Vermelho, um samba de letra tão exaltatória, falando em berço dourado, do índio civilizado abençoado por Deus, que acabava fazendo um contraponto debochadamente crítico ao "Ame-o ou deixe-o" que rolava fora do Poeira.

A crítica dividiu-se:

"Revista de câmara com subentendidos intelectuais", escreveu n'*O Globo* Gilberto Tumscitz, o futuro novelista Gilberto Braga. Ele guardaria pouca coisa da revista na memória, mas não se esqueceria jamais da entrevista que fez naqueles dias com Leila. Principalmente o argumento que ela usou para interromper a conversa:

"A Leila disse: 'Gilberto, me desculpe, mas eu preciso ir, tenho que ensaiar o mambo e o mambo é foda'. Aquilo pra mim foi um choque. Eu nunca tinha ouvido uma mulher falar 'foda' na minha vida."

Na crítica, Gilberto destacou Leila:

"Ela tem graça, beleza e comunicabilidade. Sobrepõe-se a toda aquela pobreza de espírito, ao subdesenvolvimento do esquema e dos *sketches*."

Uma crítica não assinada da revista *Veja* adorou o espetáculo:

"Um corpo bonito, a boca sempre entreaberta num sorriso entre sensual e ingênuo, voz ligeiramente rouca, a atriz Leila Diniz comanda o show da ressurreição do novo rebolado."

Na noite de estréia, Leila foi abençoada pela presença no palco de Virgínia Lane, a Vedete do Brasil, que, depois de um concurso com a platéia, lhe entregou o título de Rainha das Vedetes — mais dois meses de pílula anticoncepcional inteiramente grátis na drogaria Pirajá. Virgínia era a coelhinha dentuça com quem ela havia sido comparada na infância e, via-se agora, crescida, de maiô, tinha alguma semelhança.

Para o bem e para o mal. Faltavam às duas maiores atributos calipígios. Eram bonitas, bem desenhadas de curvas e desejabilíssimas. Vistas assim de hoje, no entanto, alguns estetas mais exigentes observariam a necessidade de mais volume no bumbum, que houvesse por ali um arrebitamento dos sentidos.

No início dos 70, os fotógrafos não registravam o corpo da mulher de perfil. Valorizavam-se principalmente as curvas do violão feminino. O bumbum arrebitado era uma abstração. Só a partir dos anos 80, quando as academias de ginástica esculpiram músculos, os tais atributos das vênus calipígias começaram a ser fotograficamente valorizados. A carne dura ainda não era a onda. Valia um umbigo mais arredondado, como mostravam as quatro mulatas do *Tem banana*. Mulheres cheinhas, eis o padrão. Leila oferecia curvas e muita alegria — era o que bastava para o ofício.

"Não sei cantar, não sei dançar e sou vedete. É cada uma que me aparece", dizia.

Ela foi a última vedete do teatro de revista, e sua performance em *Tem banana na banda* está imortalizada num registro de pouco mais de um minuto do filme *O donzelo*, de Stefan Wohl. É o único arquivo de Leila em movimento no espetáculo, e foi feito durante uma noite normal da temporada. Veste-se com um sutiã com duas estrelas pretas grandes em cada um dos peitos, calcinha arrematada com muitas plumas atrás e uma cartola com outras mais. Atravessa uma passarela que vai do palco até o meio do Poeira — uns três metros de comprimento —, dá uma agachadinha e rebola as plumas, roçando-as de propósito na cara do ator Flávio Migliaccio, o protagonista d'*O donzelo*, que está numa das filas da platéia. O cenário é uma cortina em que um cacho de bananas brilha entre ondas do mar. Serve de fundo perfeito, alegre, para que

Leila levante os braços junto com o elenco e grite o inevitável "oba" que o filme mostra como encerramento da peça.

É tudo, mais uma dezena de fotos, que se tem de arquivo do espetáculo. A coreografia era de Suzana Braga, mais tarde crítica de dança do *Jornal do Brasil*. As músicas de Guilherme Guimarães Vaz, que faria carreira nos concertos de vanguarda, com letras de Kleber Santos, jamais foram gravadas. O texto, apesar de obrigatório, não foi arquivado na Sociedade Brasileira de Autores, pois afinal toda noite se acrescentava alguma coisa. José Wilker, Oduvaldo Vianna Filho, Paulo Pontes, Hélio Bloch, Augusto César e Ênio Gonçalves também ofereceram colaborações. Kleber achou que ficavam fora do tom da revista e preferiu textos antigos de Meira Guimarães, Sérgio Porto e outros.

A crítica da revista *Veja* impressionou-se com o fato de que "a pornografia, até agora geralmente associada como um elemento quase indispensável no teatro de revista", não estava no espetáculo. Por via das dúvidas, toda noite Marco Aurélio Moreira Leite arrumava um jeito de levar pessoalmente, ou pedir a alguém da produção que o fizesse, o censor encarregado da fiscalização para jantar no Gardênia ou no Jangadeiro, os restaurantes da praça.

Foram sete meses de jantares para censores, também para o elenco, e, por mais casa cheia que o Poeira tivesse, as contas não fechavam. Marco Aurélio e seu sócio, Luís Fernando Goulart, baixaram o pano. Nos dois últimos meses, a vedete principal da companhia preferiu gravar uma novela em São Paulo, e não estava mais em cena, substituída por sua irmã caçula, Lígia. Foi bom enquanto durou. Ipanema abria mais um capítulo em sua biografia, e Leila agradecia pelo divertimento. Durante a Copa do Mundo, em junho, o elenco reunia-se para ver os jogos do Brasil num aparelho de televisão instalado no teatro. Depois todos saíam em cima do jipe da vedete. Vivia-se nesses momentos a dupla ambição de comemorar as vitórias do escrete canarinho e ao mesmo tempo, como acreditava Kleber, "desabafar com palavrões o sufoco da ditadura". Qualquer coisa que se fizesse fora do tom, ia para a conta da oposição a tudo aquilo que estava por ali. Quando Jairzinho meteu um a zero na Inglaterra, Leila e sua turma cantaram pelas ruas de Ipanema:

É canja, é canja
É canja de galinha
A *nossa seleção*
Pôs na bunda da rainha.

Leila divertiu-se com a revista e também na *garçonnière* com cama quadrada de três metros que o namorado Marco Aurélio instalou no número 40, apartamento 403, na mesma rua Jangadeiros onde estava o teatro. Maria Gladys chegou a ensaiar a revista. Pensou bem e, "encucada", certa de que seu negócio "era Tchecov", caiu fora antes de a cortina abrir.

Se os amigos custavam a entender esse negócio de vedete, imagina os inimigos. Choviam os convites para programas sexuais, feitos por empresários, fazendeiros e antigos participantes do esquema das *girls* da praça Tiradentes. Colegas do elenco do *Tem banana* contavam que levavam a sério o dito do título e saíam com quem lhes pagasse o supermercado. Rebolava-se muito no palco, e olha que as sessões iam de terça a domingo, mas poucos viram dinheiro naquela produção. Leila contava que certa noite um senhor que se apresentava como fazendeiro, e havia já várias sessões inundava de flores seu camarim, enfim se fez presente para a clássica proposta de jantar etc. Leila tentou levar o cara na base do não, do não é bem assim, até que o homem resolveu ser mais explicitamente rude:

— Ora, menina, mas me disseram que você dá pra todo mundo!

— Eu até posso dar pra todos, meu amigo — respondeu a Rainha das Vedetes de Ipanema —, mas não dou pra qualquer um.

Primeiro foram os do *Pasquim*. Aos poucos, com paciência e bom humor, Leila ia educando novos porcos chauvinistas.

Sempre unindo o útil ao agradável, depois de acabar o romance com Marco Aurélio, ela ainda encontrou no elenco o argentino Luiz Olmedo, moreno de olhos verdes, mais popularmente — e ele era popularíssimo entre as mulheres — conhecido como "Cachorro", o coreógrafo que participaria do grupo de vanguarda de Victor Garcia e estaria num dos filmes de Glauber Rocha na Europa. Leila e Cachorro dançavam o mambo sacana em cena. Na vida real, dançaram outros tantos, mas trancados numa casa de pedras que Leila alugou para o casal na avenida Niemeyer, no caminho para São Conrado.

O romance pegou uma parte da temporada da revista, sem grande importância no currículo sensorial de Leila. Um mês depois do fim, Cachorro, doce cafa, telefonou com uma conversa mole para cima de Ana Maria Magalhães, que, amiga fiel, imediatamente avisou Leila. A Rainha das Vedetes balançou as plumas. Mais uma vez foi sábia:

"Relaxa, querida. Não tenho mais nada com ele. Aproveita. Ele é ótimo de cama."

Só faltou dizer, ao estilo rebolado:

"Grita 'oba' e fecha a cortina."

13.

O caretésimo Flávio Cavalcanti não era exatamente a figura que se esperava ver junto de Leila Diniz, a filha querida de um membro do Partido Comunista Brasileiro. O apresentador de TV, em meados de 1970, prestava-se no picadeiro como uma espécie de inimigo público número um da esquerda. O Caboclo Mamadô, personagem do humorista Henfil, vivia chupando o cérebro dos que julgava colaboradores do regime. Elis Regina, por ter feito um show num 31 de março, Wilson Simonal por suas relações com a polícia, o reacionário Nelson Rodrigues por sua perseguição a dom Helder, e muitos outros. Flávio Cavalcanti estava sempre por ali, vagando pelo cemitério do desenhista como um dos zumbis descerebrados do Caboclo Mamadô. Ele tinha apoiado o golpe de 1964. O outro lado da cerca. O mal a ser vencido. A direita à direita da direita.

Exatamente um ano antes, em novembro de 1969, Leila havia citado Flávio de forma lamentável na entrevista do *Pasquim*.

É tudo muito burro aqui. Quando você explora a miséria verdadeira, ninguém acha nada de mais, como o Raul Longras, esses caras todos. [...] Não consigo entender qual é a deles. Censuram filmes e não censuram programas em que as pessoas pra casar são vendidas como alface, ou são esculhambadas como se fossem cocô, como acontece nos programas do Flávio Cavalcanti.

Apenas para dar um flash do que era um programa do Flávio e fazer aqui uma espécie de "Não vale a pena ver de novo", rode-se o videoteipe de uma de suas noites mais constrangedoras. Durante meia hora ele entrevistou as personagens de uma miserável crônica de mundo cão do interior brasileiro. Um lavrador, semi-analfabeto, doente, e bebendo mais do que devia, emprestou sua mulher a um pedreiro da vizinhança, casado e pai de quatro filhos. A mulher e o pedreiro entenderam-se tão bem que o lavrador não a conseguiu de volta. Ela, generosa, mostrava-se disposta a cuidar dos dois.

Em rede nacional, pois o programa de Flávio Cavalcanti foi o primeiro a utilizar satélites para a transmissão, o triângulo, mais o delegado encarregado do caso, discutiam o que fazer, debaixo das gargalhadas previsíveis do auditório.

No dia seguinte o presidente Garrastazú Medici suspendeu a atração por sessenta dias.

Enfim: Flávio explorava a miséria humana e tinha uma boquinha a tal ponto pequenininha que um de seus adversários mais veementes, o cronista e compositor Antônio Maria, apelidou-o, na veia, de "Boca Junior".

Era a sua imagem pública. Um reacionário.

Leila Diniz provaria na pele que na vida real o diabo não era exatamente como lhe pintavam o rabo. Também confirmaria uma de suas máximas mais repetidas:

"Eu sou muito calhorda, me dou com todo mundo."

No final de setembro de 1970, o telefone quase não tocava na casa de pedras que Leila alugou na avenida Niemeyer para morar com o argentino Cachorro. O mercado tinha entendido a mensagem do decreto de Alfredo Buzaid. Não dêem emprego a essa mulher. A subversão da família e dos bons costumes, alicerces da nação, se fazia também pelo uso do palavrão e do comportamento sexual livre, as armas que os militares achavam ter visto Leila acionar na entrevista do *Pasquim* havia quase um ano. Se não fosse a temporada no Poeira, ela seria uma mulher invisível.

Quando o telefone tocou, quem estava do outro lado da linha não era o diabo em pessoa, mas seu assessor direto, o produtor Eduardo Sidney, amigo de Leila das noites do Rio e sabedor da penúria empregatícia por que ela passava. Falara com o homem. Estava telefonando como portador de um convite para que Leila começasse imediatamente a participar do júri do programa de Flávio.

O Boca Junior era fogo, um monumento ao contraditório. Ele discursava contra os homossexuais, bradava-se defensor da família e da moralidade, quebrava todos os discos que Caetano lançava e, rezava a lenda do meio artístico, era capaz de leiloar a mãe, ao vivo, em busca de uns pontos no Ibope. No entanto, um ano antes ele havia recolhido para o mesmo júri a cantora Maysa, deprimida, em guerra com o Brasil, por quem ela julgava ter sido abandonada. Agora era a vez de Leila Diniz, a mulher livre, outro terror das famílias, ser abrigada no colo estapafúrdio de Flávio.

Vai entender!

Leila, aquela mesma da frase "Cafuné eu quero até de macaco", não teve dúvidas sobre a oferta de emprego. Pegou. No dia 4 de outubro, ela se perfilava pela primeira vez na bancada de jurados do programa. Eternamente agradecida. Era um bichinho estranho no grupo, uma dezena de sujeitos que, ao lado do famigerado grupo do *Quem Tem Medo da Verdade*, consolidava uma das mais insistentes tradições da televisão brasileira — o júri que dava notas em calouros, comentava quadros e servia de contraponto ao apresentador para carregar, por quatro horas seguidas, uma atração ao vivo em rede nacional. No estúdio, sem ar-refrigerado, os jurados esperavam o intervalo para passarem água mineral no pescoço. Uma prova de resistência. Benditos os domingos em que Ronaldo Bôscoli, do júri, levava uma garrafa de uísque. No final do programa, todos riam muito, e o telespectador ficava impressionado com a disposição daqueles artistas.

Foi um marco na história da TV dos 60. Com a ditadura em cena, júris falastrões, emitindo valores sobre música, comportamento e a vida dos outros, serviam como desabafo possível — embora o de Flávio só quisesse ajudar o povo a passar o domingo.

Os novos colegas de Leila tinham tipos bem desenhados pela arguta mente televisiva de Flávio:

Márcia de Windsor, a loura madura mas ainda bonita que se condoía de tudo e, coração enorme, dava 10 para todos os calouros. Vestia-se para o programa popular como se estivesse indo a uma festa *black-tie*. As donas-de-casa babavam, sem saber que todas as roupas, de Hugo Rocha, eram emprestadas. Diante dos palavrões de Leila, mostrava-se maternal:

"Da boca de uma moça só devem sair rosas e jasmins."

Sérgio Bittencourt, filho do grande Jacob do Bandolim, também tido como de direita. Diante das câmeras, fingia flertar com Leila. Na verdade tinha um caso com outra companheira de júri, a compreensiva Márcia com sua boca de rosas e jasmins.

Ronaldo Bôscoli, o grande letrista da bossa nova, conquistador irresistível (Maysa, Elis, Nara). Às primeiras piscadelas aproximativas, foi acalmado pela sabedoria divertida do novo feminismo de Leila:

"Ronaldo, não precisa de pressa, você está na minha agenda."

Danuza Leão, ex-Samuel Wainer, ex-Antônio Maria. Elegantíssima, cosmopolita, ela se tornaria parceira nas viagens do programa pelo Brasil.

Humberto Reis, um radialista de voz muito empostada, grave, que marcava seu tipo dizendo palavras complicadas como *diuturnamente* para que Leila, percebendo a deixa, pegasse o microfone e, fingindo-se de tola, ecoasse a maioria silenciosa nacional e perguntasse:

"Quem?"

Walter Foster, autor do primeiro beijo na televisão.

José Messias, disc-jóquei de rádio, que lançara Roberto Carlos.

E Iris Lettieri, a voz que anuncia os vôos no aeroporto Antonio Carlos Jobim, no Rio.

Abre parênteses.

O jornalista Carlos Leonam diz que certa noite pegou Leila na saída do Cassino da Urca, onde ficava a Tupi, e comentou com ela:

"Leila, este esquema das juradas do Flávio é muito bemfeito: tem a Márcia de Windsor, que é uma dondoca; tem você, vendida como mulher liberada; tem a Danuza, que faz o papel de mulher-veada..."

Nesse momento, Leila cortou:

"Olha, eu também sou veada..."

Leonam:

"Você não entendeu, Danuza faz o papel de fresca..."

Leila:

"Quem não está entendendo é você. Em outra encarnação, se eu não fosse mulher seria bicha. Adoro homem."

Fecha parênteses.

Leila entrou no júri do Flávio Cavalcanti com a função de sempre. Ser a garota espevitada, às vezes se fazendo de bobinha, pronta para dizer, sem censura, o que lhe vinha à cabeça. Um perigo. Em sua coluna de domingo no *O Jornal*, também do grupo dos Diários Associados a que pertencia a TV Tupi, Flávio relatou a apreensão de abrir o microfone para a estréia da nova jurada:

Descontraída como ela só, gargalhando como ela só, foi tomando o seu lugar na banca. Estávamos novamente com dez personalidades compondo o júri. Mas para seu primeiro dia de trabalho era preciso que nos dissesse algo mais. Era preciso que fosse a responsável por um dos quadros apresentados.

"Vocês querem um número? Eu arranjo um da pesada."

"Mas vê lá, Leila. Hippies, cabeludos e sujos rolando no chão não vale."

"Deixem comigo, juro que não vou trazer ninguém pra fazer striptease ou contar anedota de papagaio."

Deixamos com ela. Na hora do programa, subiu Leila ao palco, tentou explicar o que tinha trazido. Eu estava meio cabreiro, interrompia, indagava mais e mais.

"Flávio, tá maluco? Me deixa falar, homem."

Apresentou sua atração: uma freira ventríloqua e seu boneco Chiquinho. Foi aí que começamos a conhecer a menina Leila, feliz da vida, rindo e batendo palma para a freirinha, sua amiga. Exuberante, pra-frente, descontraída, Leila Diniz, nossa menina. Boas-vindas!

Ao meio-dia de 22 de outubro, uma quinta-feira nublada, a nossa exuberante, pra-frente, descontraída, a nossa menina faria jus a todos os adjetivos de Flávio e atravessaria de biquíni a avenida Rio Branco, numa das fotos que ficariam como síntese de sua vida. Estava no bojo de um calhambeque, cercada de banda de música, fotógrafos por todos os lados. Desceu os dois quarteirões da avenida entre a Assembléia e a Almirante Barroso. Desceu na mão certa da Rio Branco, mas na contramão do momento político.

Fazia o escuro mais profundo na alma nacional — mas lá ia Leila Diniz de biquíni prateado, em pleno centro financeiro do Rio, desfilando sua beleza e descontração para ganhar uma aposta de 3 mil cruzeiros que havia feito no ar com seu companheiro de júri José Messias. Ele apostava que Leila, por mais desinibida, não teria coragem. Ela perguntou quanto valeria o show. As vacas, que no capítulo anterior andavam magérrimas na casa da Niemeyer, agora já nem andavam. Leila topou. O chefe do Departamento de Trânsito do Rio, Celso Franco, era amigo de Flávio, viria a participar do seu júri anos depois, e fechou a avenida por dez minutos para o desfile. O resto, a produção do programa fez, na certeza de que 3 mil pessoas veriam a cena na rua e os jornais e televisões ampliariam a promoção.

O biquíni prateado de Leila era bordado com material típico dos desfiles de escola de samba. Para aplacar um pouco a nudez, ela trazia sobre os ombros uma estola de plumas. Desfilou o tempo todo sobre o calhambeque, braços abertos, sorriso escancarado, sendo pajeada por homens de pernas de pau, batedores da Polícia Militar e bandinha tocando "Eu quero mocotó", de Jorge Ben, sendo que "mocotó" na época servia de gíria para identificar as coxas femininas.

Era quase um esquete de revista musical na sisuda avenida Rio Branco dos escritórios: guardando o ritual dos grandes dias de festa, o povo jogava papel picado como se estivesse gritando o "oba" de consagração das vedetes.

No dia seguinte, Leila estava na primeira página dos jornais. Contrastava seu mocotó desnudo com o sorriso eufórico, a pele morena do sol de Ipanema com a aridez dos edifícios. Num canto da foto, a multidão interrompida de seus afazeres aplaudia a cena.

A aguerrida reportagem d'*O Jornal* esteve no lugar e retratou tudo com um texto carregado do politicamente incorreto da época. Dizia:

> Atirando beijos para o povo, a artista, sorridente e vitoriosa, ia recebendo os aplausos até das velhinhas pra-frente que amam a vida nas suas expressões mais quentes de beleza. Um crioulo, sorriso aberto e muito branco, não se conteve:
> "Bendito seja Deus! Ah, se todos os dias antes do almoço a gente pudesse ver belezas como essa!"

O ministro da Justiça, Alfredo Buzaid, tinha um escritório na rua México, duas quadras para a esquerda do local, a esquina de Almirante Barroso, em que Leila desceu do calhambeque, meteu-se numa capa oferecida pela produção do programa, entrou numa Kombi e deixou o centro rumo à TV Tupi, na Urca.

Ele estava em Brasília, e só soube da cena pelos jornais. Três meses depois, aquele desfile seria um dos argumentos que usaria para pedir a prisão da vedete.

Em meados de 1970, na entrevista à psicóloga Carmen da Silva, na *Realidade*, Leila seria sincera sobre sua temporada no show de auditório, uma atração que sofria a concorrência na Globo da *Discoteca do Chacrinha* e, para se manter na liderança do Ibope, disputava quem apelava mais:

"Aquele programa me fundia a cuca, era na base de ganhar o prêmio quem tivesse o câncer maior. Eu via coisas de arrepiar e me descontrolava, acho que ria era de nervos."

De qualquer maneira, ela foi fiel e agradecida a Flávio. Graças ao programa viajou pelo país, quase sempre acompanhada de Danuza, animando festas de debutantes, aberturas de lojas, feiras e outros eventos. Um dos carinhos que Flávio fez para com sua jurada sorridente foi lhe oferecer um pedaço da página aos domingos n'*O Jornal*. Ela poderia fazer uma coluna, com notas, observações, contando o que lhe desse na telha. Chamou-se "Como diz Leila Diniz" e foi publicada entre 11 de outubro e 20 de dezembro. Leila, que continuava escrevendo obsessivamente seus diários íntimos, contou do próprio punho, sem recorrer a *ghost-writer*, o que lhe ia naqueles dias. Alguns trechos:

> Esta semana fomos para Vitória apresentar "A grande chance" [quadro de calouros] e quem ficou toda feliz foi a Danuza Leão. Ela é capixaba, mas eu também amei. Já sei. Vocês vão dizer que eu amo tudo e é verdade. Quase tudo. É ótimo estar assim, ligada com essas coisas, tirando o melhor proveito de tudo.

> Cheguei na agência do Flávio na hora da turma fazer suas apostas na loteria esportiva. Fiquei de fora. Não jogo. Jamais ganhei dinheiro sem trabalhar. Não entro nessa. Cada um escolhe o sonho que quer. Eu tenho outros.

> Fui ver Dalva de Oliveira no Senac. Amei. Gritei. Aplaudi pacas. Todo mundo já teve a sua dor-de-cotovelo. Quando a Dalva se atirou no "Errei sim, manchei o teu nome", foi um deus-nos-acuda. Tinha gente pra burro chorando na platéia.
> [Leila não publicou na coluna, mas foi ver o show de Dalva com sua colega de júri Danuza. Num certo momento, Danuza comentou: "Engraçado, lá na frente só tem veado".

No que Leila respondeu no ato: "Engraçado é aqui atrás, que só tem puta".]

Eta vida boa. Além das minhas gloriosas quatro horas no ar com o programa, vou participar de um filme feito no lugar mais lindo do mundo, que é Paraty. Já filmei lá. Todo mundo me conhece, conhece o Arduíno, o Bigode. O filme é baseado num livro do Lúcio Cardoso. Tudo sem muita complicação, na base da amizade, que é assim que eu gosto de trabalhar. Todo mundo se ama. Todo mundo colabora, não dá galho, e quando dá a gente quebra sem maiores dificuldades. Tenho horror a criar caso e gente complicada. Também, o que tenho a dizer, digo logo, na bucha.

Peguei uma cor pra ir pra Bahia com a Danuza e a Márcia de Windsor. Tem gente que não acredita, mas sou muito saudável. Vou à praia lá na Montenegro, no horário infantil, bem cedinho. Ando pra burro e, sabe como é, é bom, mantém a plástica.

Fossa. Fossa. Não é que conseguiram me colocar na fossa. Quem conseguiu foi uma peste de uma mononucleose. [Pegou de Bruno Wainer, filho de Danuza.] Os amigos mandaram filmes do Gordo e o Magro, e eu descobri que as mulheres dos filmes deles têm o cabelo igual ao que estou usando agora. Vi também muito filme do Pica-Pau. Mas não gostei não. Ele é muito ruim. Vocês já repararam como em todo desenho animado os bichos ficam brigando por comida. Que droga! Essa luta está em tudo que é canto.

Solange, minha amiga, chegou de Paris e foi logo perguntando como estava a minha vida. Eu nem pensei duas vezes. Está maravilhosa. Ela então saiu com esta: "Você é a única dos meus amigos que eu tenho coragem de perguntar porque a resposta é sempre positiva". Poxa, gente. Vamos levantar a moral. A vida é superboa. Veja se eu não tenho razão. Fui a Brasília e achei tudo divino. Até meu filme, *Azyllo muito louco*, ganhou um prêmio de produção. Como eu só trabalho em porcentagem quando filmo, ganhei também um dinheirinho. Tenho feito anúncios e também vou filmar *Tem banana na banda*. Vou faturar paca. Vocês estão notando como eu estou cheia de propostas de trabalho. É por estas e outras que tenho que achar a vida maravilhosa.

Logo na virada para 1971, Leila ia perceber que a última frase era no mínimo polêmica.

14.

Alfred Hitchcock, o mestre do suspense, assinaria a cena com orgulho. O programa de TV está sendo transmitido ao vivo, e no auditório dois policiais preparam-se para o momento de subir ao palco, entregar uma intimação à estrela do show e, em rede nacional, dizer o clássico "Dona Leila Diniz, a senhora queira nos acompanhar".

De repente, de um jeito inesperado, o apresentador interrompe o fluxo de atrações.

"Nossos comerciais, por favor", diz o dono do programa da Tupi, Flávio Cavalcanti, enquanto a câmera que o registrava em plano médio se desloca em zoom. Passa por seu rosto mais sisudo do que nunca, fecha sobre sua mão direita espalmada, os dedos estalando naquele sinal característico de quem, num restaurante, estaria chamando o garçom. No caso de Flávio, numa das suas imagens mais típicas, ele se encontra no estúdio do antigo Cassino da Urca sinalizando para o diretor de TV que o programa deve ser interrompido rumo ao intervalo.

Era a hora de faturar — e, naquele hitchcockiano momento, salvar a pele da estrela.

Flávio Cavalcanti já fora advertido por militares, devia dispensar Leila Diniz do júri. Recusara-se. Ele tinha a informação de que, em reprimenda, a qualquer noite os policiais do Departamento de Ordem Política e Social invadiriam o palco, em meio ao programa, para que a atriz cumprisse o pedido, feito desde março de 1970, e comparecesse à delegacia. Naquela primeira intimação não se explicitava o motivo da ordem, embora fosse fácil supor. Desde a entrevista ao *Pasquim*, em novembro de 1969, e principalmente depois de dar o nome a uma nova lei de censura, em janeiro de 70, Leila estava na mira. Chegara a hora de ela explicar o que se suspeitava: por que queria levar a família brasileira à dissolução radical de seus costumes, subverter o padrão sexual das mulheres e com isso abrir caminho para a chegada dos guerrilheiros comunistas? O AI-5 já havia prendido, exilado, torturado. Agora tinha urgência do escalpo de Leila Diniz, mas eis que Flávio Cavalcanti, com Alfred Hitchcock acompanhando tudo de alguma nuvem sobre a Urca, chamou os comerciais para salvar a pele de sua jurada.

Flávio percebeu os policiais assim que eles entraram no auditório da TV Tupi numa noite de janeiro de 1971, e, como tinha o aviso de que isso poderia ocorrer, já arquitetara o plano. Antes que os policiais conseguissem se organizar para a ação, chamou os comerciais. Foi até a banca dos jurados, falou com Leila sobre os homens no fundo do auditório e deu as ordens. Que ela ficasse calma, acreditasse nele — e fosse rápida.

Dois minutos depois de o programa ter voltado ao ar, Leila com jeito ainda mais sapeca pediu autorização a Flávio para ir ao toalete. Era mais uma parte do plano, que nos bastidores, avisado pela produção, já contava com o advogado-cunhado Marcelo Cerqueira pronto para os lances seguintes. O auditório, como num daqueles Hitchcocks que misturam humor e suspense, caiu na gargalhada com Leila atravessando o palco para ir ao banheiro.

Flávio sabia que os policiais não teriam peito de prender a atriz ao vivo, diante das câmeras, e que o bote só poderia ser dado no intervalo. Por um lado, esticou ao máximo o chamamento para novos comerciais. Por outro, quando isso aconteceu, e os policiais subiram pelo palco rumo aos bastidores, muita coisa já tinha rolado lá atrás.

Primeiro, Leila passou o vestido que estava usando, ao estilo cigano, para o corpo de sua secretária, a Nenê, que tinha mais ou menos a mesma altura que ela. Depois, Nenê e Marcelo Cerqueira pegaram o fusca da atriz e seguiram em disparada para o apartamento de Leila, na Epitácio Pessoa, Ipanema. Evidentemente, foram perseguidos pelo carro dos outros dois policiais que, em frente à TV Tupi, esperavam o desenrolar dos acontecimentos. Marcelo só parou na porta do edifício na Epitácio — e foi somente aí, quando os policiais se aproximaram para o bote prisional, que eles perceberam. Haviam sido iludidos. Não era Leila no banco do carona. Era Nenê.

"O inspetor Senna, de revólver na mão, tremia furioso, dizendo que como advogado eu não podia fazer aquilo", lembra Marcelo. "Eu disse que não estava ali como advogado. Estava como cunhado."

Naquele momento, Leila Diniz já pegava a estrada, em continuidade ao plano de Flávio. Conduzida num carro da produção, saíra do prédio da Tupi com uma roupa do figurino da emissora, e seguia para o "exílio" na casa de Petrópolis, onde o artífice de sua fuga morava com os filhos e Belinha, a amorosa esposa de toda uma vida e que ele, emocionado, sempre citava nos programas. Leila viveria ali por um mês, como se fosse a residência de mais uma daquelas famílias que ela visitou em temporadas depois de sair adolescente da casa dos pais. A vida ia adiante, mas a confusão continuava. Seus novos pais, caretésimos, eram uns heróis.

Na casa da serra, ela viveria como sempre, em clima de grande camaradagem com todos. Principalmente jogaria muita biriba, um de seus trunfos na arte de confraternizar com o próximo.

Uma noite, escreveu no diário:

"Sou uma pessoa livre e em paz com o mundo. Conquistei a minha liberdade a duras penas, rompendo com as convenções que tolhiam os meus passos. Por isso, fui muitas vezes censurada, mas nunca vacilei, sempre fui em frente. Tudo que fiz me garantiu a paz e a tranqüilidade que tenho hoje. Sou Leila Diniz."

A casa de Flávio ficava numa rua que já levava o seu nome, no alto de uma ladeira do então afastado bairro de Caxambu. Leila, de início, pega de surpresa pela fuga, usava as roupas das filhas dele, Marzinha e Fernanda. Nenhuma explicação foi dada ao público. A jurada simplesmente sumiu. Uma das maiores estrelas da TV pede para ir ao banheiro fazer pipi e nunca mais reaparece. Os tempos eram estranhíssimos, e não só porque as mulheres estavam usando o volumoso penteado Pigmalião e nas escolas crianças e adolescentes começavam a ter no currículo o ensino obrigatório de Educação Moral e Cívica.

Na porta do edifício da Epitácio Pessoa, uma radiopatrulha manteve-se diariamente à sua espera.

Leila passava os dias sem ter muito que fazer. Escrevia o diário, brincava com os passarinhos do imenso viveiro de Flávio, nadava na piscina e jogava biriba. Ganhava todas as partidas, mas mesmo assim deixava escapar muitos palavrões na tensão das jogadas. Depois de um "merda" aqui, de um "porra" acolá, Leila sempre pedia "desculpa, Belinha".

Um dia, Belinha, que era considerada uma expert em biriba até o aparecimento de Leila em Petrópolis e fingia se torturar com as derrotas seguidas, não agüentou. Talvez em busca de concentração para as jogadas, talvez para que aquilo mudasse os fluidos da mesa e lhe trouxesse a sorte de volta, Belinha desabafou com a adversária em tom de bom humor:

"Faz uma coisa, Leila. Pára de se desculpar pelos seus palavrões, eles são muito mais divertidos do que este teu chatíssimo 'Desculpa, Belinha'."

O tempo escorria lento, num grande intervalo, mas Leila não se inquietou. Sabia o que era ficar escondido — embora sempre estivesse na condição de quem abria a casa para perseguidos pelo regime dos militares. Teve um pai perseguido pela polícia de Dutra e protegido por simpatizantes do PC nos anos 40. Pelo menos duas vezes ela retribuiu a generosidade com fugitivos de Medici.

Leila nunca teve atuação político-partidária. Se os estudantes de maio de 1968 pediam nos muros "a imaginação no poder", ela pedia, sem pichar, "a felicidade no poder". Para não dizer que não protestou nos termos convencionais, marchou em fevereiro de 1968 em frente ao Teatro Municipal do Rio em meio à greve da "Cultura contra a censura". Foi fotografada na impressionante fila de mulheres artistas que puxava a passeata: Norma Bengell, Eva Todor, Tônia Carrero, Dulcina de Morais, Glauce Rocha e Cacilda Becker. Leila está de vestido branco, bronzeada pelo verão carioca, de mãos dadas com Odete Lara e Eva Wilma. Ao repórter d'*O Cruzeiro* que a entrevistou, foi veemente:

Como já disse alguém: "Os governos passam e a cultura fica". A maior parte das pessoas não sabe qual era o governo da Inglaterra e seu critério no tempo de Shakespeare, mas conhece *Romeu e Julieta*. A arte é incensurável, na minha opinião. No Brasil, proíbe-se um filme porque, nele, um deputado levou uma surra. Eu acho que quem defende esse tipo de censura merece realmente uma surra.

Na foto, atrás de Leila alguém levanta um cartaz com a silhueta de um homem pondo o dedo na boca e a frase, com a tipologia típica que consagrou a arte de Ziraldo:

"Vai tapar a boca da mmm..."

O empresário César Thedim, namorado de Leila, era um homem ciumento. Assim que pôs os pés no apartamento da Ataulfo de Paiva, para onde ela se mudou em 1969, começou a desconfiar:

"Sinto cheiro de homem aqui dentro! Sinto cheiro de homem!"

César estava certíssimo em sua suspeita, mas Leila não ficou nem um pouco temerosa da repercussão que a descoberta poderia ter na vida amorosa dos dois. Seu nervosismo imediato foi de outra monta:

"Por favor, César, não grita! Estou com um guerrilheiro aqui, perseguido pela polícia!"

Era o jornalista Chico Nelson, envolvido no seqüestro do embaixador americano Charles Elbrick. Sem que Chico soubesse, os guerrilheiros usaram uma Kombi verde que ele havia alugado, pegaram o embaixador na Glória e o levaram para um esconderijo em Santa Teresa. Chico Nelson passou primeiro pela casa do escritor Carlinhos Oliveira. Por questão de segurança, agora se escondia uns dias no quarto da empregada de Leila, a quem só então viera a conhecer. Era por um cuidado mínimo com a sua proteção que Leila não contara a história ao namorado.

César acalmou a fúria — no dia seguinte chegou a levar escargot para o jornalista —, mas não colocou peneira alguma sobre a sombra do ciúme. Ele se conhecia e julgava a todos por si. Desconfiava de qualquer fidelidade, por mais que Leila jurasse, e era de fato o que a movia, estar simplesmente ajudando uma pessoa perseguida por um regime que também não a via com bons olhos.

A solução, para evitar problemas amorosos e proteger Chico, pois a casa de Leila era um entra-e-sai de artistas, foi transferi-lo para a casa dos pais de Thedim.

Foi em sua casa também que a turma do *Pasquim* passou a se reunir no final de 1970 para discutir o que fazer com o aperto da repressão. Sete deles já estavam presos. Alguns, como Sérgio Cabral, se esconderam durante uns dias lá no mesmo quarto da empregada em que ficara Chico Nelson. Uma noite, cai no meio de uma das reuniões um telefonema de Paulo Francis diretamente do quartel dos pára-quedistas, onde já estava preso. Informava que toda a equipe ainda em liberdade devia se apresentar. Os militares queriam apenas fazer um interrogatório e em seguida todos seriam liberados. Leila opinou contra. Sérgio Cabral, Jaguar e Flávio Rangel não concordaram com ela. Os jornalistas pegaram um táxi e foram para a Vila Militar — onde, claro, acabaram trancafiados.

"Bem feito por não termos ouvido a Leila", diz Cabral.

E lembra que foram dois meses de cana ao estilo brasileiro — um pouco de horror e muito humor, ou vice-versa.

Um dos nossos carcereiros, um coronel de bons modos, o

militar perfeito, tinha medo que fôssemos seqüestrados lá dentro por algum grupo de direita inimigo deles. Ele dizia: "Se de noite aparecer alguém, berrem". Era um cara boa-praça e um dia eu disse que, quando saíssemos dali, íamos jantar todos juntos e levaríamos a Leila Diniz, sobre quem o coronel tinha muita curiosidade. De início, ele ficou empolgado com a possibilidade. Dois dias depois, um major veio na nossa cela. Falou que o coronel agradecia muito, mas, sabe como é, estava em vias de virar general e aquele negócio de ser visto jantando com a Leila poderia pegar mal, ser desmoralizante para ele.

O que, pensando bem, era mais um dado positivo para o expressivo currículo da atriz.

A temporada de Leila em Petrópolis durou duas semanas. Toda a cidade sabia que ela estava ali. A imprensa também. Sob censura, porém, nada noticiava.

Um dia um militar ligou para o animador e propôs o início de um acordo. Ordenou que a mulher de Flávio e suas filhas passeassem com Leila no centro de Petrópolis. Que tal um chá na confeitaria D'Angelo, a mais tradicional da cidade? Uma ida até a feirinha de artesanato? Tentava-se mais um teatrinho daqueles tempos — outro, mais cruel, era o dos guerrilheiros que iam à TV declarar arrependimento. A autoridade achava que a presença de Leila num parque de diversões, por exemplo, demoliria os boatos sobre a fuga e o "exílio". Dava-se um ar de normalidade ao fato de a atriz ter desaparecido da televisão sem explicação alguma. Acabrunhava-se o ridículo. A atriz que pedira para ir ao banheiro e nunca mais retornou à TV não estava fugitiva coisa nenhuma. Ela estava com a família do chefe em gozo de férias na serra.

A cena foi feita, num passeio pela avenida central da cidade, com os efeitos óbvios. Nenhum.

No Rio, encharcado de vida real, Marcelo Cerqueira, o mais requisitado advogado de presos políticos, movimentava-se para acabar com aquela novela grotesca em que tinham envolvido a cunhada. O inspetor Senna lhe entregara mais uma intimação, agora uma ordem de prisão chancelada e agravada pela assinatura do ministro Alfredo Buzaid.

Marcelo consegue, então, marcar uma entrevista com Buzaid no escritório da rua México, onde por muito tempo funcionaria, no térreo, um posto do INPS. Conhecera o ministro, professor de direito extremamente conservador, num seminário de Porto Alegre sobre processo civil. Buzaid presidia a mesa, Marcelo representava a faculdade Candido Mendes, do Rio, onde era professor.

No dia da entrevista, Buzaid estava possesso. O ministro tinha os dentes usualmente desalinhados, uma expressão de rosto bastante rude — e esse quadro, quando potencializado pela raiva, ficava assustador. Era assim que ele se apresentava naquela tarde de fevereiro de 1971 com Marcelo diante de si.

"Sua cunhada é uma imoral, uma subversiva depravada", sintetizou Buzaid, "ela entra nos lares de família e não pode ficar falando esses palavrões por aí."

Marcelo fez a defesa de Leila, de sua correção familiar, de sua dedicação profissional, da sua falta de engajamento político e, para sensibilizar em definitivo Buzaid, contou o drama pessoal que ele vivia. Sua mulher, Baby, Eli Diniz, irmã de Leila, estava grávida. Era tal a ligação entre as duas, dizia Marcelo, que ele temia complicações na saúde do bebê.

Depois de muita conversa, depois de colar mais meia dúzia de "imoral" sobre o perfil de Leila, Buzaid concordou em suspender a ordem de prisão. Em troca, Marcelo deveria levar a atriz ao DOPS, onde ela assinaria o compromisso de não falar mais os seus subversivos palavrões!

A família brasileira estava salva — o crescimento de 11% do Produto Interno Bruto, consagrando 1971 como o ano-síntese do Milagre, faria o resto.

Leila mal teve tempo de passar pelo comércio de Petrópolis e comprar num antiquário uma caixinha de prata. Junto colocou um cartão: "Belinha, isto foi o que eu encontrei mais parecido com você. Com amor, Leila" — e desceu a serra com o cunhado, rumo ao prédio que a Polícia Federal tinha na praça 15 e, ironia das ironias, tempos depois se transformaria no Museu da Imagem e do Som.

Lá estava novamente o inspetor Senna, agora atrás de sua mesa de autoridade e dessa vez mais aliviado porque iria encerrar o caso. Ela chegou dando autógrafos para as faxineiras, gargalhando. Totalmente Leila Diniz.

"Que bela vista vocês têm aqui", disse logo que entrou na sala de Scnna, pondo o rosto para fora da janela e apreciando o mar da baía logo em frente, as lanchas na rotina de fazer a ligação Rio—Niterói. "Bela vista, inspetor, mas pena que não ajude."

Silêncio sepulcral. A bola estava rolando havia apenas um segundo do primeiro tempo, e Leila já entrava de carrinho na canela do adversário que tinha o mando de campo.

"Não ajude o quê?!", espantou-se Senna, começando a achar que o serviço não seria tão fácil.

Parecia uma cena de comédia maluca.

"Não tem nada disso, não tem nada de vista, coisa nenhuma", entrou Marcelo na conversa. "Vamos ao depoimento, que é o que interessa e nos trouxe aqui."

Marcelo lembra que Senna e o escrivão procuraram dar

um ar de solenidade e vitória da Ordem ao depoimento, embora a movimentação da irrequieta Leila na sala atrapalhasse um pouco. Agora era a senhora do café que chegava para pegar autógrafos.

Carrancudo, Senna advertiu:

"Dr. Marcelo, dona Leila sabe do compromisso que o senhor assumiu com o ministro sobre os palavrões?"

Leila ia falar alguma coisa, mas já sabia de todo o tratado. Seu advogado achou desnecessário e partiu para a objetividade forense:

"Ela sabe tudo, inspetor. O senhor não acha melhor eu mesmo e o escrivão nos desincumbirmos da tarefa de redigir o depoimento, enquanto Leila aprecia a paisagem?"

E assim foi feito no último capítulo de uma novela que começou ao estilo de Hitchcock e depois descambou para o festival de besteiras que assolava o país na vigência Medici — mas sem esquecer que muitos estavam morrendo nas prisões por motivos bem menores.

O documento, de uma página, dizia basicamente que Leila Diniz deixaria de falar palavrões em público.

Leila pediu para dar uma lida no texto.

Com seu *feeling* para as súbitas mudanças de humor do regime, Marcelo achou que o resultado já estava bom demais para correr algum risco.

"Nada disso, meu amor", disse para Leila, "assina aqui e vamos embora."

15.

Nos anos 1990, perguntaram à filósofa Marilena Chaui quais eram suas preocupações diárias.

"Ora", respondeu a professora, "eu vou do bife ao infinito."

Essa deveria ser a pauta também de uma boa revista feminina — mas não para o início dos anos 1970.

Em outubro de 1971, a revista *Claudia*, da Abril, acompanhava sem empolgação a chegada da nova década. As chamadas de capa daquela edição deixavam claro que as mulheres podiam ter queimado todos os sutiãs em Londres, transado ao ar livre em Woodstock e enfrentado os policiais no Maio francês — e daí? Na revista o clima continuava de *Alô, Doçura*, o sucesso da TV no começo dos anos 60, e isso era notório naquela capa em que a modelo sorridente, lenço no cabelo, ilustrava as chamadas das principais atrações:

"Viaje com *Claudia* a Portugal. Visite os lugares mais

bonitos; faça as receitas mais gostosas; borde um tapete de Ar-raiolos." Mais: "Dieta, moda 30 anos, beleza e decoração". E ainda: "Um presente! A girafa que acompanha o crescimento de seu filho".

Essa era a mulher que pontuava aquele número da revista, cerca de 400 mil exemplares por edição, a mais importante publi-cação feminina no país. Nenhuma matéria falava sobre a mulher no mercado de trabalho. Nenhuma insinuava novas posições na cama. Apenas a psicóloga gaúcha Carmen da Silva, a mais salien-te das colaboradoras, parecia entender que alguma coisa aconte-cia do lado de fora da cozinha e do quarto das crianças.

"Vamos quebrar uma velha imagem", dizia o título de seu artigo, em quatro páginas. Carmen resmungava contra o clichê de que "a sexualidade feminina permitida consiste em casar e ter filhos, o que depende da colaboração e sobretudo da deci-são do homem". Traçava um quadro triste:

"A verdade é que em teoria a mulher foi feita para o sexo; na prática, ela foi feita para o casamento. Resta o fato de que, condicionada a viver por e para o homem, até o momento de assinar a seu lado no registro civil ela deve mais é manter-se a uma prudente distância dele."

Acusava-se o problema, mas a conclusão era constran-gedora:

"O caminho parece sem saída. E realmente o é, enquanto a mulher persistir em ser apenas objeto sexual. Mas há outros caminhos: chegaremos lá."

Feito os pães que levam duas horas no forno, a leitora de-via esperar mais dois séculos para deixar de ter uma prudente distância do sexo. *Claudia*, tricotando meias de lã, esperaria, mas quem mais? A revista surgira havia dois anos com a bossa de publicar apenas receitas testadas na "Cozinha Claudia". A "Cama Claudia", para acelerar a combustão das carnes, estava fora dos planos editoriais.

Por isso, não adiantava a repórter Maria Helena Malta, da sucursal do Rio, sugerir pautas e mais pautas com Leila Diniz. "Ela não tem nada a ver com o nosso público", desestimulavam os editores. A revista preferia apostar, como naquele número de outubro de 1971, numa seção de dicas para a vida prática e ensinar a tirar manchas com o vapor da chaleira.

Baby Consuelo estava morando na comunidade dos Novos Baianos.

Janis Joplin morria de drogas.

Betty Friedan chegava em maio ao Rio para explicar a revolução feminista.

Claudia ensinava a colocar um mural de cortiça no quarto das crianças.

Em agosto de 1971, permitiu-se finalmente que Maria Helena Malta fizesse a matéria. Além de Leila estar grávida, o que já a aproximava do perfil da revista, ela dava um tempo no trabalho artístico para curtir a gestação do futuro bebê. Parecia que a rebelde entrara no esquema clássico e assim se tornava mais palatável a um espaço entre as sobrancelhas depiladas que a revista propagava como caminho mais reto para a felicidade.

Em outubro, a pauta de Maria Helena chegava às bancas no número 121 de *Claudia*. Publicava-se pela primeira vez no Brasil a foto de uma mulher grávida, Leila Diniz, é claro, de biquíni, na praia. Até aquele momento, uma mulher decente só podia expor-se ao sol com uma bata que descia da parte de cima do biquíni e ocultava a barriga. Não era um cuidado médico, mas pudicícia e preconceito. Barriga de grávida só em livro de medicina. As mulheres não deviam exibir algo tão ostensivo da sexualidade — e lá iam elas com aquele estorvo sobre o barrigão estufado, suado, escondendo o óbvio. Mais uma vez Leila, sem levantar bandeira, sem discursar, sem que o Women's Liberation Front organizasse nada, fez o que deu na telha. Deixou que as mulheres andassem mais uma dezena de passos rumo à casa da felicidade de serem donas de seus corpos.

Ela apareceu naquela edição em três fotos, pequenas, dentro da seção "O assunto é", junto com notas sobre outras artistas, como Nara Leão e Dina Sfat, que estavam às voltas com a maternidade recente. O editor juntou tudo em meio a declarações pinçadas ("É para a barriga ficar moreninha") e encheu a página. A seção vinha no início, mas sem destaque. Era como se o editor confirmasse que Leila e o público da revista, por mais que se aproximassem agora com os cuidados maternais ("Faço questão de dar banho, trocar fraldas e brincar com o bebê"), ainda não tinham muito a ver.

Debaixo das fotos, vinha a legenda com o traço comum do preconceito do período:

"Sem se envergonhar, Leila exibe sua gravidez, usando biquíni."

Era uma legenda, mas vale como um livro, um documento-síntese do moralismo de uma época. Uma mulher, para ser aceita pelos padrões de comportamento, devia se envergonhar de exibir a gravidez.

"A alegria de Leila deveria ser punida", escreveu o psicanalista Eduardo Mascarenhas.

Maria Helena Malta havia sido amiga de infância de sua entrevistada, no número 80 da Anita Garibaldi, no Bairro Peixoto. Moravam em blocos separados, mas as janelas davam de frente. Três anos separavam as duas, nada que as impedisse de aprontar brincadeiras pela praia, meia dúzia de quarteirões abaixo.

"A Leila vivia no mar e foi ela quem me ensinou a ir depois da rebentação, mergulhar bem fundo, para atravessar a última onda e ficar de lá olhando o Cristo Redentor por sobre os edifícios da avenida Atlântica", diz Maria Helena.

As meninas encontravam em alto-mar o salva-vidas Juarez, num tempo em que o serviço era feito pelos guardas não só na areia como num pequeno barco fora da barra da praia. Juarez jogava uma corda e rebocava as duas devagarzinho em alto-mar. Elas adoravam. Chamavam a brincadeira de "andar de corda".

Maria Helena, traçando um perfil das adolescentes da Zona Sul do Rio por volta de 1957, relata:

> Nós éramos brincantes, molecas mesmo. Líamos mais que as meninas de hoje, tínhamos uma curiosidade sobre os filósofos gregos, os poetas franceses, e me lembro do diário da Leila cheio de frases do Rimbaud e Baudelaire. Gostávamos de brincar com os garotos e não nos incomodávamos de ficar sujas, de rastejar ou subir em árvores. Ao mesmo tempo íamos juntando os sonhos de crescer, pilotar um avião, escrever um livro, fazer teatro. Falávamos em ir à guerra de verdade, mas jamais como enfermeiras. Queríamos aventura e não feminismo. O sonho de uma adolescente era romper as amarras, trabalhar e, se desse, mudar o mundo. Principalmente ser diferentes de nossas mães.

Maria Helena lembra da tarde em que procuravam manter a validade do laquê usado para ir a um baile na véspera e que ainda conservava — a revista *Claudia* deve ter dado a marca — o volume do penteado. De repente, saindo da galeria Menescal em direção ao Bairro Peixoto, viram-se confrontadas com um temporal. Não tinham guarda-chuva. Uma das duas perderia o penteado, pois havia apenas um casaco para pôr sobre a cabeça.

"A generosidade sempre foi uma qualidade dela", diz

Maria Helena. "A Leila fez questão que eu usasse o casaco na cabeça e protegesse o penteado com laquê."

Amigas para sempre.

As famílias Malta e Diniz eram também politicamente unidas. O pai de Maria Helena, militar ligado ao Partido Comunista Brasileiro, desapareceu em 1964 após o anúncio de sua cassação. Quando reapareceu, antes de se apresentar aos militares e ser preso, brincou. Passara todos aqueles dias nas barbas de todo mundo, escondido no apartamento logo em frente, que pertencia ao velho Diniz, ex-membro do partido.

A amizade das duas meninas só apresentou um desgaste, na idade adulta.

Maria Helena foi a autora daquela matéria na revista *Intervalo*, em março de 1970, com o título "Não roubei o marido de ninguém". As aspas eram de Leila Diniz. O texto contava que ela andava irritada com a acusação de estar dando em cima de César Thedim, marido de Tônia Carrero. Uma legenda sob a foto de Leila dizia:

"Garota prafrentex nega o propalado romance com o marido de Tonia."

Tudo verdade, como já se sabe, mas Leila não confessou e nem vinha ao caso. Ficou triste com a amiga, de resto inocente no tom sensacionalista da edição. Conversaram. Maria Helena pediu desculpas, mas o mal-estar permaneceu. Por isso, quando *Claudia* aprovou a matéria com Leila, a súbita mãezona em férias da vanguarda para organizar o ninho de um filho, Maria Helena vibrou. Era a oportunidade de se reaproximar.

Leila Diniz passou boa parte de junho, julho e agosto de 1971 na ilha de Paquetá, dentro do litoral do Rio de Janeiro. Estava grávida desde março do cineasta moçambicano, havia muito radicado no Brasil, Ruy Guerra, autor entre outros d'*Os cafajestes*. Ele era o oposto de Leila, mais velho catorze anos, e os amigos dela de início estranharam. O amor, no entanto, não estava nem aí para essas idiossincrasias.

"Ela logo me falou que queria ter um filho com ele", lembra Bigode.

Tratava-se de um homem politizado em extremo, dentro da mais rigorosa esquerda, e pessoalmente muito fechado. O ensimesmado Ruy começou o romance com Leila, a anárquica extrovertida, em novembro de 1970, quando se encontraram no Festival de Cinema de Brasília. Ela com *Azyllo muito louco*. Ele com *Os deuses e os mortos*, premiado com sete troféus. Othon Bastos, o melhor ator, lembra que dividia um quarto com Ruy, seu diretor, mas imediatamente concordou em passar as noites em outro e facilitar a vida do novo casal.

Ruy Guerra jamais falou a jornalistas sobre sua relação com Leila, nem para este livro. Trinta anos depois, Danuza Leão, confidente da atriz nos tempos em que participaram do júri de Flávio Cavalcanti, fez uma crônica no jornal *Folha de S.Paulo* em que narra o encontro do casal. É um texto delicado sob o título "O homem certo". Não cita nomes. Traça o perfil de uma mulher, Leila, "a mais liberada de todas", que "sentava no bar com um bando de homens e falava com eles como uma igual. Igual, no caso, significa: como se fosse um homem".

Ela contava, cheia de gracinhas, suas aventuras na noite anterior. Todos riam, menos ele, o homem do outro lado da mesa, Ruy.

"Não que tivesse se colocado na posição de repressor; simplesmente ouvia sem achar muita graça nem dar corda para que ela fosse mais e mais em frente. Às vezes baixava a cabeça, levantava os olhos e olhava para ela, mas não com desejo; era um olhar perturbador, e ela ficou perturbada."

A crônica avança, mostra o casal se encontrando com a mesma perturbação em outras noites, e a mulher, pelo menos quando ele, sempre sério, estava por perto, nunca mais arrastou um homem para casa na madrugada.

Até que uma noite as pessoas foram indo embora, e quando ela percebeu estavam só os dois na mesa. Foi-se a desenvoltura, foram-se as barbaridades, foi-se a mulher livre. Ele contou um pouco de sua vida e perguntou da dela, interessado em descobrir a mulher que estava por trás do personagem — coisa que não acontecia há muito tempo; e ela se sentiu como há muito tempo não se sentia. Uma pessoa por quem alguém se interessava, não apenas a que chegava nos lugares para alegrar a noite dos outros. Foi tudo tão forte que ele não fez nenhum esforço para ficar com ela essa noite, e ela deu graças a Deus.

Danuza, mestra na compreensão do flagrante amoroso, diz que a mulher, Leila, foi sumindo dos lugares e começou a viver outra vida, pois, afinal, fazia quanto tempo que nenhum homem olhava dentro de seus olhos e sorria em vez de dar uma risada? Estava sendo levada a sério e achava bom.

Numa noite estavam num restaurante e entraram uns amigos, aqueles do passado. Sentaram, brincaram, riram, mas não foram além de nenhum limite. E houve uma hora em que ele botou a mão em cima da perna dela. Foi um gesto de posse, como quem diz "essa mulher tem dono", o que todo mundo entendeu. [...] Ela ficou mansinha; mansinha como fica uma mulher que se apaixona pelo homem certo.

Foi esse casal, jamais consagrado pelos laços do matrimônio oficial — o homem certo e a mulher subitamente mansinha —, em plena vivência da felicidade, que a repórter Maria Helena Malta e o fotógrafo Joel Maia foram encontrar em agosto, já com uns dez meses de arrulhos apaixonados, numa casa de três andares em Paquetá. O dia estava nublado, mas com temperatura suficiente para que Leila vestisse seu traje típico, um duas-peças azul-escuro, meio esverdeado. Tudo normal, estava numa casa de praia — não fosse o fato de a atriz apresentar desnuda a barriga já com todo o contorno arredondado de cinco meses de gravidez. Não havia a sacrossanta bata, o paninho partindo do sutiã, que atendia aos rigores do tempo e escondia a situação, um dos mais severos itens do código-de-conduta-não-escrito da mulher direita de 1971.

Havia dois anos o homem tinha dado seu primeiro passeio na Lua.

À mulher ainda estava proibido o direito de ir ali na praia exibir a barriga grávida.

Vera Barreto Leite, que morara na Europa, onde aquilo era normal, tinha dado a idéia. Leila gostou e foi em frente. Consultou a médica para saber se havia algum problema, e ela garantiu que, pelo contrário, era bom pegar sol pela manhã. Tinha vitaminas.

Leila abandonara o cigarro, deu um tempo no álcool e seguia todos os conselhos médicos. Ficou compenetrada no projeto saúde. Um dia, barrigudíssima da mesma maneira que Ana Maria Magalhães, que esperava um filho de Nelson Pereira, elas almoçavam no Antonio's, quando entrou Tom Jobim. O maestro vinha com seu charuto, disposto a traçar alguma carne bem gorda junto com um uísque. Quando viu Leila e Ana na varanda do restaurante, as duas, lindas e jovens, traçando uma lagosta no azeite, Tom passou direto. Teatral, deu um breque só para jogar o galanteio na mesa:

"Meu Deus, é muita saúde junta, deixa eu ir lá para trás para não ofender ninguém."

Leila estava na ilha por causa de Ruy, que compunha com Edu Lobo as músicas para uma montagem de *Woyzeck*. A dupla necessitava de concentração, e pegou a casa, emprestada por um amigo. Ficar de frente para o mar, ainda muito limpo, de Paquetá, era tudo o que Leila precisava para curtir a gravidez e o ócio do momento, sem nenhum trabalho artístico.

"Foram dias gostosos", lembra a cantora Wanda Sá, mulher de Edu na época, que também aproveitava Paquetá para cuidar da filha Mariana, de quatro meses. Eis a cena: o piano na sala com os compositores ao redor, muito peixe frito na cozinha e o silêncio absoluto de uma região que tinha abrigado as férias da família imperial e naquele período republicano servia de endereço de veraneio do governador do estado da Guanabara. Wanda recorda-se de apenas um problema na temporada. O cachorrinho de Leila morreu. Ele era epilético, teve uma convulsão distante de casa, e policiais o mataram, julgando que estivesse num acesso de raiva. Leila sofreu, chorou nos jornais.

Afora isso, o ar puro preenchido pela música dos compositores — o que Leila não achava ser problema menor.

"Gente, isso é chato demais", dizia entre gargalhadas, moleca, cantarolando em seguida "Você abusou", de Antonio Carlos e Jocafi, o sucesso da hora, e que fazia mais o seu gênero do que a música triste do marido com Edu. "Bota mais alegria nisso", recomendava, nem aí se o espetáculo era um tremendo drama alemão que acaba com o tal Woyzeck assassinando a mulher por infidelidade.

Maria Helena Malta foi recebida com euforia pela amiga, fizeram uma entrevista rápida na varanda da casa — e aí foi a vez de Joel Maia fazer sua parte. Era um fotógrafo experiente, mas carregava um enorme folclore nas costas. Rezava a lenda que ele dava azar. Uma vez, cobrindo a tradicional missa da primeira sexta-feira do ano nos Capuchinhos, ritual de sorte para os cariocas, Joel Maia disparava a máquina na direção do padre, que, munido de um bastão com uma pedra na ponta, espargia água benta sobre os fiéis. Clique, clique. Quando o padre passou por Joel e fez o movimento com o bastão bento, a pedra se soltou e bateu na máquina. Quebrou a lente. Estava confirmado novamente. O cara dava azar. A favor da lenda, a galeria considerável de personagens que Joel fotografava e, meses depois, voltava ao noticiário na página de funéreo.

Joel, nem aí, continuou sua bela carreira, e lá estava, em Paquetá, diante de Leila. Educado, e achando que a entrevistada talvez estivesse em trajes pouco usuais para sair em *Claudia*, perguntou como ela gostaria de ser fotografada.

"Assim mesmo está ótimo", respondeu Leila — e foram todos para a praia em frente, sem saber que iriam protagonizar um clássico da iconografia da história da mulher no Brasil. Leila ainda pegou um chapéu de palha branco de Ruy que estava na sala, mais para se proteger do sol. A sessão não durou vinte minutos. Joel operou um filme de 36 poses, 400 ASA, com uma tele de 70 mm. Tudo muito posado. Leila dentro d'água, clique, as pernas escondidas e a barriga de fora, clique. Estava pronto o pôster dos anos 70.

Claudia, assustada, publicou a foto com apenas 6 cm de altura por 3,5 cm de largura.

Encerradas as férias de Paquetá, em setembro Leila voltou para o Rio, e mais fotos ao mesmo estilo, agora na praia do Píer, o território livre dos novos modismos de Ipanema, foram feitas por craques como David Drew Zingg e Antonio Guerreiro, que acabaram sendo mais celebrados pela autoria da imagem do que o próprio Maia. Aos poucos, a cada exibição das poses em outras publicações, as mulheres ganhavam permissão para ir à praia do mesmo jeito que Leila. Hoje é a farra que se vê — mas não foi fácil.

"As pessoas corriam atrás dela para ver o barrigão", diz Wanda Sá.

"Hum, que nojo", ouviu Ana Maria Magalhães de uma jovem moderninha de Ipanema enquanto Leila passava barriguda na praia.

"As pessoas faziam roda para observar", confirma Bigode.

A antropóloga Mirian Goldenberg leu a barriga prenhe de Leila, solteira e solta ao sol, como um dos mais importantes manifestos, sem palavras, do movimento de emancipação feminista:

> Ao exibir na praia sua barriga grávida, Leila demonstrou que a maternidade sem o casamento não era vivida como um estigma a ser escondido, mas como uma escolha livre e consciente. Não só ficou grávida como demonstrou que não respeitava o modelo tradicional de "esposa-mãe", e o fazia sorrindo, à luz do sol, à vista de todos. A barriga grávida de Leila Diniz materializou, corporificou, seus comportamentos transgressores. A barriga objetivou as práticas consideradas desviantes, que antes eram tornadas públicas através da palavra. Leila fez uma verdadeira "revolução simbólica" ao revelar o oculto, a sexualidade feminina fora do controle masculino, em sua barriga grávida ao sol. Ela "inventou" uma nova forma de ser "mãe".

Quarenta anos depois, mulheres grávidas aos montes em biquínis diminutos, os umbigos estourando em todas as direções, a glorificação da cena de Leila pode parecer bobagem. Na época, provocou sofrimento a quem ousou o gesto pela primeira vez.

Jorge Faria, dono do Garota de Ipanema, ex-Veloso, lembra:

Um dia a Leila entrou no bar, com uma saída-de-praia sobre o biquíni, e chorava muito. Ela me disse que estava na praia e uma mulher passou por ela, viu a barriga de grávida de fora, e gritou: "Sua vagabunda". A Leila estava acostumada com esses ataques de moralismo, já tinha me relatado outros. Mas acho que, naquele dia, ela juntou tudo com a sensibilidade da mulher grávida e chorou muito por causa do preconceito.

16.

Nos primeiros capítulos, ela apareceu de maria-chiquinha.

Depois, na entrevista do *Pasquim*, colocou uma toalha nos cabelos.

Em seguida, vestiu-se com as plumas do teatro rebolado.

No capítulo anterior, tirou a bata do biquíni e descortinou a barriga das grávidas aos raios do sol.

Na Montenegro, como se viu, passou um verão com um único e folgado duas-peças.

Leila Diniz estava (*) para a moda quando, em 30 de junho de 1971, abriu uma butique em Ipanema em sociedade com a manequim Vera Barreto Leite, esta, sim, manequim da Chanel de 1953 a 1958, uma gazela típica. Vera foi das primeiras a desfilar inclinada para trás. Os homens valorizavam sua elegância e demais atributos. Um namorado do clã Rothschild fez o lance mais alto: deu-lhe um apartamento em Paris, vizinho ao de Monica Vitti.

Leila — com o estilo venha-como-estiver-vestida — e

Vera — a elegante à francesa — abriram a Doze, na Visconde de Pirajá, 86, uma galeria da praça General Osório. Ipanema se consagrava, entre outros feitos, como centro de butiques alternativas, do tipo Bibba, Frágil, Aniki Bobó, que lançavam confecções exclusivas, antenadas com o cansaço jovem pelas roupas dos grandes magazines. Se a Garota passou de biquíni a caminho do mar, ela agora, símbolo internacional, precisava de outros panos. A Doze especializou-se em visual indiano, uma das manias que os Beatles trouxeram para a contracultura. Era o cruzamento perfeito de Leila com Vera, pois as roupas, ao mesmo tempo que garantiam conforto, preenchiam certo bom gosto moderno.

Os vestidos compridos, batas e túnicas da Doze eram vistos nos corpos de artistas como Elis Regina, Betty Faria, Odete Lara, Scarlet Moon, Susana de Moraes e toda a Ipanema que sabia das coisas. Apresentavam uma coisa que substituía o borogodó, o *it* e outras velharias dos anos 50. Aquelas roupas tinham atitude, sacumé?

— Você é cafona por natureza ou por esperteza? — provocaram numa entrevista.

— Cada um que se vista como quiser — rebateu Leila. — Estou pouco preocupada com isso. Às vezes sou cafona, outras sou maravilhosa. Depende do dia, da hora.

Vera Barreto Leite descreve a roupa da Doze:

"A gente fazia roupa hippie. Hippie de butique. Nós éramos completamente antiguerra, pró-paz. Éramos contra tudo que era permitido, inclusive na moda. A Leila grávida foi minha modelo preferida."

A divisão de tarefas funcionava com simplicidade. Vera entrava com a informação especializada. Criava as roupas, tinha uma equipe própria de costureiras e partia para o corpo-a-corpo com a indústria. Leila vinha com o marketing. Ia para a loja, atendia as freguesas e chamava a atenção da imprensa. Na hora de dividir os lucros, a mesma simplicidade. Cinqüenta por cento para cada.

Uma atriz talvez quisesse mais da vida. Mas era o que por ora se oferecia.

A Globo, desde o problema com Janete Clair, nunca mais havia feito nenhum convite, e o regime militar, com censura ensandecida, sinalizava que esse tipo de artista-contestador devia ser evitado nos quadros da empresa.

Os filmes que pintavam eram ação entre amigos. Muita diversão, nenhuma grana.

Se tudo já estava difícil, grávida, então, a tendência era piorar. Menos trabalho e borderô mais alto com a nova boquinha para alimentar. Ser vendedora de butique não candidatava ninguém aos festivais de Cannes e Berlim, como nos velhos tempos, mas pagava as contas do quarto-e-sala no Jardim de Alah.

Divertia também. Os amigos finalmente tinham um endereço onde poderiam, à tarde, encontrar Leila. Para facilitar, a Doze era decorada com uns almofadões ao estilo indiano. A turma se largava neles, ao embalo do incenso, de uma música de cítara ao fundo, e, podes crer, todo mundo curtia mó barato.

"A loja virou ponto de romaria dos amigos da Leila", diz Bigode. "Camareiras, atrizes, maquiadoras, Aninha, Marieta, Nelson, os jornalistas... As mulheres até compravam alguma coisa, eu ficava queimando fumo."

Antes de irem para a praia no Píer, o novo trecho que havia se formado, ao redor das obras do lançamento submarino de esgoto, os desbundados passavam ali para queimar um fumo, como se dizia. Um *happening* diário com a cara dos tempos, tudo tomado pela descompostura hippie, um jeito irreverente e novo de levar o comércio. Leila passava o tempo descansando a barriga, deitada numa rede nordestina. Desfilava roupas para as freguesas. Um dia, uma moça ofereceu quimonos de seda com inscrições em japonês. Queria deixar em consignação. Leila disse que poderia deixar apenas um. Eram todos parecidos, mas com inscrições diferentes. Pediu a tradução de cada uma. "Amor", "Felicidade", "Coragem"... Não teve dúvida. Escolheu o quimono da "Coragem".

A barra sujava, policiais começaram a circular pela loja, disfarçados, tentando flagra de droga, mas a Doze conseguiu razoável sucesso por quase dois anos e virou marco na instalação de um orientalismo que não havia na moda por aqui. Leila e sua sócia, com toda a diferença de estilo entre as duas, mantiveram-se amigas. A partir dos anos 90, Vera virou atriz do Oficina e se juntou à trupe muito-doida de Zé Celso. Gosta de lembrar da parceira através de uma cena em que foi coadjuvante, em outubro de 1971:

> Era ditadura e eu estava com a Leila no aeroporto de Curitiba. Ela, grávida, com um daqueles vestidinhos da Doze, bem micro, golinha de renda, bem ingênuo. Quando entramos no aeroporto parecia que todos os militares graduados do Brasil tinham marcado encontro lá. Foi aquele silêncio das duas partes. Eles estavam com as esposas, pareciam esperar alguém importante. E aí, aquele silêncio, a gente pensando o que fazer, aquelas senhoras com o olhar fixo na Leila, os homens com uma cara severíssima. A Leila era enrolada com eles, com o ministro da Justiça, a Censura. A maior saia justa. Íamos passando pelos homens fardados, aquele clima estranho, todo mundo olhando, o alto-falante anunciando os vôos... De repente a Leila joga os braços para o alto e grita "oooooba". Que figu-

ra incrível! Parecia que estava no teatro de revista dançando o "Tico-tico no fubá". Conclusão: as mulheres começaram a aplaudir, se aproximaram para dizer que era um prazer conhecê-la, e a Leila retribuía. "Ai que blusinha bonitinha, comprou aonde? Ah, tá, tá. Essa é sua irmã? Ah, que gracinha." E dava o endereço da Doze para quando fossem ao Rio. Ela tinha essa capacidade de criar intimidade, de ficar igual às pessoas, uma sintonia incrível com o ser humano de qualquer classe.

Foram nove meses de uma gravidez exuberante, com a saúde mental perfeita. Numa entrevista ao diretor de teatro Flávio Rangel, para o mesmo *Pasquim* dos asteriscos de 1969, Leila revelava agora, no fim de 71, ser possível conciliar desejo e maternidade. O direito ao orgasmo não tinha incompatibilidade com o sonho clássico de ser mãe. A gravidez era a arte-final da revolução de Leila. Durante a entrevista, a Rainha das Vedetes, a madrinha da Banda de Ipanema, só falou da ansiedade do novo papel, a futura mamãe. Meia dúzia de asteriscos apenas. Deixou claro, para quem ainda não havia entendido, que queria mais prazer da vida — mas achava que educar filho e criar família eram valores fundamentais:

> Sempre fui tarada por um filho, e nunca tive coragem. Achava que não estava pronta. Agora deu uma tranqüilidade grande e deixei vir. Acho que estava na hora mesmo.
>
> A gravidez é um negócio maravilhoso. Dá uma sensação de absoluto; a gente fica completa. Acho que o negócio máximo de ser fêmea é estar prenhe. Quer dizer, você (*) e depois fica prenhe. Sinto uma tranqüilidade com as pessoas, com tudo. Eu tenho muita pena de homem não poder ficar grávido.

Esse negócio de educação pra criança, eu leio muito. Mas acho que o fator essencial é amor. Acho que a gente tem que amar muito o filho, ter carinho por ele e deixar a intuição funcionar. Dar o que a gente tem dentro da gente. Só que a gente corta, né? A cabeça da gente é tão louca que corta o que é natural. Mas se a gente deixar vir naturalmente, a gente vai sacando tudo.

Mãe sabe tudo.

Tem hora que eu quero menino, tem hora que eu quero menina. Acho que as meninas são mais bacanas. As mulheres tiveram que conquistar as coisas, fizeram um trabalho grande para se libertar. O homem, não. Já tava na posição dele e ficou acomodado, enquanto a mulher — pra poder fumar, pra poder trabalhar, pra poder (*) — teve que trabalhar muito. Isso deu estrutura a elas. Os homens ficaram só espiando. Mas, por outro lado, eu acho que está na hora dos homens ficarem bacanas, também.

Janaína Diniz Guerra nasceu com 50 cm, 4,1 kg, às 4h da manhã do dia 19 de novembro ("Só podia ser", dizia Leila, "Dia da Bandeira"), e veio ao mundo num parto complicadíssimo na maternidade Arnaldo de Morais, depois hospital São Lucas, numa rua sem saída em Copacabana. Leila jantava no Antonio's, sentiu as contrações e seguiu para o hospital. Foi uma cesariana, ao comando bem-humorado dela:

"Cuidado aí com os pontos que eu sou vedete."

Os pontos, no entanto, inflamaram. Houve ainda um abscesso de parede. Leila ficou quinze dias no hospital. Pensou que ia morrer. De três em três horas, porém, chegava Janaína para mamar — e as forças se recuperavam.

No diário inseparável, a mamãe registrou a emoção:

A mão dela. As mãozinhas dela. São como dois bichinhos independentes. Dois siris, caranguejos, aranhinhas brancas e macias. Toco com meu dedo em cima da mão dela, de leve, ela se movimenta como um bichinho despertando. Uma vez ficou com o mindinho pendurado num dedo meu por vários minutos. Às vezes se contraem os dedos, mas geralmente suas mãos ficam abertas. São grandes, em proporção aos bebês. E o cheiro dela? Seu cabelinho? A boca que se contrai, às vezes faz um bico mínimo, outras abre um bocão pra mamar e pega meu peito. Carrapata. Bichinho fofo, macio, tão frágil, tão surpreendente. Seus olhos parece que vêem, suas sobrancelhas franzidas, fica séria — igualzinha ao Ruy. Tão pequetita. Tão gente começando a transar. A crescer.

Os primeiros dias em casa não foram muito melhores. Sentia dores, Janaína chorava muito, e Leila foi acometida de sintomas clássicos da depressão pós-parto. A repórter Anna Ramalho, da revista *Pais & Filhos*, ouviu dela que ficava tão fora de controle com o choro da menina, que muitas vezes pensou em jogá-la ao chão.

Ana Maria Magalhães, que tinha tido um filho logo depois, também dividiu as angústias da maternidade com a amiga:

Éramos francas uma com a outra. Achávamos que só nossos bebês choravam. Todas as minhas amigas que tinham filho, o bebê não chorava de noite. Eu fiquei meio complexada e confessei pra Leila. "Então somos duas complexadas", ela disse, "porque a minha chora muito." Só a Leila para ter aquela sinceridade. Foi o Marcelo Cerqueira quem socorreu a gente. Informou que era depressão pós-parto, que tinha até um atenuante no Código Civil para quando a mulher cometesse um crime naquelas condições. Nunca tínhamos ouvido falar no assunto. Nós tínhamos vontade de jogar nossos filhos pela janela, e quando ouvimos que aquilo estava previsto até na Lei, a Leila relaxou: "Ufa, amiga, que bom, estamos dentro da normalidade".

Antes do nascimento de Janaína, Leila já tinha desativado o apartamento da Epitácio Pessoa (no prédio onde mais tarde surgiria o restaurante Artgiano) e começara uma perambulação por vários endereços. Em oito meses morou com Ruy Guerra e com o ator Ruy Polanah na Visconde de Ouro Preto, em Botafogo; deu um tempo no apartamento de Márcia de Windsor na Ataulfo de Paiva; outro mais no de Vera Barreto Leite, na Joana Angélica, em Ipanema; seguiu para a casa de Tarso de Castro, no Jardim Botânico; passou por Miguel Pereira na casa da família; voltou para o apartamento da infância no Bairro Peixoto — e finalmente parou no apartamento que o ex-namorado Marco Aurélio Moreira Leite lhe emprestou na Joatinga, Barra da Tijuca. Já não estava mais com Ruy, e voltara a namorar o compositor Toquinho. Levou junto Nenê, uma babá para cuidar de Janaína e ainda um empregado para tratar da casa e, por exemplo, da cachorrinha Eliana, um poodle que comprou, dentro de uma gaiola, numa loja de Petrópolis, penalizada pela sua magreza, sujeira e ar de "o animalzinho mais triste do mundo". Ana Maria Magalhães logo se juntou ao grupo, com o filho também recém-nascido. O lugar era perfeito. Tinha o oceano Atlântico logo em frente para Leila nadar.

Aos sábados, Leila descia de jipe até o Leblon para fazer com o cantor Milton Nascimento compras no supermercado. Os dois encenavam um teatrinho em que ela dirigia, atuava e botava em dia seu eterno pacto com o bom humor e a falta de pose.

Milton lembra:

> Ela, muito famosa, fazia o papel de Dondoca e eu, não tanto, o de Empregado. Ela se transformava na patroa mais horrível e eu, o pobrezinho que tinha que agüentá-la. Ela pegava o carrinho e dizia: "Pegue uma dúzia de tomates". Eu pegava. Quando voltava ela dizia bem alto: "Isto é tomate que se apresente? Ô meu Deus, esses empregados de hoje..." — e saíamos fazendo essas coisas. Ela não se importava com o que as pessoas pensassem. Todo produto que eu pegava, tinha que devolver e pegar outro. Eu via a cara de todo mundo e disfarçava o riso. Era uma aula de teatro aos sábados. Depois da aprontação, subíamos para a Joatinga morrendo de rir.

O cenário da Joatinga, como naquele samba sobre o mundo encantado de Monteiro Lobato, era de real valor. Mas vida real é fogo na roupa.

Três meses depois do parto, Leila dizia aos repórteres:

> É um negócio violento. Filho faz com que você nasça de novo. É uma derrubada. Tive todos aqueles problemas no hospital, me senti impotente, porque sempre me achei supermulher, que tira tudo de letra, que não precisa de homem, de ninguém. Tinha essa auto-suficiência. Com o nascimento da Janaína essa imagem caiu no chão. Tenho uma filha que depende de mim, e eu estava sozinha, e eu chorava. Eu precisei do Ruy pra burro, que eu achava que nem ia precisar. Pus mais o pé no chão.

Dois meses depois de sair do hospital, Leila já entrava em cena no Salão de Viena, futuro Scala, no Leblon — e vestia-se outra vez de vedete. Nostálgica do sucesso de *Tem banana na banda*, ela estrelou — com Tarso de Castro na direção, músicas do baiano Silvio Lamenha — uma revista com o sugestivo título *Vem de ré que eu estou de primeira.*

Vem de ré que eu estou de primeira
Vem de sopa que eu estou de colher
Quem conhece a verdade da vida
É a mulher
Ooooba!!!!

A música apresentava o espetáculo e uma Leila um pouquinho acima do peso, mas ainda assim bonita. Em algumas noites está de maiô, com uma cauda cobrindo o bumbum, em outras de biquíni pudico quase na altura do umbigo. Abre o jogo:

"Depois de toda essa transação de mãe, eu resolvi voltar para rebolar. De cesárea e tudo, tô aqui de barriga de fora. Não tá lá essas coisas, mas tô aí. De ré."

Não havia exatamente um texto, mas frases-guias sobre Ipanema, os acontecimentos do mundo, num roteiro que Leila ia criando em cima com graça.

O diretor Tarso deu as instruções:

— Você entra, fala da gravidez, de como é duro ser mãe, amamentar e ser vedete.

LEILA: Posso dizer que eu estou com barriga? Que os seios estão grandes demais?

TARSO: Pode tudo.

Um dos cacos que repetia sempre era que precisava sair de cena para amamentar Janaína nos bastidores. Tudo verdade. Houve quem testemunhasse o sutiã do biquíni da vedete molhado em pleno saracoteio. Antes de ir encontrar a filha, sentava-se no colo de algum cidadão das primeiras mesas e perguntava, sapeca, segurando os seios:

"Quer leitinho?"

O repórter Joaquim Ferreira dos Santos foi uma dessas testemunhas oculares da história. Viu o espetáculo, de cinqüenta minutos, e publicou, na edição de 2 de fevereiro de 1972 da revista *Veja*, matéria de página inteira com o título "Um show carioca". Não eram exatamente as suas palavras. A revista pedia aos repórteres um relato que na sede, em São Paulo, era transformado, ao estilo de produção da *Time* americana, em texto final:

> Como todas as fórmulas fáceis, a de *Vem de ré que eu estou de primeira* deu mais ou menos certo: tem uma mulher bonita, Leila Diniz, e piadas sobre homossexuais. Como tempero, Dalva de Oliveira entra cantando músicas de velhos carnavais e dançarinas do programa do Chacrinha, as "chacretes", balançam suas pernas. De acordo com o que se pede dos espetáculos classificados entre os modernos, Leila Diniz fala palavrões e dialoga com o público, repetindo uma técnica que os espectadores mais antigos recordam ser de antes da Segunda Grande Guerra.

Joaquim lembra que, findo o show, ficou em sua mesa esperando por Leila para entrevistá-la. Estava combinado com a produção. Toda noite ela jantava na casa depois do espetáculo, enquanto Janaína continuava nos bastidores com a babá. Joaquim e Leila comeram juntos e conversaram. A atriz pareceu-lhe mais bonita sem pintura, mas de início um tanto impaciente com a foquice do repórter. Ele estava no exercício da profissão havia apenas três anos e, como seria natural, deixava muito a desejar no seu interrogatório.

— Como você começou? — foi a primeira pergunta de Joaquim.

— Eu comecei na zona — mandou Leila, temerosa de passar a noite contando sua vida ao foca. Mas logo pára, bate com a mão na boca, recomeça em ritmo acelerado: — Mentira. Eu era professora, aquelas transas todas, aí fui fazer teatro infantil porque gostava de criança e precisava ganhar dinheiro.

De repente, vira-se para Tarso de Castro, que também está na mesa, e pergunta quando começou.

— Ontem — ajuda Tarso.
— Isso — aceitou Leila —, eu começo a cada noite.

Leila, que a todos ajudava, não foi diferente com o jovem Joaquim. Deve ter percebido, apesar do adiantado da hora, quase madrugada, que ele era um cabeludo iniciando a carreira de jornalista, ainda fazendo a faculdade, e atirando perguntas em todas as direções para ver o que retiraria do gravador. O repórter gostou da conversa. Saiu com a impressão de que Leila não se considerava tão deslumbrante como a julgavam em Ipanema. Recolheu dela, inclusive, a avaliação rigorosa sobre a própria carreira:

"Eu não represento, não canto, não sou a mulher maravilhosa, não danço. O negócio é que eu faço as coisas gostando e acho que isso passa para as pessoas, e elas acabam gostando. Quando o negócio é verdade dentro de você, as pessoas percebem."

Leila, continuando a autocrítica, arrependia-se da entrevista ao *Pasquim*:

"Depois daquilo eu fiquei cansada e parei. Toda hora tinha de falar palavrão para alguém. Acho que se eu desse uma entrevista novamente para eles, responderia coisas diferentes. Não mudei minha linha de agir, de transar as coisas. A estrutura é a mesma. Mas acho que mudei muito depois que tive minha filha."

Joaquim — que meses depois precisaria fazer alguma outra entrevista e a fez por cima da gravação de Leila, apagando-a do mesmo jeito que aqueles que pela vida afora ele criticaria, nos jornais em que escreveu, por desprezarem a preservação da memória nacional — concluiu a matéria notando que o tom de voz de Leila mudou durante o jantar-entrevista. A menina alegre, mais ou menos a que estava no palco, aos poucos se transformou na mulher que tem filho para amamentar:

"Saio aqui do show e vou dar de mamar, e é tão bacana isso. Me acho uma mulher normal, e é bom demais."

Vem de ré que eu estou de primeira acabou não exatamente por falta de público, mas de modos. As relações de Tarso já não andavam boas com o dono da casa. Bebia uísque além do combinado, oferecia jantares a uma multidão de amigos, e depois mandava botar na conta da produção. Para piorar as coisas, o cantor Chico Buarque, unha e carne com o diretor, em duas noites se fez mais presente que de costume. Numa delas, enquanto dançava com Leila nos bastidores um frevo de Caetano, Chico contribuiu para que ela torcesse o metatarso e, engessada, deixasse de fazer o show por duas semanas. Na outra, a definitiva das noites, fez-se pior. O todo ilustre compositor Chico Buarque, glória máxima do cancioneiro nacional, primeiro cantou "Escurinho", o grande samba de Geraldo Pereira — e a platéia vibrou com a canja. Em seguida, no entanto, para se aliviar dos apertos da bexiga, Chico não se conteve e fez como o escurinho do samba, que foi ao morro do Cabrito provocar conflito — brindou a distinta platéia com um pipi em pleno palco.

O dono do Viena, ex-almirante, urrava ("Vocês fizeram pipi na minha sala! Esta casa é a extensão do meu lar!"), e com certa razão, convenhamos, demitiu todo mundo por justa causa. Leila, Chico e Tarso não tiveram outra saída senão dar ré e sair de banda.

17.

As coisas estavam complicadas naquele início de 1972, e Leila foi para o diário desabafar:

"Tô chegando à conclusão que a pior peste da humanidade é o medo. Puta que pariu, como a gente tem medo. Do futuro, do presente, do passado. De gente, de sofrer, de amar, de perder, de viver. Porra!"

Era como se ela gritasse para si própria, como fazem os jogadores antes dos jogos difíceis, algo do tipo "vamos lá, vamos ganhar". A diferença é que não estavam deixando Leila jogar.

Em maio, tocou o telefone na casa da Joatinga, e era o diretor Luiz Carlos Lacerda convidando Leila a acompanhá-lo até o outro lado do mundo, a Austrália dos cangurus, para participar do Festival de Adelaide com *Mãos vazias*, o filme que haviam feito no final de 1970. Ela adorava festival. Já participara do de Berlim (com *Fome de amor*) e do de Cannes (com *Azyllo*) no fim dos anos 60.

A atriz tinha Janaína para cuidar, a loja Doze para dar uma olhada. Do ponto de vista profissional, o cenário ia mal para uma mãe solteira com filha para sustentar.

Nessas horas, como se fosse um mantra para chamar a esperança, ela cantava: "Marcos Lázaro vem aí", imitando o *jingle* que anunciava Silvio Santos na TV, sendo que ML era o poderoso empresário da época — o dono de Roberto Carlos —, messias que a tiraria, no bojo de algum contrato polpudo, daquelas aflições terrenas.

Silvio Santos, a propósito, de vez em quando chamava Leila para participar do júri de calouros no seu programa, um convite que desagradava a ela, um *revival* dos tempos do Flávio Cavalcanti, mas, como tinha cachê, Leila aceitava. Assustava-se com a possibilidade de se transformar numa versão boazinha de Aracy de Almeida, a supercantora, intérprete preferida de Noel Rosa, que, envelhecida, perdida a voz, ganhava a vida naquele júri apavorando os calouros com notas baixas e tremendo mau humor.

Para piorar as coisas, numa dessas aparições no júri de SS, Leila botou os seios para fora e amamentou, ao vivo, para todo o país, a pequena Janaína — e isso não ajudava em nada a sua imagem diante da censura e dos militares. Mais uma vez era avançado demais para a época. Foi considerado falta de pudor. Continuava, de acordo com o ponto de vista do poder, a provocar as sagradas instituições dos bons modos e da caretice nacional.

Esta era a agenda profissional naquele maio de 1972.

Silvio prometia contratá-la em definitivo, mas nada de pôr o preto no branco.

O comercial do Ponto Frio, que aliviara as finanças no final do ano anterior, não foi renovado.

O dramaturgo Roberto Athayde acabara de escrever *Apareceu a Margarida*, o monólogo da professora severa, e Leila foi a primeira a quem procurou para interpretá-la. Esperaria a resposta até junho. Mas a atriz tinha dúvidas, muitas dúvidas.

Escreveu no diário:

A peça é longuíssima e doentíssima. Eu disse que queria fazer, mas na verdade não sei. Não sei se quero porque é boa a peça, se é um trabalho que eu vou curtir, se é só pra satisfazer a minha vaidade de atriz — fazer "aquele" papel em teatro! Coisa que toda atriz ama e anseia por essa oportunidade. Eu não ligo pra isso, teatro não me fascina nem um pouco. Esse tipo de teatro principalmente. Mas o papel é incrível, e dá pra trabalhar. O lado da vaidade é o seguinte: se eu fizer um bom trabalho (eu sei que posso), as pessoas vão tomar um susto porque Leila Diniz faz um papel chamado sério. Essas coisas. Vou ver em mim.

Como se sabe, Marília Pêra ficaria com o papel. *Apareceu a Margarida* virou um clássico da dramaturgia nacional.

Um produtor de revistas do teatro Rival, em Copacabana, também chamou Leila para um espetáculo. Seriam duas entradas em cena por noite.

— Fazendo o quê? — perguntou Leila.

— Ora, você naturalmente tem seus números — respondeu o produtor.

Leila chegou em casa e foi direto escrever no diário:

"Eles pensam que eu sou vedete como Virgínia Lane, Mara Rúbia e outras. Não tenho número nenhum, tentei explicar como era a minha transa aqui em Ipanema. A minha imagem. Ufa! Tô de saco cheio de Ipanema."

Cacá Diegues a chamou para participar de *Quando o Carnaval chegar*, mas Leila estava com o problema na perna, vítima do frevo mal dançado com Chico Buarque, que no capítulo anterior a tirou por uma temporada do elenco de *Vem de ré*.

Fechado mesmo, apenas o papel principal d'*Os homens que eu tive*, para rodar a partir de julho com a diretora novata Tereza Trautman. Era tudo o que tinha na manga. Pensou nos sonhos recorrentes de abrir uma escola, escrever um roteiro com o título *Todos os homens do mundo* e mesmo partir para a produção de espetáculos.

Preta, a coisa estava pretíssima.

Na Globo, tudo continuava na mesma desde aquele dia de 1967, quando Janete Clair, como argumento para tirá-la do elenco, disse a Daniel Filho que "não havia papel de puta" em *Véu de noiva*. No dia 1º de janeiro daquele 1972, Leila reapareceu no vídeo da Vênus Platinada, no especial de Elis Regina, freguesa da loja Doze. Estava, menos de dois meses depois da cesariana, com o biquíni que usaria em *Vem de ré*.

> ELIS: O que é isso de vedete?
>
> LEILA: Muita pluma, muita confusão, porque o maior sarro da minha vida, além daquele que você conhece, é ser vedete. Não é mole. Você me vê de vedete, transando no jornal, aqueles negócios, mas a Janaína não quer saber. De três em três horas, quer seu leitinho. Eis o meu uniforme preferido [e nesse momento a câmera abre para mostrar que ela está de biquíni]. O outro eu não posso mostrar na TV, só quando ela for a cores.

Era sua primeira aparição na Globo em cinco anos, mas sem esperanças. Pelo contrário. Logo Leila receberia mais um sinal de que dali tão cedo não viria trabalho.

Daniel Filho diz que a história não é exata. Leila em nenhum momento teria feito parte dos planos da equipe que estava produzindo O *rebu*, sob sua direção.

Marilda Machado, viúva do dramaturgo Bráulio Pedroso, o autor, desmente. Lembra do primeiro esforço que o marido fez para escalar a atriz, no início de 1971, no elenco d'O *cafona*. Não conseguiu. Em maio de 1972, a mesma frustração. Bráulio escreveu O *rebu* e sugeriu o nome de Leila para o papel de Guiomar, viúva suburbana que se apaixona durante uma paquera em Copacabana. Leila chegou a fazer teste de roupa, mas em seguida seu nome foi vetado. Colocaram Betty Faria.

Marilda conta:

> Eu não sei quem vetava, mas era um sofrimento para o Bráulio e para todos nós. Chorávamos em nossa casa com essas proibições à Leila. Não entendíamos aquele absurdo. A verdade é que a Leila estava impedida de trabalhar na Globo. Ninguém falava claramente, ninguém bancava. Mas de alguma maneira ela foi escolhida pela ditadura para ser perseguida e não voltar mais à televisão.

Para Bráulio, morto em 1990, Leila se encaixava com perfeição em papéis em que a personagem ao mesmo tempo podia ser ousada e diferente, mas também romântica, suave. A revolucionária de Ipanema e a viúva suburbana. A insistência no nome de Leila para as novelas, uma atriz que desde 1967, com a *Rainha louca*, não foi mais escalada para elenco nenhum, era coisa de quem acabara de chegar de São Paulo. Bráulio estava desatualizado com os humores da emissora. A atriz já não cabia na grade. Alguns repetiam a frase de Janete — e a colocavam na boca de vários diretores. Outros suspeitavam que o veto era político, uma recomendação da ditadura militar, e que a Vênus Platinada o acatara.

238

Além da admiração profissional que tinham por Leila, Bráulio e Marilda haviam estabelecido com ela forte relação pessoal desde 1969, quando juntos velaram a amiga comum, a atriz Cacilda Becker, em seu leito de morte em São Paulo, no hospital São Luiz.

José Bonifácio de Oliveira Sobrinho, o Boni, ocupava o cargo de superintendente da emissora, e garante que o embate entre Leila e a Globo foi de outra ordem:

A Leila nos abandonou quando foi trabalhar na Excelsior com o Henrique Martins. Ela largou a empresa e ficou com a turma. Era a nossa *enfant gaté*. Estávamos no início, tínhamos apenas duas estrelas nas novelas, ela e a Yoná Magalhães. Ficamos decepcionados quando ela foi embora, num momento difícil de instalação da emissora. Quando quis voltar, estávamos naturalmente tristes com aquela quebra de contrato. Era a política da empresa. Não houve qualquer perseguição moral ou política. Isso é intriga. Num grupo de artistas sempre há pessoas com o comportamento avançado feito o da Leila. Tínhamos vários com aquele perfil. Não foi um problema moral. Politicamente também estávamos contratando pessoas perseguidas pelos militares, como Dias Gomes. Não tínhamos por que temer tê-la em nossos quadros. Estávamos começando a renovação de conteúdo e enfrentamos com coragem vários problemas políticos. O problema com a Leila não passou por nada disso. Quando mais precisamos dela, ela fez outra opção. Foi tudo. A Leila largou a gente na mão, atrapalhou a produção das novelas e não a quisemos de volta.

Boni usa o humor para desmentir a frase de que Leila estava fora dos planos da Globo porque "a novela não tem papel de puta", frase que foi colocada várias vezes ao longo dos anos em sua boca, sempre cheia de declarações veementes.

"Jamais disse isso, nem poderia", garante. "Toda novela da Globo tem papel de puta."

Passar dificuldades com um filho para criar era uma possibilidade que já devia ter cruzado antes a cabeça de Leila. Sua infância tinha sido assustada por essa opção. A irmã Regina uma vez a ouviu desabafar:

"Isso eu nunca perdôo a minha mãe. Eu posso comer o pão que o diabo amassou, posso ficar doente, sem dinheiro que não abro mão da Janaína. E minha mãe nem sequer lutou pelos filhos."

Nenê, a secretária, diz que a atriz resolveu fazer a viagem para a Austrália no dia em que teve a confirmação do veto ao seu nome na Globo. A outra opção era se trancar dentro de casa e mergulhar na depressão dos rejeitados. Sem ter o que fazer, começou a produzir a viagem. Estava magoada com o abandono profissional, voltou a falar com as amigas da vontade de se associar com alguém e abrir uma escola. Mas, como era de seu estilo, tentava dar a volta por cima. Curtia a possibilidade de ver cangurus e trazer fotos para Janaína. Passou a se chamar "mamãecanguru". Estava ansiosa com o futuro. Sentia falta de Toquinho, que chamava de "Toco", sempre viajando com shows.

Escreveu na última página do diário antes de viajar:

Toco longe. Eu espero pra ver. Senti saudade, fiquei meio puta. Agora tô quieta, só espero. Primeiro a Austrália, depois eu vejo. Assinei hoje o contrato do filme com a Tereza. Quando voltar começo quinze dias depois mais ou menos. Muito bom. Eu devia estar feliz. Mas agora tô numa apreensão, um pouco muito aflita e ansiosa. Que bode! Será que nunca a gente aprende a relaxar?

Estava sem "um puto", como costumava dizer em relação à falta de dinheiro. A produção do festival se responsabilizava pelas passagens e hospedagens, mas havia uma série de outras despesas que ela não tinha condição de pagar. Descolou um empréstimo de trezentos dólares. Na véspera da viagem foi até Botafogo visitar o amigo Roberto Bakker — aquele da luta de boxe com Domingos Oliveira —, e este, assustado com a pouca grana para uma excursão daquelas, conseguiu no banco da esquina um empréstimo de mil dólares. Beberam um gole de cachaça no boteco ao lado, e Bakker perguntou pela duração da viagem.

"Se canguru trepar bem", disse Leila no humor habitual, "não volto nunca mais."

A última semana antes do embarque foi difícil.
Ana Maria Magalhães relata:

> Num domingo, uns dias antes da viagem, nós todas tomamos um ácido. Eu, a Leila, a Vera Barreto Leite e a Dorinha, uma ex-namorada do Ruy. A Dorinha estava pesada. Eu me lembro que era só ela chegar perto e a Janaína começar a chorar. Numa hora a Leila resolveu nadar. Era de noite. Normal. A Leila estava sempre nadando, tinha intimidade com o mar. A praia ficava em frente ao apartamento e ela foi nadar. Mas aí aconteceu uma coisa estranha, porque o tempo passava e ela não saía da água. A Vera falou: "Tem alguma coisa acontecendo". Foi angustiante, até que a Leila voltou, dizendo: "Coisa esquisita, não estava conseguindo sair da água".

Na véspera do embarque, a secretária Nenê lembra que passou pelo quarto de Leila e a viu em frente ao espelho, chorando.

"Eu estou me vendo velha, com cem anos", dizia, aos prantos.

Ana foi ver o que estava acontecendo:

"A Leila chorava diante do espelho e dizia: 'Tem muita coisa ruim saindo de mim'. Tentamos convencê-la de que estava tudo ótimo, que ela estava linda. Mas a Leila andava impressionada e tensa pela viagem. Eu devia ter dito alguma coisa melhor para ela naquela hora, não sei o quê."

Leila foi para o aeroporto do Galeão, onde já a esperava a trupe de *Mãos vazias*, o diretor Bigode e Arduíno Colasanti, também ator do filme. Arduíno se fazia acompanhar de Ana Miranda, naquele momento atriz e, mais tarde, escritora.

Mãos vazias tinha sido convidado para Adelaide por um diretor do festival que viu o filme ainda na montagem. Ficou encantado com a vanguarda da coisa. Era um filme, digamos, difícil, da época lisérgica de Paraty. Pronto desde o início de 1971, ele permanecia nas prateleiras. Inédito. Jece Valadão, o produtor, quando viu a obra terminada, foi sincero com Bigode. Disse que, "em respeito ao público" do cineasta, não o poria nas telas. Bigode reconhece que essa sua primeira direção é radical, "tem seqüências inteiras que fiz sob o efeito do ácido".

Rodado no mesmo esquema de camaradagem dos outros filmes do grupo, com zero de salário mas muita curtição, *Mãos vazias* tem como fio condutor o romance *Crônica da casa assassinada*, de Lúcio Cardoso — mas, claro, tudo tomado pelo avesso. No original, por exemplo, a personagem de Leila se suicida.

"Imagina se eu ia colocar a Leila, uma revolucionária dos costumes, se matando", diz o diretor. "Eu troquei a história. A personagem acaba matando tudo o que representava o conservadorismo. O filme relata o rompimento de uma mulher com a sociedade que a asfixia."

Ele achou estranho quando recebeu o convite para apresentar em festival um filme tão complexo ("um filme maluco"), realizado quase todo em planos fixos, com uma lente grande-angular, sem closes, sem o olho do ator piscando emoção na cara do espectador. A trama, além de difícil de acompanhar, escorre l-e-n-t-a-m-e-n-t-e. Leila nunca viu o filme, e não estaria ofendendo ninguém se, ao seu estilo, o achasse chato. Era o espírito da coisa.

"Eu queria fazer um filme chato que incomodasse as cabeças burguesas", dizia Bigode, ao estilo radical da vanguarda politizada dos anos 70.

A recepção a *Mãos vazias* foi a melhor possível no festival, com aplausos acalorados. Leila, tristíssima na tela, mostrava-se ao vivo o mesmo vulcão de simpatia e beleza de sempre. Numa crônica sobre a viagem, Ana Miranda relatou como os que passavam por Leila iam se apaixonando:

> Ela ganhou pele de carneiro, flores, homenagens, convites para passar para a primeira classe, pedido para visitar um jovem num hospital, pois decerto compreenderam que ela lhe injetaria vida pura e ele ficaria curado. Nos aeroportos, anônima, as pessoas queriam conversar, queriam saber quem era ela, sentiam a sensualidade que dela emanava, queriam foder, e ela estava apenas sentada ali ou circulando descontraída. Os homens todos durante a viagem se apaixonaram por ela.

Um membro do governo australiano não ficou atrás, e caiu de quatro, com a diferença de que foi correspondido. Ninguém guardou o nome exato ou a função dele, achava-se inclusive que fosse o primeiro-ministro do país, uma hipótese improvável pois William McMahon, que ocupava o cargo, já estava na glória dos seus 72 anos de idade. Meses depois, Ana Maria Magalhães receberia um bilhete postado da Austrália com uma lacônica declaração de amor em inglês, "*With love*", e a assinatura, John. Foi tudo o que ficou do poderoso cidadão australiano.

Bigode diz:

> Ele era um cara jovem, bonitão, diziam que de um ramo dos Kennedys, e estava no coquetel realizado na embaixada depois da exibição do filme. Começou logo uma paquera lá entre ele e a Leila, e ela me cochichou: "Acho que vou traçar esse ministro aí". Depois sumiram. No dia seguinte, de manhã, eu estava no quarto dela e não parou de entrar flores dele.

Foram apenas quatro dias na Austrália, com direito a visitas a parques e fotos com os cangurus. Leila estava saudosa de Janaína, que ficou na Joatinga sob os cuidados de Ana Maria Magalhães, e não parava de enviar para a filha cartões-postais com os bichos típicos. Não assinava o nome, mas "mamãe-canguru".

> Tô com muita saudade. Hoje fui ver os cangurus, as mães e os filhotes. Daqui a uns dois anos quero voltar para cá, nós duas, ver você correndo por um desses parques daqui, toda colorida e coradinha num lugar como este, com muitos bichos e muito oxigênio vindo dos verdes. Já fiz até amizade com um canguru que me seguiu o tempo todo. Volto logo, amor, mais bonita e mais feliz, acho. Beijos da mamãe-canguru.

Num postal para Nenê, também com a imagem de um canguru, Leila escreveu:

Ame, ame muito
Viva, viva muito
E não tenha medo.

No final da mostra, Leila seria eleita a melhor atriz da competição, mas a turma saiu de Adelaide logo após a exibição de *Mãos vazias*.

A parada seguinte estava combinada desde o começo da viagem, no Rio. Foram todos para Kuala Lumpur, na Malásia, onde permaneceram três dias. Bigode, gatilho rapidíssimo, arrumou um namorado, de turbante e tudo, e foram todos para a casa dele almoçar. Sentaram-se à mesa apenas o pai do rapaz, o próprio, Bigode e Leila. As mulheres da casa nem sequer foram apresentadas, estavam recolhidas numa espécie de sala-cozinha onde realizavam as tarefas, totalmente marginalizadas. Leila, com a mesma naturalidade que usara contra outros preconceitos no Brasil, foi até a cozinha quebrar o gelo e avançar os costumes. Abriu a cortina que separava os ambientes e botou a cabeça para dentro:
"Hello, how are you?", acenou solidária para as mulheres, que deram risinhos abafados, enquanto os dois malaios se mostravam ligeiramente constrangidos com o gesto.
No dia seguinte, a trupe deixou o país. A idéia era passar uma semana na Índia, depois ir para a Inglaterra, onde Bigode ficaria, pois pretendia viver ali. Mas, já na Malásia, Leila dava sinais de impaciência. Queria voltar para ver Janaína. Sentia saudade da filha e ligava diariamente para casa. Ela topou fazer a etapa prevista pelos amigos, uma escala de três dias em Bangcoc, na Tailândia, e então, estava decidida, trataria da volta. Estava de olho no Brasil, mas foram dias animados.
Não é a toda hora que você vai parar numa cidade no

fim do mundo e descobre, num cartaz dentro de um ônibus, que quem está jogando na cidade é simplesmente o time do jogador mais importante do seu país. Pelé e o Santos estavam em Bangcoc para enfrentar um time inglês. Leila, de início, teve receio em visitar os jogadores no hotel. Ela andara metendo o pau no Rei, por suas declarações pró-governo militar, por suas demagogias generalizadas ("Pelé é o cara mais chato do mundo", disse na *Manchete* de 23 de novembro de 1971) e nenhum compromisso com a causa negra. Acabou indo com Bigode. Foram muito bem recebidos pelo jogador, tomaram café na suíte presidencial onde ele se hospedara e encontraram logo um assunto em comum. Pelé e Leila estavam com filhos com menos de um ano de idade.

"Onde está a rapaziada?", Leila perguntou no final do papo sobre fraldas e mamadeiras.

Pelé levou os dois até um salão onde os jogadores se divertiam numa partida de sinuca. Bigode viu logo no grupo o meio-campista Afonsinho. Conheciam-se de reuniões na casa de Gilberto Gil, que inclusive tinha feito uma música para ele ("Meio-de-campo", mais lembrada como "Prezado amigo Afonsinho", um dos maiores sucessos de Elis Regina). Era um jogador intelectual, politizado, muso também de um curta-metragem de Oswaldo Caldeira. Bigode apresentou-o a Leila, e não deu outra. Rolou um clima.

Afonsinho, o jogador rebelde, dor de cabeça dos cartolas, era uma versão masculina da libertária Leila. Enquanto ela articulava, com a própria vida, uma transformação no comportamento da mulher brasileira, Afonsinho, com sua barba ruiva, cabelos longos, denunciava a escravidão dos jogadores presos aos clubes pela famigerada Lei do Passe. O clube era o dono do destino deles. Numa época em que todos estavam proibidos de falar qualquer coisa que contrariasse qualquer pilastra da delicada situação nacional, fosse sobre política ou futebol, Afonsinho virou símbolo da esquerda pátria. Os jornais alternativos davam capas ao jogador, que, formado em medicina, tinha nível acima da média dos colegas.

Encontravam-se no hall do hotel a mulher que mudaria o destino de suas iguais — deixando-as sexualmente mais livres, mostrando o corpo do jeito que estivesse, falando do jeito que lhes desse na telha — com o craque que lutava para deixar o mais notório símbolo do macho nacional, o jogador de futebol, livre das amarras dos contratos que só interessavam aos patrões. A eletricidade foi flagrante. Afonsinho convidou Leila para ver o jogo e depois ir a uma festa na embaixada do Brasil.

Na tribuna do estádio, ela se achou a salvo de ouvidos brasileiros e meteu bronca no palavreado típico das arquibancadas, despejando-o sobre o juiz e os jogadores adversários. Notou que uma mulher, degraus abaixo, de vez em quando olhava para trás, mas, já torcedora número um de Afonsinho, Leila vibrava com o jogo e deixava que os palavrões saíssem com liberdade.

A mulher era uma espécie de braço direito do embaixador brasileiro na Tailândia.

À noite foram apresentadas na festa, e a funcionária não deixou que Leila tivesse tempo de corar. Entrou no jogo.

"A senhora diplomata também estava apaixonada pela Leila e influenciada pelo seu comportamento diurno passou a noite na festa da embaixada falando os mais desbocados palavrões da maneira mais obscena", lembra Ana Miranda na crônica já mencionada. "Era um tal de 'putaquepariu senhor embaixador', 'caralho, madame consulesa'."

Depois da festa aconteceu o inevitável. Leila e Afonsinho dormiram juntos no hotel-concentração. De manhã, saíram para dar uma volta nas redondezas, e o jogador, armado de uma câmera super-8, filmou a atriz num templo budista. Leila aparece, sorridente, cercada de crianças, todas com uniforme de estudante. Posa por alguns instantes com elas, depois manda beijinhos, e se despede com acenos e muitos sorrisos.

Leila saiu correndo do passeio para o hotel, pois precisava fazer as malas. Tinha antecipado a viagem de volta, e o vôo estava em cima da hora. Colocou um turbante colorido, uma saia em gomos também cheia de cores, e no caminho para o aeroporto fez a Bigode, que seguiria mais tarde para Katmandu, um rápido relato de seu ("ótimo") encontro com Afonsinho. Foi uma das últimas passageiras a embarcar no jato DC-8 da Japan Airlines, que faria escalas em Nova Deli, Teerã, Cairo e Roma antes de chegar a Londres, onde Leila ficaria um dia para pegar o avião de volta para o Rio.

"Ela entrou correndo na sala de embarque, depois de passar pela alfândega", lembra o cineasta, "e me deu um adeusinho. Por pouco não perdeu o avião. Parecia feliz por antecipar a volta. Tinha percebido que a turma dela agora era a filha e estava pronta para dar novo rumo à vida."

O inquérito da polícia indiana afirma que uma falha dos pilotos provocou o acidente que, na tarde de 14 de junho de 1972, matou Leila e 83 pessoas daquele vôo que estava a poucos minutos de aterrissar no aeroporto de Nova Deli. Segundo o inquérito, ao se aproximar para a escala, os pilotos preferiram o vôo visual ao vôo por instrumentos, mas confundiram as luzes de um vilarejo próximo, tomado por uma tempestade de areia do deserto vizinho, com as do aeroporto. Eram 78 passageiros e onze tripulantes. Apenas cinco pessoas se salvaram. O avião bateu no solo e explodiu. De início, suspeitou-se de um atentado, pois logo ao lado corria a Guerra do Vietnã e a rota do avião também passava por área de conflito em torno do petróleo. Especulou-se ainda sobre a alta temperatura local, acima dos 45 graus naquele momento e agravada

248

pela rajada de ventos quentes. Nada disso. Tinha sido mesmo a barbeiragem dos pilotos.

O Brasil caiu em choque. O bar Degrau, no Leblon, que tinha virado porto de Leila antes da gravidez, fechou as portas por um dia. No Veloso, já transformado em Garota de Ipanema, sua mesa ficou coberta de flores. Em São Paulo, Toquinho, Vinicius e Paulinho da Viola suspenderam um show no clube Pinheiros. Em Salvador, Elis Regina desmaiou no palco. Em Santiago do Chile, exilado, o jornalista Chico Nelson chorou tanto que os amigos imaginaram que havia morrido um grande revolucionário brasileiro. No *Jornal do Brasil*, uma das notícias do acidente foi ilustrada com uma foto de Leila ao lado de um canguru, e o redator da legenda, Carlos Leonam, escreveu: "Na última foto, Leila deixa aos amigos a imagem definitiva da sua alegria". No Antonio's, Ruy Guerra interrompeu o jantar com Tarso de Castro para atender o telefonema de um repórter. Ele estava com a lista das vítimas de um acidente de avião na Índia e queria saber se tinha Roque no nome de Leila.

Marcelo Cerqueira, o advogado casado com Baby, irmã de Leila, o mesmo que a ajudou a se safar dos militares depois da crise do *Pasquim*, foi até a Índia para trazer os restos mortais da cunhada. O relato de sua passagem pela cena da morte da atriz é impressionante:

> Como não existem na Índia necrotérios para a conservação prolongada de cadáveres, as autoridades tinham deixado os corpos das vítimas no próprio local do acidente, cobertos com plásticos, jornais, coisas assim. O ambiente era tétrico e assustador. A identificação do corpo só foi possível porque entre as vítimas estavam dois veteranos de guerra americanos e os

Estados Unidos mandaram legistas para lá. Pedimos que eles procedessem ao reconhecimento de todos os corpos. Ajudou também o fato de que, assim que dei o primeiro passo na área, senti uma coisa dura sob os pés. Era o diário que a Leila estava escrevendo. Todo queimado, mas dava pra ler alguma coisa.

Ao voltar ao Rio para sepultar as cinzas de Leila, no dia 25 de junho, no cemitério de São João Batista, no bairro de Botafogo, na mesma aléia dos jazigos de Carmen Miranda e Francisco Alves, Marcelo mostrou aos repórteres no aeroporto a página que ela escrevia no momento do acidente:

> As saudades de Janaína são muitas. Será que estou sendo a mãe que ela merece? A babá tem ficado mais tempo com ela do que eu. Desse jeito, a mãe acabará babá, e a babá, mãe. Estamos chegando em Nova Deli. Segundo anunciam, a temperatura local é quase a do inferno. Quente paca. Agora está acontecendo uma coisa es...

Leila ia escrever "estranha" ou "esquisita".

A História saberia a palavra certa. Estava acontecendo uma coisa estúpida.

18.

Morta, a "prostituta" transformou-se imediatamente em santa e, ao lado de Chiquinha Gonzaga, Anita Garibaldi, Pagu, Nise da Silveira, Maria Esther Bueno, Bertha Lutz, Clarice Lispector e poucas outras, teve o busto entronizado no altar das mulheres que ajudaram a inventar o país.

Três mil pessoas compareceram à missa de sétimo dia na catedral Metropolitana, no Centro do Rio.

Diretores da Globo ofereceram homenagens. Marcelo Cerqueira recusou todas.

Jornais e revistas disputaram nas bancas a liderança de um festival de necrofilia, puxado pela *Manchete*, que vendeu 95% da edição cuja capa trazia a última foto de Leila antes do embarque, sorrindo, levantando a filha no ar.

Os jornais espanaram o pó de seus arquivos e imprimiram novamente as melhores declarações dela:

"Só me arrependo do que deixei de fazer por preconceito, problema e neurose", ou "Não sou contra os convencionais, quero apenas que eles me permitam viver como planejo."

A revista *Visão*, chefiada por Zuenir Ventura, fez uma matéria crítica sobre o alvoroço midiático e a intitulou "Os lucros da morte". Sem identificar, colocou no meio do texto a observação de um membro da família da atriz: "Ela não conseguia emprego em lugar nenhum e agora todo mundo a homenageia...".

Vereadores ameaçaram dar o nome de Leila à rua Jangadeiro, comerciantes do edifício onde estava a Doze queriam seu nome na fachada. Tempos depois ela estaria apenas nas placas de ruas em Niterói e em Jacarepaguá. O restaurante Artgiano, que passou a ocupar o número 204 da avenida Epitácio Pessoa, um dos endereços dela, botou placa na parede lembrando a honra. A prefeitura fez na Barra a maternidade Leila Diniz.

Todo mundo faturou. Jece Valadão, que não queria lançar *Mãos vazias*, e por isso Leila estava brigada com ele, pôs o filme imediatamente nas telas.

Carlos Drummond de Andrade, no *Jornal do Brasil*, acenou com exatidão lírica:

> Leila Diniz — sobre as convenções esfarinhadas mas recalcitrantes, sobre as hipocrisias seculares e medulares: o riso aberto, a linguagem desimpedida, a festa matinal do corpo, a revelação da vida.
>
> Leila Diniz — o nome acetinado de cartão-postal, o sobrenome de cristal tinindo e partindo-se, como se parte, mil estilhas cintilantes, o avião no espaço — para sempre.
>
> Para sempre — o ritmo da alegria, samba carioca, no imprevisto da professorinha ensinando a crianças, a adultos, ao povo todo, a arte de ser sem esconder o ser.
>
> Leila para sempre Diniz, feliz na lembrança gravada:

moça que sem discurso nem requerimento soltou as mulheres de vinte anos presas ao tronco de uma especial escravidão.

Era o início de um culto que obrigaria, por exemplo, a Rede Globo, em aniversários de sua morte, a fazer uma matéria especial em telejornais locais relembrando a carreira e os gestos da atriz. Em 14 de junho de 1979, cinco anos depois da explosão do jato na Índia, o texto que se sobrepunha às poucas imagens de arquivo era assinado pelo cronista Rubem Braga, seu amigo e vizinho em Ipanema:

> Não foi muito o que ela chegou a fazer no cinema e no teatro além da deliciosa professorinha de *Todas as mulheres do mundo* e a vedete apimentada de *Tem banana na banda*. Leila ganhou importância sobretudo como pessoa humana. Desabusada, alegre, ela teve coragem de assumir de público sua independência de mulher e sua qualidade de mãe solteira. Em geral não se sabe por que as feministas são mulheres de meia-idade e feias. Leila era jovem e bonita, e falava com o melhor sotaque de Ipanema para todo o Brasil. Sua ousadia chocou, mas ajudou a mudar a mulher brasileira. Ela será citada amanhã pelos sociólogos de costumes. "Foi um momento, foi uma etapa na História." Para os que conheceram Leila Diniz foi sobretudo uma pessoa cheia de graça, em todo sentido que essa palavra tiver. Que ela tenha achado graça perante o Senhor.

Viva, Leila estava perseguida pela polícia e silenciada pelos que não lhe davam emprego. Queriam vê-la como estava agora. Morta, no entanto, de maneira trágica, aos 27 anos, recém-saída da maternidade, passaria a ser uma unanimidade nacional, a guerreira que, entre outros inconvenientes, libertou suas colegas da necessidade do hímen íntegro. A "desbocada" virou referência intelectual. As feministas que a acusavam de fazer o jogo dos homens tomaram-na imediatamente como símbolo da causa. Rose Marie Muraro, crítica em 1969, passou a compará-la com Marilyn Monroe e chegou à conclusão de que, se esta ficou na memória coletiva como arquétipo da mulher tradicional, a *vamp* infeliz punida com o suicídio pela beleza que entregara aos Kennedy, Leila imortalizou-se como a transgressora, representando no inconsciente nacional a alegria de viver pura e simplesmente.

Três livros contaram sua vida — este é o quarto —, assinados por Luiz Carlos Lacerda, Cláudia Cavalcanti e pela antropóloga Mirian Goldemberg. Sua irmã Eli, a socióloga, publicou na revista *Estudos Feministas*, da Universidade Federal do Rio de Janeiro, um "Dossiê Leila Diniz", com análises acadêmicas do mito.

"Aqueles que denunciaram e perseguiram Leila como uma subversiva, talvez estivessem certos", escreveu Eli. "O poder de nomear, destaca Bourdieu, sobretudo o de nomear o inominável, o que ainda não foi percebido ou que está recalcado, é um poder considerável, é um poder de criação."

Três filmes contaram sua trajetória, assinados pelo mesmo Lacerda (com Louise Cardoso no papel de Leila), por Ana Maria Magalhães (o documentário *Já que ninguém me tira para dançar*) e por Mariza Leão, com Sérgio Rezende (o também documentário *Leila para sempre Diniz*).

Quatro músicas cantaram saudade. Taiguara compôs a balada "Memória livre de Leila"; Milton Nascimento, o Empregado no supermercado, em "Cafuné na cabeça, malandro, eu quero até de macaco" musicou os versos de Leila ("Brigam Espanha e Holanda"), que ela recita em *Edu, coração de ouro*.

Martinho da Vila não esqueceu a amiga solidária no preconceito que sofreu no Antonio's. Juntou-se a Nei Lopes e fez o samba-crônica ("Ela era crooner de uma orquestra sistemática/ Feita de loucos, de poetas e porristas/ A estátua nacional da liberdade/ Ditando a lei do ventre livre no país").

Nos anos 90, Rita Lee escreveria o rock "Todas as mulheres do mundo", uma colagem pop com ícones do mulherio ("Mães assassinas, filhas de Maria/ Polícias femininas, nazijudias/ Gatas gatunas/ Quengas no cio/ Esposas drogadas, tadinhas, mal pagas"), para concluir no refrão que toda mulher é meio Leila Diniz.

Raramente foi usado um tom mais crítico para lembrar a atriz, como chegaram a fazer a também atriz Maria Lúcia Dahl e a figurinista Marília Carneiro. Reunidas, em 2008, por Zuenir Ventura para um balanço do ano de 1968 no livro *O que fizemos de nós*, as duas juntaram algumas farpas inesperadas contra a vizinha de barraca na Montenegro:

> MARÍLIA: Leila Diniz foi a primeira pessoa grossa que eu conheci.
>
> MARIA LÚCIA: Ela destoava da turma da gente. Em compensação, inventou aquela coisa bonita de abolir as batas, sair de biquíni grávida num tempo em que grávida usava burca.
>
> MARÍLIA: Concordo que ela era extremamente malcomportada, mas tinha um lado solto muito simpático.
>
> MARIA LÚCIA: Sim, mas ficar lá no fundo do Antonio's dizendo palavrão não tinha graça nenhuma.

A memória de Leila, a inventora de uma nova mulher para as brasileiras irem à praia, às relações sentimentais, aos escritórios e aos abraços de seus amores, preservou-se acima de tudo com preitos intermináveis de reconhecimento e gratidão. Se as famílias de início podiam considerá-la o verbo do demônio, logo passariam a chamar na mesa de jantar seus próprios filhos de "pentelhos". A partir dela cada uma teria direito a buscar a felicidade como lhe fosse ao gosto. Dava para sair na Banda de Ipanema e gostar de rock, ser feminista e adorar um macho. A partir de Leila a mulher começava a ser autorizada a ter quantos namorados quisesse na cama que escolhesse, inventar a sua Pasárgada aqui mesmo, ou simplesmente escolher casar virgem, véu e grinalda no altar da Candelária. A ninguém mais caberia julgar os prazeres alheios — e a História foi farta em lhe dar os créditos devidos.

O psicanalista Eduardo Mascarenhas, companheiro de Ipanema, explicou Leila aos que não conheciam o contexto — nada era divino, nada era maravilhoso — em que ela surgiu:

> Existiam três tipos de sexo: o sexo família, o sexo profissional e o sexo adulterino. As que se conformassem com esse destino recebiam o honroso título de moças de família ou mulheres de bem. As que se rebelassem deveriam ser difamadas. Eram chamadas prostitutas, fêmeas tomadas pelo furor uterino. Foi nesse panorama sufocante que emergiu Leila Diniz. Sozinha, emocionante, linda.

As mães de Leila morreram de doenças diversas, mas seu pai, o velho Newton, sempre deprimido e em briga com Isaura, enforcou-se dez anos depois, na sala de casa em Copacabana. Não deixou justificativa.

Os diários de Leila, dezenas de cadernos escritos com letra firme e clara de professora, permanecem guardados com a amiga Marieta Severo ("Coloquei dentro de uma caixa, no alto de um armário, e jamais li, não tenho o direito") e, embora algumas editoras já tenham feito propostas para publicá-los, nunca foram divulgados. No lançamento do filme com Louise Cardoso, em 1986, algumas poucas páginas chegaram à imprensa. Numa delas, de 18 de outubro de 1969, escrita em São Paulo, Leila deixa claro que acima de tudo, acima das contradições, estava a necessidade de, num jeito conservador ou avançado, afirmar a felicidade. Se alguém aqui, 250 páginas depois, quer um resumo da personagem, a própria Leila vem em auxílio do biógrafo e faz a generosidade:

> Talvez eu seja no fundo a mais ingênua das criaturas, a mais cristã e ideológica que se possa imaginar. Esperava do mundo uma sinceridade e uma honestidade clara e simples como a que eu pretendia e pretendo lhe dar, mas vi que não era bem assim e fiquei um pouco confusa, daí, por isso, minha forma de dar e de receber tenha se modificado um pouco. [...] Acho que a verdade da pessoa, se for verdade mesmo, por mais absurda ou babaca que ela seja, é aceita. Gostaria de andar nua, por dentro e por fora. Seria bom se todo mundo andasse assim. [...] Acho que é preciso se deseducar para se reestruturar. Para se chegar aos instintos verdadeiros dentro da gente, para se descobrir o "certo" da gente. Quando se está livre de toda a capa de educação, de "boa educação", de "direitinho", das normas, dos preconceitos e tudo o que é ensinado pra gente, se pode ter uma visão de vida e de mundo, uma maneira de viver muito mais livre e divertida. Muito mais aberta.

19.

"Ah, Nossa Senhora, a senhora tem sido muito ingrata comigo", começava o último texto de Leila Diniz no cinema. Era a primeira cena do filme *Amor, Carnaval e sonhos*, de Paulo César Saraceni, e o que ela falava era puro improviso a partir de uma deixa do diretor: o Carnaval estava começando, e ela, sozinha, uma prostituta da Lapa, precisava de um homem para brincar. Segurava, furiosa, a imagem da santa, aos pés da qual havia acabado de colocar flores.

Fantasiada de pirata de propaganda de Ron Merino, com direito a uma impagável rodela preta fechando o olho esquerdo, Leila continuava:

> A senhora não tem sido legal mesmo. Não sei há quantos dias que eu acendo vela para a senhora, pago promessas, é lírio, é cravo. Afinal de contas, eu tenho meus errinhos, cometo meus pecados, mas a senhora bem que podia perdoar. O que eu quero? Eu quero amar, ter um homem. Isso é alguma coi-

sa de mais? A senhora não é santa? Santa não é para compreender a vida da gente? Me diz, é algum pecado ter um homem? É algum pecado querer amar?

A Leila-pirata, filha de comunista na vida real, descrente das coisas do céu católico, vai crescendo a voz, fica irada, sacode a imagem da Nossa Senhora que estava segurando e bate com ela na mesa. Quebra a santa, algo que décadas depois nem o chute do bispo da Igreja Universal conseguiria. Espatifa a Nossa Senhora da cintura para cima. E continua furiosa:

"E eu só colo a senhora, só ponho a sua cabeça no lugar, quando a senhora me tirar desse abandono."

Nesse momento, a câmera corta para a janela do quarto em que a atriz está, e lá vem ele, chapéu de palha, camisa listrada, pulando a janela como se fosse um ladrão de corações, o eterno malandro carioca Hugo Carvana. Não diz nada. Como é do estilo da raça, puxa de uma caixa de fósforos e começa a cantar e batucar "O importante é ser fevereiro [e ter Carnaval pra gente sambar]", de Wando e Nilo Amaro. A pirata sorridente percebe que se deu finalmente o milagre da santa, o tríduo momesco estava garantido. Canta o samba junto com o malandro sedutor — e não dá nem para ouvir que naquele set de filmagem, um quarto de hotel da Lapa, com as paredes repletas de fotos de artistas populares, a pequena Janaína, com apenas cinco meses, chora querendo mamar.

A cena dura, se tanto, cinco minutos. Era para ser um pouquinho diferente. Saraceni queria que Leila quebrasse apenas a cabeça da santa e depois, realizado o milagre de encontrar o homem para brincar o Carnaval, a colasse de volta. Mas Leila espatifou a santa em muitos cacos, e não havia outra para refazer a cena. Ficou assim mesmo.

Gastou-se apenas a manhã de sábado de Carnaval para filmá-la. Tempos mais tarde, ao ver o filme, Glauber Rocha diria que o dueto cantante de Carvana e Leila, "que musicale!", era digno do melhor Godard e inaugurava "um novo cinema moderno".

Glauber exagerava muito.

Amor, Carnaval e sonhos foi todo rodado nos quatro dias de Carnaval de 1972, dois meses antes da morte de Leila, e é radicalmente experimental, sem uma história clara, um autêntico cinema novo pós-desbunde. Saraceni admite, em sua biografia *Por dentro do cinema novo — Minha viagem,* que só conseguiu fazer a cena do baile de Carnaval do Teatro Municipal depois de subir num camarote e cheirar "uma fileira amazônica". O filme encaixava-se, podes crer, numa continuação do período lisérgico de Angra e Paraty. Nada de discursos políticos óbvios, pois não só os militares não deixariam passar, como eles haviam cansado a beleza da turma. Guevara estava morto, era preciso encontrar uma nova saída para a antiga selva ideológica. Nas metáforas, simbologias e afins que os cineastas utilizavam para burlar a censura, o filme, com atores sem texto contracenando em meio ao desfile de blocos e de escolas de samba, era uma tentativa, segundo Saraceni, de "ouvir, estabelecer uma ligação com as antenas do povo brasileiro, na sua fé e alegria inquebrantáveis, e forçar os militares a devolver a democracia".

Numa cena, o próprio Saraceni dança no baile do Municipal, com uma fantasia meio de príncipe Valente, meio de Robin Hood. Anos mais tarde, ao ver a coisa, o cineasta francês Jean-Marie Straub foi-lhe extremamente sincero:

"Que coisa mais cínica, Saraceni!"

Leila nunca chegou a ver *Amor, Carnaval e sonhos*. Não entenderia muito bem, como de resto todos os que vêem o filme, mas certamente aprovaria a sua tentativa de politização através da festa, da alegria e dos costumes. Arduíno Colasanti e sua então mulher, a futura escritora Ana Miranda, protagonizam uma das mais explícitas cenas de sexo já rodadas até então. Muita dança e bom sexo, eis a fórmula do filme para discutir a conjuntura nacional.

O primeiro a ver o filme, o produtor e exibidor Luís Severiano Ribeiro, reagiu cheio de boas intenções. Tinha topado rodar a fita ao perder uma aposta para Saraceni. Em troca lhe deu trinta latas de filme. Agora queria dar mais, tantas latas fossem necessárias, para que ele completasse a obra, pois não entendia como a história se interrompia, sem mais, sem ponto final, sem nexo algum, em meio a um desfile da Acadêmicos do Salgueiro cantando "Tengo-tengo, santo Antônio e Chalé/ Minha gente é muito samba no pé". Severiano queria, para lançar o título em seus cinemas, que o diretor voltasse a campo, pegasse Leila e Carvana, o casal da primeira cena, e seguisse com ele, inventasse uma história que fizesse sentido mais claramente. Não conseguiu. Não era o espírito da coisa, e estava na aposta que ele não teria esse direito. O filme entrou em cartaz no Carnaval do ano seguinte por um tempo mínimo de exibição. Confuso demais para grandes platéias, curtido apenas pelos amigos do peito.

Menos de um mês depois da morte de Leila, Saraceni fez uma sessão especial de *Amor, Carnaval e sonhos* no cinema Pax, que ficava ao lado da igreja de Nossa Senhora da Paz, em Ipanema, e depois virou o prédio da galeria Forum. À meia-noite, o cinema estava cheio com a mais completa tradução da vanguarda de Ipanema, uma geração que Leila havia ajudado a criar com o filme *Todas as mulheres do mundo*, a entrevista ao *Pasquim* e a barriga de grávida por fora do biquíni.

Gal Costa foi uma das primeiras a chegar, e usava uma

bata comprada na butique Doze. Ainda estava em cartaz com o show *Fatal* ("Tente passar pelo que estou passando"), no teatro Tereza Rachel, em Copacabana, e era a musa absoluta da contracultura brasileira, a ponto de ter dado seu nome às dunas que na praia, dois quarteirões atrás do Pax, abrigavam os jovens ligados na poesia-mimeógrafo, no cinema de super-8, na confecção de roupas fora do padrão Ducal e no rock misturado com MPB. As Dunas da Gal, ou do Barato, a partir do início de 1971, foram o primeiro abrigo geográfico no país aos que queriam fumar maconha em público.

Todos juntos formavam o *underground*. Entre si, chamavam-se bichos. Todos na paz, ficava cada um na sua.

A sessão começou com um minuto de silêncio, findo o qual alguém gritou "Viva Leila!" e houve aplausos. Anecy Rocha, Arduíno Colasanti, Vera Barreto Leite, Joel Macedo, Marina Lima, Pinky Wainer, Maria Gladys, Georgiana de Moraes, Hugo Carvana, Pedro Morais, Othon Bastos, Miguel Farias, Scarlet Moon, Neville de Almeida, Carlos Gregório, Carlinhos Oliveira — a lista de convidados ia do bar Vinte à praça General Osório, os limites de Ipanema. O astral era alto, e estavam todos impregnados dos novos comportamentos que o bairro não parava de produzir.

Uma Ipanema, de boemia intelectualizada, despedia-se, e outra, inspirada na contracultura das drogas e com forte cheiro de patchuli, entrava em cena.

"Nunca fui tão beijado na boca, por homens e mulheres, como naquela noite", lembra Saraceni. "As pessoas sentavam umas nos colos das outras. Era como se houvesse um reconhecimento de que a Leila tinha sido fundamental para que todos se sentissem mais à vontade com o seu jeito de ser. Foi uma noite mágica."

Quando ela aparece na tela de pirata Ron Merino, as pessoas riem, depois riem também quando ela quebra a santa, e por fim cantam baixinho o samba do "fevereiro". Saraceni recorda que, da cadeira atrás da sua, ouviu uma voz linda sussurrar-lhe ao ouvido: "Faz um filme desses comigo, depois faz um filho comigo" — e era a própria Gal, a cantora que iluminava as noites daquele Rio cantando "Eu sou uma fruta gogóia".

A sessão teve uma esticada até o outro lado da rua, na Joana Angélica com Alberto de Campos, onde morava Vera Barreto Leite. Já era uma festa ao estilo anos 70, com drogas, sexo e rock-and-roll. Ninguém se sentia culpado de viver moderno em plena ditadura, e era preciso agradecer a Leila por estarem todos mais vivos e em paz com seus desejos.

Antes do fim do ano, Saraceni participaria com Vera de outra festa, também depois da exibição de *Amor, Carnaval e sonhos*, na casa de Fabiano Canosa em Nova York.

Lá o clima político era outro, e o tempo fechou.

Um membro dos Panteras Negras puxou uma faca e começou a gritar geral para a brasileirada no apartamento. Como podiam estar todos ali dançando e cantando Carnaval se no Brasil as pessoas estavam sendo presas e torturadas? Foram alguns minutos de tensão. Mas, se a santinha conseguia arrumar namorado para Leila no filme, na vida real os caboclos da mata domavam Panteras Negras. Saraceni diz que Vera Barreto Leite, ligada nas coisas do candomblé, se pôs a cantar pontos, falar em Iansã, Oxóssi. O Pantera Negra foi abaixando a mão, abaixando a mão, e, ufa, deu-se o milagre. Guardou a arma. O clima místico, também na moda contracultural, estava no filme. Além de Carnaval, tem cachoeira, pedra e mata, com personagens vestindo entidades de ritos africanos, todas evocadas, embora não se entenda muito bem por quê.

Leila, despida do pirata, voltaria a aparecer em cena quase no final de *Amor, Carnaval e sonhos*, fantasiada de Carmen

Miranda. Nada a ver com o início da história — mas não leve a mal, é Carnaval, é cinema novo. Ela surge no momento em que o filme documenta a passagem da Império Serrano no desfile daquele ano das escolas de samba na avenida Presidente Antônio Carlos. Leila vinha como destaque representando a cantora, a homenageada no enredo.

Foi a sua última cena no cinema. Está linda. Movimenta os braços no jeito engraçado como fazia Carmen e desfila com naturalidade para a câmera de Saraceni que a rodeia. Como não é mais a personagem do filme, e sim a intérprete da cantora no enredo, está de olho na evolução da escola que se apresenta para o grande público. Três dias depois, na quarta-feira, sua foto ganharia uma página dupla da edição de Carnaval da revista *Manchete*. Veste uma baiana bem-comportada, na medida para quem tivera uma filha havia cinco meses. De fora, apenas alguma coisa acima do umbigo, um naco de pele acima da saia comprida. A blusa, cheia de balangandãs, não oferece decote algum.

Leila aparece desfilando pelo Império em não mais que um minuto de filme — e adeus.

Saiu de cena, em sua última aparição pública no Rio, sorrindo como quase sempre esteve na vida real, coerente com a personagem revolucionária que havia apresentado à história do país. Estava em boa companhia. Carmen Miranda também estreou uma nova mulher nos anos 1930. Trouxe ousadia inédita para as cantoras no início do século xx, avançou na malícia feminina ("Eu dei/ O que foi que você deu, meu bem?") dos temas de suas marchinhas. Apostava na sinalização espontânea do corpo e, também sem discurso, na revelação de uma mulher com mais destaque. Já se conheciam. Leila vestiu as roupas de Carmen em *Tem banana na banda*, quando se faz de vedete e grita ao seu jeito o eterno mantra delas, o "oba" antes de descer a última cortina. As duas vibraram no inconsciente nacional a certeza de que fora da alegria, do amor e da liberdade não há salvação.

Quando Carmen Miranda encontra Leila Diniz para ser sua intérprete na avenida das escolas de samba, não podia dar outro resultado. A Império Serrano foi a campeã do desfile de 1972 — e é possível ouvir daqui as duas gritando em uníssono do alto de alguma escadaria de nuvens:

"Oooooooooooooooba!"

Cronologia

BRASIL	MUNDO
1945	**1945**
• 25 DE MARÇO: Leila Roque Diniz nasce em Niterói. • Sua mãe, Ernestina, é internada num sanatório para doentes de tuberculose. • Fim do Estado Novo. • O Partido Comunista Brasileiro entra na legalidade.	• Fim da Segunda Guerra Mundial. • Fundação da ONU. • O compositor Prokofiev lança *Cinderela*, em Moscou. • O filme *Roma, cidade aberta*, de Rossellini, dá início ao neo-realismo italiano.
1946	**1946**
• Seu pai, Newton, casa-se com a professora Isaura, e leva Leila e seus dois irmãos, Elio e Eli, para morar com eles. • 30 DE ABRIL: Eurico Gaspar Dutra decreta o fechamento de todos os cassinos no Brasil, incluindo o famigerado Cassino da Urca.	• Estilista francês Louis Réard inventa o biquíni. • Mulheres conquistam o direito de voto na Itália. • É realizada a primeira edição do Festival de Cannes. • Juan Perón é eleito presidente da Argentina.

BRASIL	MUNDO
1949	**1949**
• Nasce sua irmã Regina. • Emilinha Borba é eleita Rainha do Rádio pelos ouvintes, em disputa acirrada com Marlene.	• Simone de Beauvoir lança os dois volumes de *O segundo sexo*. • Programa de Apartheid é estabelecido na África do Sul. • O Muro de Berlim é oficialmente erguido. • É exibida a primeira novela diária na televisão norte-americana, *These are my children*.
1950	**1950**
• 18 DE SETEMBRO: inauguração da televisão no Brasil, com a estréia da TV Tupi.	• A população mundial chega a aproximadamente 2,3 bilhões. • O *cool jazz* ganha fama com Miles Davis.
1952	**1952**
• Nasce sua irmã Lígia. • Oscarito e Grande Otelo estrelam a chanchada *Carnaval Atlântida*.	• É produzida a primeira pílula anticoncepcional. • Estréia *Luzes da ribalta*, de Charles Chaplin. • O fotógrafo Cartier-Bresson lança seu primeiro livro, *Images à la sauvette*, traduzido para o inglês como *The decisive moment*. • Morre Eva Perón.
1954	**1954**
• Getulio Vargas suicida-se com um tiro no peito no palácio do Catete.	• Primeira performance de Elvis Presley no rádio. • Com apenas dez meses de casamento, Marilyn Monroe se divorcia de Joe DiMaggio.
1955	**1955**
• Leila é informada por uma tia de que Isaura não é sua mãe, como supunha, mas Ernestina.	• Vladimir Nabokov publica *Lolita*.

BRASIL	MUNDO
1955 [cont.]	1955 [cont.]
• Juscelino Kubitschek vence as eleições para presidente. • Morre Carmen Miranda. • Nelson Pereira dos Santos lança o filme precursor do cinema novo, *Rio 40 graus*.	• James Dean estrela *Juventude transviada*, filme que renderia nome a toda uma geração. • "Rock around the clock", de Bill Haley and His Comets, dispara nas paradas de sucesso. • Walt Disney lança a primeira animação realizada em Cinemascope, *A dama e o vagabundo*.
1957	1957
• Leila vai morar com Ernestina em Santa Teresa. • Entra para o colégio Souza Aguiar. • Começa a fazer terapia. • Volta para a casa do pai em Copacabana. • Morre no Rio de Janeiro o escritor José Lins do Rego.	• Albert Camus recebe o Nobel de Literatura. • União Soviética lança o Sputnik, primeiro satélite artificial do planeta Terra. • Eugene O'Neill recebe o prêmio Pulitzer pela peça *Longa jornada noite adentro*. • Morre o estilista francês Christian Dior, inventor do *new-look* pós-guerra.
1960	1960
• Inauguração de Brasília.	• John F. Kennedy é eleito presidente nos Estados Unidos. • Federico Fellini lança o longa-metragem *A doce vida*.
1962	1962
• Tom e Vinicius compõem "Garota de Ipanema". • Brasil é bicampeão na Copa do Mundo do Chile. • Ruy Guerra lança o longa-metragem *Os cafajestes*.	• URSS coloca ogivas nucleares em Cuba, e durante uma semana o planeta fica à beira da terceira guerra mundial. • Morre Marilyn Monroe. • É realizada a primeira cirurgia de implante de silicone nos seios.

BRASIL	MUNDO
1963	**1963**
• Leila se casa com Domingos Oliveira, em Copacabana. • Ajuda Domingos na produção de *Somos todos do jardim-de-infância*. • Abandona a escola. • Brasil sedia Jogos Pan-Americanos pela primeira vez, em São Paulo.	• Presidente norte-americano John F. Kennedy é assassinado em Dallas. • Polaroid inventa a fotografia colorida instantânea. • O museu Guggenheim, em Nova York, exibe pela primeira vez a *pop art* para o grande público. • Morre a cantora francesa Edith Piaf.
1964	**1964**
• Estréia como atriz na peça infantil *Em busca do tesouro*. • Participa como vedete do espetáculo *It's holiday*, de Carlos Machado. • Estréia em teatro adulto na peça *O preço de um homem*, no teatro Mesbla, no Rio. • 31 DE MARÇO: golpe militar destitui João Goulart da Presidência da República, dando início à ditadura militar.	• Martin Luther King ganha o Nobel da Paz. • Jean-Paul Sartre rejeita o Nobel de Literatura. • O *twist* leva o público às discotecas. • Estréia o filme *Mary Poppins* no cinema.
1965	**1965**
• Estrela as novelas *Ilusões perdidas* e *Paixão de outono*, na Globo. • Faz assistência de direção para Domingos Oliveira no programa *Show da Noite*, na Globo. • Separa-se de Domingos. • Muda-se para Ipanema. • Participa como modelo de comerciais em revistas. • Canal de TV Record estréia o programa *Jovem Guarda*, apresentado por Erasmo Carlos, Roberto Carlos e Wanderléa. • Estréia em São Paulo versão teatral de *Vida e morte severina*, de João Cabral de Melo Neto, com canções de Chico Buarque.	• Estados Unidos enviam as primeiras tropas ao Vietnã para impedir o avanço comunista. • É lançado o formato de filme super-8, ampliando o mercado para as produções experimentais e caseiras. • "(I can't get no) Satisfaction", dos Rolling Stones, entra nas paradas da Billboard.

BRASIL	MUNDO
1966	**1966**
• Filma *O mundo alegre de Helô*, de Carlos Alberto de Souza Barros, *Todas as mulheres do mundo*, de Domingos Oliveira, e *Jogo perigoso*, de Luis Alcoriza. • Ganha o prêmio de melhor atriz do Festival de Brasília por seu trabalho em *Todas as mulheres do mundo*. • Grava na Globo as novelas *Um rosto de mulher, Eu compro essa mulher* e *O sheik de Agadir*. • Glauber Rocha lança o filme *Terra em transe*. • Jorge Amado publica *Dona Flor e seus dois maridos*.	• Estilista Mary Quant, a inventora da minissaia, é condecorada com a Ordem do Império Britânico pela rainha Elisabeth II. • Mao Tse-tung inicia a Revolução Cultural na China. • Estados Unidos declaram LSD prejudicial à saúde e ilegal. • Elizabeth Taylor ganha Oscar de melhor atriz por *Quem tem medo de Virginia Woolf?*.
1967	**1967**
• Participa das novelas *Anastácia, a mulher sem destino* e *A rainha louca*, na Globo. • Filma *Mineirinho vivo ou morto*, de Aurélio Teixeira, *O homem nu*, de Roberto Santos, e *Edu coração de ouro*, de Domingos Oliveira. • Em março aparece pela primeira vez na capa de uma revista, a *Manchete*. • Tom Jobim e Frank Sinatra lançam LP juntos, cantando conhecidas músicas da bossa nova.	• Os Beatles lançam *Sgt. Pepper's Lonely Hearts Club Band*. • Michelangelo Antonioni estréia o filme *Blow-up — Depois daquele beijo*. • Ernesto "Che" Guevara é morto na Bolívia. • Bioquímicos produzem versão sintética do DNA. • É lançada a revista *Rolling Stone*, sobre música, cinema e entretenimento.
1968	**1968**
• Estréia na TV Excelsior, em São Paulo, com a novela *O direito dos filhos*. • Filma *A madona de cedro*, com Carlos Coimbra, *Os paqueras*, com Reginaldo Faria, e *Fome de amor*, com Nelson Pereira dos Santos.	• Revolta dos estudantes na França. • Stanley Kubrick lança *2001: uma odisséia no espaço*. • Martin Luther King, líder do movimento em prol dos direitos civis para negros norte-americanos, é assassinado em Memphis.

BRASIL	MUNDO
1968 [cont.]	1968 [cont.]

• Faz uma ponta no curta-metragem *Fantasia para ator e* TV, de Paulo Alberto Monteiro de Barros.

• 13 DE DEZEMBRO: o general Costa e Silva assina o Ato Institucional nº 5, restringindo direitos civis e políticos.

• Caetano Veloso, Gilberto Gil, Gal Costa e Tom Zé lançam o LP *Tropicália ou panis et circensis.*

• O musical *Hair* faz grande sucesso na Broadway.

1969	1969

• Faz as novelas *Vidas em conflito, Dez vidas* e *A menina do veleiro azul*, todas na Excelsior.

• Participa de *Acorrentados*, na TV Rio.

• Filma *Corisco, o diabo loiro*, de Carlos Coimbra, e *Azyllo muito louco*, de Nelson Pereira dos Santos.

• Dá uma polêmica entrevista ao jornal *O Pasquim.*

• Joaquim Pedro de Andrade leva *Macunaíma* às telas de cinema.

• Embaixador norte-americano Charles Burke Elbrick é seqüestrado por guerrilheiros da ALN e do MR-8.

• 21 DE JULHO: o astronauta norte-americano Neil Armstrong é o primeiro homem a pisar na Lua.

• AGOSTO: o Festival de Woodstock recebe mais de 300 mil pessoas nos Estados Unidos, tornando-se um marco da contracultura.

• O aborto é legalizado no Canadá, em caso de risco à saúde da mulher.

• Fidel Castro bane o feriado do Natal do calendário cubano.

1970	1970

• Vai ao programa *Quem Tem Medo da Verdade*, onde é condenada pelo júri.

• Atua como vedete na revista *Tem banana na banda*, no teatro Poeira, em Ipanema.

• Pesquisa indica que 231 milhões de pessoas possuem aparelhos de TV ao redor do mundo.

• Salvador Allende é eleito presidente do Chile.

BRASIL	MUNDO
1970 [cont.]	1970 [cont.]

- Participa com Betty Faria, na boate Sucata, do espetáculo *Sem asteriscos*.
- Faz sua última novela, *E nós, aonde vamos?*, na Tupi do Rio.
- Entra para o júri do programa de Flávio Cavalcanti, na TV Tupi do Rio.
- Desfila de biquíni na avenida Rio Branco.
- Passa a morar com o diretor de cinema Ruy Guerra.
- Brasil é tricampeão na Copa do Mundo do México.
- Início da dupla Toquinho e Vinicius, com composições como "Regra três" e "Tarde em Itapoã".

- O guitarrista Jimi Hendrix e a cantora Janis Joplin, após uma breve carreira de sucesso, morrem aos 27 anos.
- Papa Paulo VI declara que celibato dos padres é um princípio fundamental da Igreja Católica.
- O Boeing 747 faz seu primeiro vôo comercial.

1971	1971

- Perseguida pela polícia, refugia-se na casa do apresentador Flávio Cavalcanti, em Petrópolis.
- Filma *O donzelo*, de Stefan Wohl, e *Mãos vazias*, de Luiz Carlos Lacerda.
- Abre com a modelo Vera Barreto Leite a loja Doze, em Ipanema.
- Escandaliza ao ser fotografada de biquíni, grávida, sem proteger a barriga com uma bata, como era costume.
- Nasce sua filha, Janaína.
- Ferreira Gullar parte para o exílio em Moscou.
- O ex-militar e guerrilheiro Carlos Lamarca é morto.

- Morre o trompetista e cantor Louis Armstrong.
- Mulheres conquistam o direito de voto na Suíça.
- Aos 27 anos, morre o cantor Jim Morrison.
- Estados Unidos e URSS assinam um tratado banindo o uso de armas nucleares no oceano.

BRASIL	MUNDO
1972	1972
• Estrela o musical *Vem de ré que eu estou de primeira*, dirigido por Tarso de Castro. • Filma *Amor, Carnaval e sonhos*, com Paulo César Saraceni. • Participa do Festival de Adelaide, na Austrália. • 14 DE JUNHO: morre num desastre de avião na Índia. • Ganha, *post-mortem*, o prêmio de melhor atriz do Festival de Adelaide. • Primeira transmissão de televisão em cores no Brasil.	• A *Pietà*, de Michelangelo, é seriamente danificada a marteladas por um fanático. • Luis Buñuel lança o filme *O discreto charme da burguesia*. • Terroristas palestinos realizam atentado contra a delegação israelita nas Olimpíadas de Munique, deixando dezoito mortos. • Estréia na Broadway o musical *Grease*.

Indicações bibliográficas

Leila Diniz já mereceu quatro biografias, cada uma com uma abordagem específica. A da antropóloga Mirian Goldenberg, publicada em 1996 pela Record com o título *Toda mulher é meio Leila Diniz*, trata principalmente das relações familiares de Leila, partindo de minuciosas entrevistas com seus quatro irmãos. O cineasta Luiz Carlos Lacerda lançou *Leila para sempre Diniz* nesse mesmo ano, também pela Record. O livro tem a estrutura de um diário, não cronológico, feito com base em flashes da vida da atriz, de quem Lacerda foi amigo desde a adolescência. Está esgotado, assim como *Leila Diniz, uma história de amor*, que Cláudia Cavalcanti lançou em 1983 pela Brasiliense e se vale sobretudo do material divulgado anteriormente na imprensa. O mesmo recurso foi usado por Ana Tereza Clemente, que traçou um perfil de Leila numa brochura publicada pela Globo em 2007.

Em 2002, o Centro Cultural Banco do Brasil, em São Paulo, fez uma mostra em memória dos trinta anos da morte de Leila e editou uma brochura rica em fotos inéditas, fornecidas pela família dela. Além de conter depoimentos de parentes, colegas e amigos, o livro é importante por organizar a carreira da atriz no cinema, com cada diretor de seus filmes depondo sobre os bastidores da realização. É peça raríssima em sebos. A socióloga Eli Diniz, irmã de Leila, promoveu uma leitura intelectualizada do mito em que ela se transformou para o feminismo brasileiro. Em 1994, Eli organizou o *Dossiê Leila Diniz*, em que há um artigo de sua autoria, e que foi publicado em forma de brochura pela CIEC/ECO, da Universidade Federal do Rio de Janeiro. Também só está disponível em sebos.

Alguns livros, ao tratarem de outros assuntos e personagens, deram bons espaços para falar de Leila. Ruy Castro dedicou-lhe cinco páginas em *Ela é carioca, uma enciclopédia de Ipanema*, publicado pela Companhia das Letras em 1999. Ela aparece rapidamente na biografia de Léa Penteado sobre Flávio Cavalcanti (*Um instante, maestro!*), na de Luís André do Prado sobre Cacilda Becker (*Fúria santa*), na de Jason Tércio sobre José Carlos Oliveira (*Órfão da tempestade*) e na de Paulo César Saraceni sobre ele mesmo (*Por dentro do cinema novo*). Há flashes de Leila, ainda, nas biografias que Luiz Carlos Merten fez para a Imprensa Oficial do Estado de São Paulo sobre Carlos Coimbra e Anselmo Duarte. O jornalista Carlos Leonam também conta histórias dela em *Degraus de Ipanema*, da Record.

De resto, a vida de Leila Diniz está desmembrada em milhares de recortes de jornais, duas dezenas de capas d'*O Cruzeiro*, da *Manchete* e de *Intervalo*, que cobriram de perto sua breve carreira. Em 2002, *O Pasquim* lançou um *Almanaque* inteiramente dedicado a Leila. Reproduz matérias que publicou sobre a atriz, capas, e aproveita para recolher novos artigos em memória dela. É interessante também o perfil que a psicóloga Carmen da Silva fez para a capa da revista *Realidade* em agosto de 1971, com o título "Olhos de Leila, boca de

Leila". Mas a peça jornalística mais importante para conhecer a atriz é a entrevista que ela deu ao *Pasquim*, em novembro de 1969, e que pode ser encontrada, reproduzida na íntegra, no primeiro volume d'*O melhor do Pasquim*, organizado por Sérgio Augusto e Jaguar. Foi lançado pela editora Desiderata em 2006. Alguns trechos da conversa, não publicados na edição do *Pasquim*, foram transcritos no livro *Eu não sou cachorro não*, de Paulo César Araújo, da Record.

Três filmes servem ainda de fonte de consulta sobre Leila. Luiz Carlos Lacerda usou atores para recriar a trajetória da atriz em *Leila Diniz*, de 1987. Sérgio Rezende e Mariza Leão realizaram em 1975 um curtíssimo documentário, de dez minutos, com o título *Leila para sempre Diniz*. Ana Maria Magalhães também usou a técnica do documentário para contar a vida da grande amiga. Em 1982, com quase uma hora de duração e repleto de imagens raras, fez *Já que ninguém me tira para dançar*, que passou apenas na televisão. Nenhum desses filmes está disponível em DVD.

Este livro não teria sido possível sem as preciosas informações de cada um destes entrevistados: Afonsinho, Alberto Shatowski, Alice Cardoso de Menezes, Ana Maria Magalhães, André Adler, Arduíno Colasanti, Betty Faria, Cacá Diegues, Carlos Leonam, Cláudio Marzo, Cláudio McDowell, Daniel Filho, Danuza Leão, Domingos Oliveira, Eli Halfoun, Eli Roque Diniz (Baby), Elio Roque Diniz, Eva Wilma, Flávio Cavalcanti Jr., Flávio Migliaccio, Gilberto Braga, Gracindo Jr., Heloisa Meirelles, Henrique Martins, Hugo Carvana, Ionita Guinle, Irene Ravache, Jacira Brum, Janaína Diniz Guerra, Jorge Faria (do bar Garota de Ipanema), José Bonifácio de Oliveira Sobrinho (Boni), Kleber Santos, Laudelina Maria Alves (Nenê), Léa Penteado, Lídice Meireles Picolin, Lígia Roque

Diniz, Luís Carlos Maciel, Luís Fernando Goulart, Luiz B. Neto, Luiz Carlos Barreto, Luiz Carlos Lacerda (Bigode), Luiz Eduardo Prado, Luiz Sérgio Lima e Silva, Marcelo Cerqueira, Marguerite Labrunie (Maggy), Maria Gladys, Maria Helena Malta, Maria Lúcia Dahl, Marieta Severo, Marilda Pedroso, Marília Pêra, Marina Colasanti, Mário Carneiro, Martinho da Vila, Nelson Pereira dos Santos, Odair Quintela, Olivier Labrunie, Paulo César Saraceni, Paulo Coelho, Paulo Garcez, Paulo José, Paulo Rocco, Reginaldo Faria, Sérgio Brito, Sérgio Cabral, Sérgio Ricardo, Sílvio Luiz, Tânia Scher, Toquinho, Vera Barreto Leite, Wanda Sá, Wilson de Lyra Chebabi, Zaragoza, Zelito Viana e Ziraldo. A todos, pela paciência e pela generosidade das informações, o meu muito obrigado.

Além dos entrevistados, outras pessoas colaboraram com o empréstimo de livros, facilitação de pesquisa e toda sorte de ajuda para que a vida de Leila Diniz pudesse ser contada em detalhes. Alguns cederam seus arquivos, outros abriram caminhos. Esta biografia não teria sido possível sem o auxílio luxuoso de Adda di Guimarães, Anna Maria Ramalho, Antonio Guerreiro, Antonio Roberto Arruda, Artur Xexéo, Bárbara Oppenheimer, Beatriz Horta, Carlo Mossy, Carlos Maranhão, Eliane Loss, os funcionários do colégio Souza Aguiar, Frederico Mendes, Geraldinho Carneiro, Graça Neiva, Isabela Santiago, João Luiz Albuquerque, Kakiko, Léo Monteiro de Barros, Lilian Sapucahy, Luis Erlanger e o pessoal do Cedoc da Rede Globo de Televisão, Marcelo (da Livraria Travessa), Marco Mazzola, Marília Gabriela, Marta Alencar, Mauro Alencar, Paulo César Araújo, Paulo Mendonça (do Canal Brasil), Paulo Ricardo Moreira, Renato Fernandes, Renato Sérgio, Souza Lima, Valéria Rossi, Washington Olivetto e Zuenir Ventura. A todos, pela amizade e confiança, muitíssimo obrigado.

Índice onomástico

Adler, André, 57, 62, 120
Afonsinho, 246-8
Ajhaenblat, Moysés, 28
Alberto, Carlos, 86, 93, 118
Albery, 131
Alcoriza, Luis, 117
Alencar, Murilo, 29-31, 37, 39, 135
Almeida, Antonio, 13
Almeida, Aracy de, 13, 26,
    164, 235
Almeida, Neville de, 169, 262
Alvarez, Irma, 77
Alves, Francisco, 250
Alves, Laércio, 171
Alves, Laudelina Maria, 99,
    135-6, 165, 198, 227, 240-1, 244
Alvim, Francisco, 140
Amaral, Ricardo, 170
Amaral, Zózimo Barrozo do, 168-9
Amaro, Nilo, 259
Anastácia, princesa, 85

Andrade, Carlos Drummond de,
    127, 252
Andrade, Joaquim Pedro de, 49, 64,
    70, 140
Andrade, Oswald de, 108
Andress, Ursula, 68
Aragão, Thereza, 140
Arnóbio, sr., 56, 57, 63
Assis, Machado de, 107, 114
Athayde, Roberto, 235
Augusto, Sérgio, 122
Ayala, Valmir, 27
Azeredo, Ely, 122
Aznavour, Charles, 63

Babo, Lamartine, 179
"Baby" *ver* Diniz, Eli Roque
Bakker, Roberto, 60, 61, 64, 121, 241
Bandeira, Manuel, 29, 31, 33, 71, 114
Bandolim, Jacob do, 188

Bardot, Brigitte, 72
Barreto, Luiz Carlos, 101
Barro, João de *ver* Braguinha
Barros, Paulo Alberto Monteiro de, 120
Barros, Souza, 118
Barroso, Ary, 12
Bastos, Othon, 213, 262
Baudelaire, Charles, 211
Beatles, 46, 63, 73, 75, 155, 221
Beauvoir, Simone de, 139, 150
Becker, Cacilda, 59, 86, 99, 134, 200, 239
Ben, Jorge, 191
Benário, Olga, 126
Bengell, Norma, 59, 68, 116, 144, 164, 200, 213
Bergen, Candice, 162
Bergman, Ingmar, 49, 62, 110, 142
Bethânia, Maria, 144-6, 158
Bethencourt, João, 50, 61, 64
Bidet, Hugo, 127-8
"Bigode" *ver* Lacerda, Luiz Carlos
"Bill" *ver* Alencar, Murilo
Bittencourt, Sérgio, 188
Bloch, Hélio, 182
Bolkan, Florinda, 144
Boni, 95, 105, 239
Borges, de Jorge Luis, 37
Bôscoli, Ronaldo, 188
Bourdieu, Pierre, 254
Braga, Gilberto, 180
Braga, Rubem, 136, 142, 253
Braga, Suzana, 182
Braguinha, 13, 52
Brandão, Darwin, 140
Bressane, Júlio, 108, 140
Brito, Sérgio, 96
Bruno, Nicette, 96
Buarque, Chico, 137, 143, 173-4, 232, 237
Bueno, Maria Esther, 149, 251

Bulbul, Zózimo, 95, 140
Buñuel, Luis, 76, 117
Buzaid, Alfredo, 163, 171-2, 187, 192, 204

Cabelo, Teresa, 140
Cabral, Sérgio, 145, 148, 150, 152, 155, 168, 202
Caetano, Pedro, 12
Caldas Júnior, 151
Calmon, Pedro, 132
Camilo, 32
Canosa, Fabiano, 263
Cardoso, Elizeth, 102
Cardoso, Louise, 254, 257
Cardoso, Lúcio, 25, 27, 39, 194, 242
Cardoso, Régis, 92
Cardoso, Sérgio, 96
Carlos, Antonio, 216
Carlos, Erasmo, 28, 166
Carlos, Newton, 146
Carlos, Roberto, 28, 73, 128, 135, 164, 189, 205, 235
Carneiro, Ferdy, 28
Carneiro, Marília, 255
Carneiro, Mário, 77, 80-1, 140
Carrero, Tônia, 99, 157, 200, 212
Carvana, Hugo, 259-62
Castro, Ana Lúcia de, 41
Castro, Fidel, 25, 27, 91
Castro, Ronaldo, 32
Castro, Ruy, 66, 138
Castro, Tarso de, 134, 144-6, 148, 151, 152, 154-5, 157, 159-60, 162, 170, 227, 229, 231-3, 249
Cavalcanti, Belinha, 198, 200, 205
Cavalcanti, Cláudia, 254
Cavalcanti, Duda, 126, 141
Cavalcanti, Fernanda, 199
Cavalcanti, Flávio, 152, 185-6, 190, 196-7, 213, 235

Cavalcanti, Marzinha, 199
Cerqueira, Marcelo, 120, 168, 198, 204, 226, 249, 251
César, Augusto, 182
Chacrinha, 108, 192, 230
Chaui, Marilena, 207
Chebabi, Wilson de Lyra, 98
Checker, Chubby, 63
Chediak, Braz, 124
Chevalier, Roniquito, 131
Clair, Janete, 85, 102, 104-5, 222, 237
Clark, Walter, 86, 90, 95
Coelho, Paulo, 71, 120
Cohn-Bendit, Daniel Marc, 156
Coimbra, Carlos, 123
Colasanti, Arduíno, 109, 115, 134, 138, 242, 261-2
Colasanti, Manfredo, 112
Colasanti, Marina, 126
Consuelo, Baby, 209
Cord, Ronnie, 56
Corrêa, Zé Celso Martinez, 74, 223
Cortázar, Julio, 142
Costa, Elza, 178
Costa, Gal, 261, 263
Coutinho, Carlos Nelson, 140
Crosby, Bing, 53
Curi, Aída, 32

Dahl, Maria Lúcia, 86, 138, 139-40, 255
Daniel Filho, 103-5, 136, 213, 237, 238
Daphne, coordenadora, 33-6
Darin, Bobby, 53
Dener, 144
Dezon, Alberto, 27-8
Di Cavalcanti, Emiliano, 144
Dias, Antonio, 27

Dias, Maria Helena, 63, 70
Dias, Vilma, 141
Diegues, Cacá, 142, 236
Diniz, Carlota, 13
Diniz, Eli Roque, 12-6, 19-21, 23, 35, 44, 47, 120, 163, 168, 204, 249, 254
Diniz, Elio Roque, 14, 19-21, 23, 61
Diniz, Ernestina Roque, 13-4, 19-20, 23, 33, 256
Diniz, Janaína ver Guerra, Janaína Diniz
Diniz, Lígia, 17-9, 22, 43, 182
Diniz, Newton, 11, 14-5, 17, 22, 27, 212, 256
Diniz, Regina, 17, 19, 21, 240
Djanira, 114
Duarte, Anselmo, 146, 166
Dumas, Alexandre, 88
Dumont, Santos, 137
Dutra, Eurico Gaspar, 11-2, 15, 200

Elbrick, Charles, 201
Eneida, 26
Estelita, Zequinha, 131
Etchegoyen, coronel, 28
Etz, Miriam, 126

Façanha, Edgar, 167, 178
Faria, Betty, 59, 105, 134, 169-70, 221, 238
Faria, Jorge, 219
Faria, Reginaldo, 87, 120
Farias, Miguel, 262
Fauré, Gabriel, 72
Fellini, Federico, 62
Fernandes, Amilton, 92
Fernandes, Millôr, 145, 152, 178
Ferraz, Silvia Amélia Marcondes, 151

Figueiredo, Guilherme, 109
Fomm, Joana, 76, 99
Fonda, Jane, 76
Fontoura, Ary, 178
Fontoura, Dirceu, 102
Foster, Walter, 189
Francis, Paulo, 29, 145, 152, 170, 202
Franco, Celso, 191
Freire, Paulo, 44
Friedan, Betty, 155, 209
Frutuoso, capitão, 114-5

Gadelha, Dedé, 140
Garcez, Paulo, 148, 152-4
Garcia, Victor, 184
Gardnier, Ruy, 110
Garibaldi, Anita, 17, 21, 210, 251
Gasper, Peter, 88
Gil, Gilberto, 179, 246
Gil, Gláucio, 64-5
Gladys, Maria, 28, 63-4, 76, 93, 131, 133, 183, 262
Glória, Darlene, 72
Godard, Jean-Luc, 75, 81, 260
Gogol, Nikolai, 90
Goldenberg, Mirian, 218, 254
Gomes, Dias, 87, 239
Gomes, Paulo Emílio Salles, 116
Gonçalves, Dercy, 12, 157
Gonçalves, Ênio, 182
Gonçalves, Milton, 120
Gonzaga, Chiquinha, 251
Goulart, João, 44, 47, 59
Goulart, Luís Fernando, 29, 182
Goulart, Paulo, 96
Grande Otelo, 50, 73, 164
Gregório, Carlos, 262
Guerra, Janaína Diniz, 225-30, 235, 237, 240-1, 244-5, 250, 259

Guerra, Ruy, 69, 212, 213, 216-7, 226-8, 241, 249
Guerreiro, Antonio, 134, 217
Guevara, Che, 110, 162, 260
Guimarães, Meira, 182
Guinle, Jorginho, 57, 134
Gullar, Ferreira, 140, 173

Haus, Max, 28
Hélder Câmara, dom, 185
Henfil, 153, 185
Hepburn, Audrey, 68
Herzog, Vladimir, 49
Hitchcock, Alfred, 196-7, 206
Holanda, Aurélio Buarque de, 132
Horácio, Renato, 98

Idelsohn, 63
Ignez, Helena, 59, 116, 142
Irani, 134

J. Júnior, 52
Jabor, Arnaldo, 49, 140
Jaguar, 52, 62, 109, 127, 139, 145, 148, 152, 157, 160, 202
Jairzinho, 183
Jango ver Goulart, João
Jobim, Tom, 24, 125-6, 128, 134, 141, 144, 149, 189, 215
Jocafi, 216
John, político australiano, 244
João, Antonio, 32
Joplin, Janis, 209
José, Paulo, 69, 71-3, 76, 80, 82, 118
Jozef, Bella, 37
Junqueiro, Guerra, 147
Jusi, Léo, 40

Karina, Anna, 81
Kleber, José, 114, 116
Konder, Gizeh, 140
Konder, Leandro, 140
Kostakis, Alik, 164
Kupfer, José Paulo, 129

Labrunie, Marguerite, 134
Labrunie, Olivier, 59, 134
Lacerda, Luiz Carlos, 25-7, 30,
    38-40, 48, 53, 107-8, 110-1, 113-6,
    194, 213, 218, 222, 234, 242-6,
    248, 254
Lago, Mário, 90, 91
Lamare, Fernando de, 133-4, 174
Lamenha, Silvio, 229
Lane, Virgínia, 43, 176, 180, 236
Lara, Odete, 116, 200, 221
Laus, Harry, 25
Laus, Ruth, 25
Leão, Danuza, 132, 135, 144, 188,
    193, 213
Leão, Mariza, 254
Leão, Nara, 188, 210
Leão, Pacheco, 88
Lee, Brenda, 63
Lee, Rita, 255
Leite, Marco Aurélio Moreira, 177,
    182-4, 227
Leite, Maurício Gomes, 66
Leite, Vera Barreto, 215, 220-1, 223,
    227, 241, 262-3
Lemmertz, Lilian, 116
Lênin, Vladimir, 77
Leonam, Carlos, 127, 134, 138-9,
    189, 249
Leone, Sergio, 123
Lessa, Ivan, 139, 158
Lester, Richard, 75
Lettieri, Iris, 189
Lewgoy, José, 121

Licetti, Odilo, 215
Lima, Alceu Amoroso, 144
Lima, Marina, 262
Lispector, Clarice, 27, 251
Lobato, Monteiro, 228
Lobo, Edu, 140, 173, 216
Longras, Raul, 186
Lopes, Nei, 255
Loren, Sophia, 117
Lucy, tia, 23, 46
Luiz, Sílvio, 164-5
Lurdes, dona, 29
Lutfi, Dib, 111
Lutz, Bertha, 251

Macedo, Joel, 262
Machado, Aníbal, 26, 136
Machado, Carlos, 58, 59, 86
Machado, Marilda, 238
Maciel, Luís Carlos, 146, 148, 152,
    158, 167, 170, 177-8
Magadan, Glória, 84, 85, 87-8,
    90-1, 93-4, 104, 106
Magalhães, Ana Maria, 70, 76, 93,
    115, 138, 139-40, 142, 168, 184,
    215, 218, 222, 226-7, 241, 244, 254
Magalhães, Roberto, 27, 140
Magalhães, Yoná, 86, 90, 93, 97,
    239
Maia, Joel, 215-8
Malta, Maria Helena, 209-12, 215-6
Manga, Carlos, 164-5
Maravilha, Pedrinho, 115, 135
Marcílio, 36
Maria, Antônio, 29, 128, 186, 188
Marighella, Carlos, 171
Marina, Lígia, 141
Marinho, Norma, 76
Martinez, Angelita, 59
Martins, Henrique, 90-1, 93-4, 101,
    134, 239

Mascarenhas, Eduardo, 210, 256
Mastroianni, Marcello, 62
Maysa, 144, 187-8
McDowell, Cláudio, 58, 61
McMahon, William, 244
Médici, Emílio Garrastazu, 163,
171, 186, 200, 206
Meireles, Francisco, 36
Meirelles, Ciro, 44
Meirelles, Heloisa, 44
Meirelles, Iracema, 44
Melo, Silva, 132
Mendes, Candido, 204
Messias, José, 189, 191
Michalsky, Yan, 58
Migliaccio, Flávio, 50, 66, 81, 181
Miller, Jane, 158
Miller, Sidney, 158
Miranda, Ana, 143, 242-3, 247, 261
Miranda, Carmen, 13, 153, 250,
263-5
Monroe, Marilyn, 72, 254
Monteiro, José Carlos, 123
Montemar, Nestor de, 178
Montenegro, Fernanda, 96
Moog, Viana, 132
Moon, Scarlet, 221, 262
Moraes, Georgiana de, 262
Moraes, Susana de, 221
Moraes, Vinicius de, 24, 32,
125-6, 128, 130-1, 144,
149, 249
Morais, Dulcina de, 200
Morais, Pedro, 262
Moreau, Jeanne, 117
Morel, Carla, 59
Moriconi, Roberto, 27
Muraro, Rose Marie, 166, 254
Murilo, Cássio, 32
Murilo, Sérgio, 53

Nascimento, Milton, 227, 254
Nasser, David, 32, 179
Neill, A. S., 46-7, 79, 142
Neill, Alexander Sutherland, 46
Nelson, Chico, 201-2, 249
"Nenê" ver Alves, Laudelina Maria
Neves, Isaura da Costa, 15, 17, 19-23,
168, 256
Nicolau II, tsar, 85
Nunes, Max, 171
Nykvist, Sven, 62

Oliveira, Carlinhos, 152, 177, 201,
262
Oliveira, Dalva de, 140, 171, 193, 230
Oliveira, Domingos, 51, 57, 61, 66,
68, 82, 86, 110, 118, 128, 136, 142,
155, 241
Oliveira, José Carlos, 56, 138, 147
Olmedo, Luiz, 184
Oppenheimer, Bárbara, 151, 162
Oppenheimer, Gustavo, 151
Orioni, Luis, 92
Oscarito, 12

Pagu, 251
Paiva, Ataulfo de, 151, 201, 227
Passeur, Steve, 59
Paulo Neto, 103
Pavone, Rita, 63
Pedro, Joaquim, 49, 64, 70, 117, 140
Pedroso, Bráulio, 238
Pelé, 32, 87, 158, 246
Pêra, Marília, 89, 236
Pereio, Paulo César, 144-5
Pereira, Geraldo, 232
Piaf, Edith, 56
Picasso, Pablo, 173
Picolin, Lídice Meireles, 33, 35-7
Pilar, Osmani, 168

Pinheiro, Helô, 126
Pitanga, Antonio, 140
Poitier, Sidney, 96
Polanah, Ruy, 227
Ponte Preta, Stanislaw, 91, 139
Pontes, Paulo, 182
Porto, Paulo, 109-10
Porto, Sérgio, 29, 182
Prado, Luiz Eduardo, 25-6, 31-3, 37-9, 53, 118, 135
Prado, Perez, 63
Prestes, Luís Carlos, 15, 44, 126
Prieto, Adriana, 116

Quadros, Jânio, 55
Quant, Mary, 155
Queiroz, Emiliano, 84, 91
Queiroz, Rachel de, 148
Quintela, Odair, 35, 36

Ramalho, Anna, 226
Rangel, Flávio, 171, 202, 224
Ravache, Irene, 83, 87, 89, 97
Rebelo, Marques, 144
Redfern, Paul, 146, 151
Regina, Elis, 185, 188, 221, 237, 246, 249
Reginaldo, 32
Reis, Adriano, 59
Reis, Humberto, 189
Rey, Marcos, 142
Rezende, Sérgio, 254
Ribeiro, Clécio, 164
Ribeiro, Isabel, 76, 116
Ribeiro, Ivani, 97
Ribeiro, Luís Severiano, 261
Ricardo, Sérgio, 38, 40, 135
Rimbaud, Arthur, 211
Rocco, Paulo, 58, 71
Rocha Filho, Rubens, 57

Rocha, Anecy, 116-7, 262
Rocha, Glauber, 29, 67, 73, 77, 108, 117, 123, 139-40, 179, 184, 259-60
Rocha, Glauce, 116-7, 200
Rocha, Hugo, 188
Rodrigues, Márcia, 76, 126
Rodrigues, Nelson, 19, 185
Rosa, Noel, 47, 235
Rossellini, Rossellini, 48
Rossi, Ítalo, 96
Rúbia, Mara, 59, 176, 236

Sá, Wanda, 216, 218
Sabag, Fábio, 58
Saint-Exupéry, Antoine de, 142
Saldanha, Luiz Carlos, 49
Salles, Ionita, 57, 76, 134
Salvá, Alberto, 49
Sampaio, Silveira, 177
Sandpipers, 63
Santos, Cosme, 50
Santos, Ênio, 85
Santos, Joaquim Ferreira dos, 1, 230
Santos, Kleber, 177-8, 182
Santos, Nelson Pereira dos, 38, 49, 107, 109, 116, 215, 222
Santos, Sílvio, 164, 235
Saraceni, Paulo César, 140, 258-64
Sargento, Nelson, 90, 167
Sartre, Jean-Paul, 139
Scher, Tânia, 76, 139, 177-8
Schlesinger, Hanez ver Martins, Henrique
Seabra, Nelson, 59
Seixas, Raul, 120
Senna, inspetor, 198, 204-6
Severo, Marieta, 76, 91, 137-8, 141, 143, 222, 256
Sfat, Dina, 103, 116-7, 140, 210
Sganzerla, Rogério, 108
Shakespeare, William, 88, 201

Sidney, Eduardo, 187
Silva, Anísio, 70
Silva, Carmen da, 137, 142, 192, 208
Silveira, Nise da, 251
Silvestre, J., 147
Simonal, Wilson, 63, 101, 185
Sinatra, Frank, 56
Soares, Jô, 140, 153
Sonia, tia, 23
Soto Maior, Fernanda, 59
Stefânia, Irene, 109, 116
Stroessner, Alfredo, 169
Sucksdorff, Arne, 49
Sued, Ibrahim, 144
Sydow, Max von, 62

Taborda, Tato, 148, 152
Taiguara, 254
Tavares, Aurelio de Lyra, 169
Távola, Artur da ver Barros, Paulo
   Alberto Monteiro de
Taylor, Elizabeth, 68
Tchecov, Anton, 183
Temer, Milton, 140
Thedim, César, 99, 101-2, 135, 201-2,
   212
Timberg, Nathalia, 96
Todor, Eva, 200
Toquinho, 143, 227, 240, 249
Torres, Fernando, 96
Tracy, Spencer, 95
Trautman, Tereza, 237
Truffaut, François, 75
Tumscitz, Gilberto ver Braga,
   Gilberto

Valadão, Jece, 124, 166, 242, 252
Valle, Maurício do, 123
Vaneau, Maurice, 60
Vanique, Glória, 35

Vanique, Vera, 35
Vargas, Getúlio, 12, 158, 176
Vasconcelos, José Mauro de, 142,
   148
Vaz, Guilherme Guimarães, 182
Veiga, Jorge, 52
Veloso, Caetano, 74, 104, 140, 166,
   179, 187, 232
Ventura, Zuenir, 252, 255
Vergara, Carlos, 137, 140
Vermelho, Alcir Pires, 179
Vermont, Vilma, 141
Vianna Filho, Oduvaldo, 178, 182
Vianna, Vera, 64, 76
Vila, Martinho da, 167, 255
Villar, Leonardo, 103, 123
Viola, Paulinho da, 249
Vitti, Monica, 220

Wainer, Bruno, 194
Wainer, Pinky, 262
Wainer, Samuel, 188
Wando, 259
Wilker, José, 182
Windsor, Márcia de, 188, 189, 194,
   227
Wohl, Stefan, 64, 121, 131, 181
Wong Kar-Wai, 72

Xavier, Nelson, 131

Zéfiro, Carlos, 158
Ziembinski, 96, 104
Zingg, David Drew, 137, 217
Ziraldo, 140, 145, 152, 20

Esta obra foi composta
por warrakloureiro
em Electra e impressa
pela Gráfica Bartira
em ofsete sobre
papel pólen soft da
Suzano Papel e Celulose
para a Editora Schwarcz
em dezembro de 2008